Restructuring
Human
Resource
Management
in Japan

再生・日本の人事戦略

失われた
30年を取り戻す
実践手法

内藤琢磨　Takuma Naito

日本経済新聞出版

はじめに

経営と人事部門の距離感が徐々に縮まってきた。その大きな理由は「人材版伊藤レポート」を契機とした「人的資本経営」に関する認知の広がりと、2023年4月からスタートした本格的な「人的資本開示」への関心の高まりにある。こうした背景によって経営者と人事部門が一体となって人材戦略を再構築し、その内容を開示しようとする意識が高まりつつあることは歓迎すべき動向である。

一方で「どう開示するか」を検討する前に、そもそも「自社の人材戦略とは何か」を明確にした上で、その戦略に「どのように取り組んでいくか」を考えることが大切である。残念ながら多くの日本企業においては「開示そのものが目的化」しており、自社の組織や人材が真の強さを取り戻すための人材戦略の再構築とその実行がなされている企業はまだごく少数である。

振り返ると、日本企業の人材マネジメントというテーマにおいて「手段が目的化」してしまうという状況は、1990年代半ば以降、幾度となく繰り返されてきた。

グローバル人事、コンピテンシーモデル、ジョブ型人事など、テーマは違えどこうした人事制度・施策は各企業が達成したい姿に向けて自社の組織や人材を近づけていくための手段であるはずであったにもかかわらず、いつのまにかそれらの制度・施策の導入そのものが目的化してしまった。その結果として日本の人材競争力は低下の一途をたどっている。日本企業の人材マネジメントにとって、この30年間はまさに「失われた30年」なのである。

なぜ日本企業の人事改革は手段そのものが目的化し、失敗に終わるのだろうか。こうした反省や総括を今一度行わなければ、日本企業はまた同じ過ちを繰り返してしまうのではないか。そうした危機感が本書を執筆しようと考えた背景にある。

失敗の要因は、一義的には自社の事業・経営戦略上の競争力強化と採用する人材戦略そのものがミスマッチを起こしている点、そして適切な人材戦略であってもそれをやり切るだけの組織的な運用能力が欠如していた点だと筆者は考えている。

加えて「他社がやっているから」と安易にはやりに乗ってしまうこと、発言力のある社内キーパーソンの「思い付き」によるテーマの押し付け、そしてそれらに抗ってこなかった人事部門にも責任はあるだろう。

しかしながら人材を経営や事業遂行上の重要な経営資源であることを認識せず、こうした状況を見過ごしてきた経営陣の責任が最も大きいのではないだろうか。一方で、この課題をクリアできるかどうかも、また経営者の行動にかかっているのである。

本書では日本企業の過去の人事改革における失敗の原因を明らかにすると同時に、日本企業が人材競争力を強化し、再び強さを取り戻すための5つの人事アジェンダを紹介する。

人的資本経営の流れは人事問題を経営問題として捉える機運を高める絶好の機会であるが、やり方を間違えると「失われた30年」の繰り返しにもなりかねない。

本書が人事部門の皆様にはもちろんのこと、自社の人材戦略を自らが人事部門と共に考え抜き、やり抜こうとしている経営者・経営陣の方々、そして現場で奮闘するマネジャー層に少しでもお役に立てることを願っている。

2024年1月

内藤　琢磨

『再生・日本の人事戦略』目次

第5章 単なる報酬の引き上げはムダ金?!

第6章 見えることではなく「見るべきこと」を見える化する

第7章

人事部門を再活性化する

第8章

経営者が人的資本経営で同じ過ちを犯さないために

Restructuring
Human
Resource
Management
in Japan

第1章

既視感アリアリ、
対応に追われる人事部門

1 開示がゴール？　歪曲された「人的資本経営」

2023年は言わば「人的資本経営」元年と言える年となった。同テーマを扱う数多くのビジネスセミナーが開催され、どのセミナーも多くの企業経営者や人事担当者の参加のもと学術界、企業実務家、コンサルティング会社、時には監督官庁の役人が概念の説明や日本企業の人的資本経営の遅れ、そしてこれからの取り組みのありようを熱量高く語った。

こうした動向は各社、特に上場企業を中心に「人的資本開示」の加速となって表れている。プライスウォーターハウスクーパース社の調査によれば、国内における人的資本指標、特に女性管理職比率や社員一人当たり育成コスト、エンゲージメントスコア等の開示は2017年以来明らかな上昇が確認できる。自社の経営戦略・事業戦略に必要な人的資本とは何か、そしてその情報を収集し、重要な意思決定や日々のオペレーションに活用する動きがこの一年余りで一定程度進捗したと言える（図表1－1）。

人的資本経営の必要性、そしてその実践状況をオープンにして社内外のステークホルダーと適切なコミュニケーションを行うという人的資本開示の流れを強く方向づけしたのは、言うま

図表1-1　人的資本開示の進捗（開示率の変化）

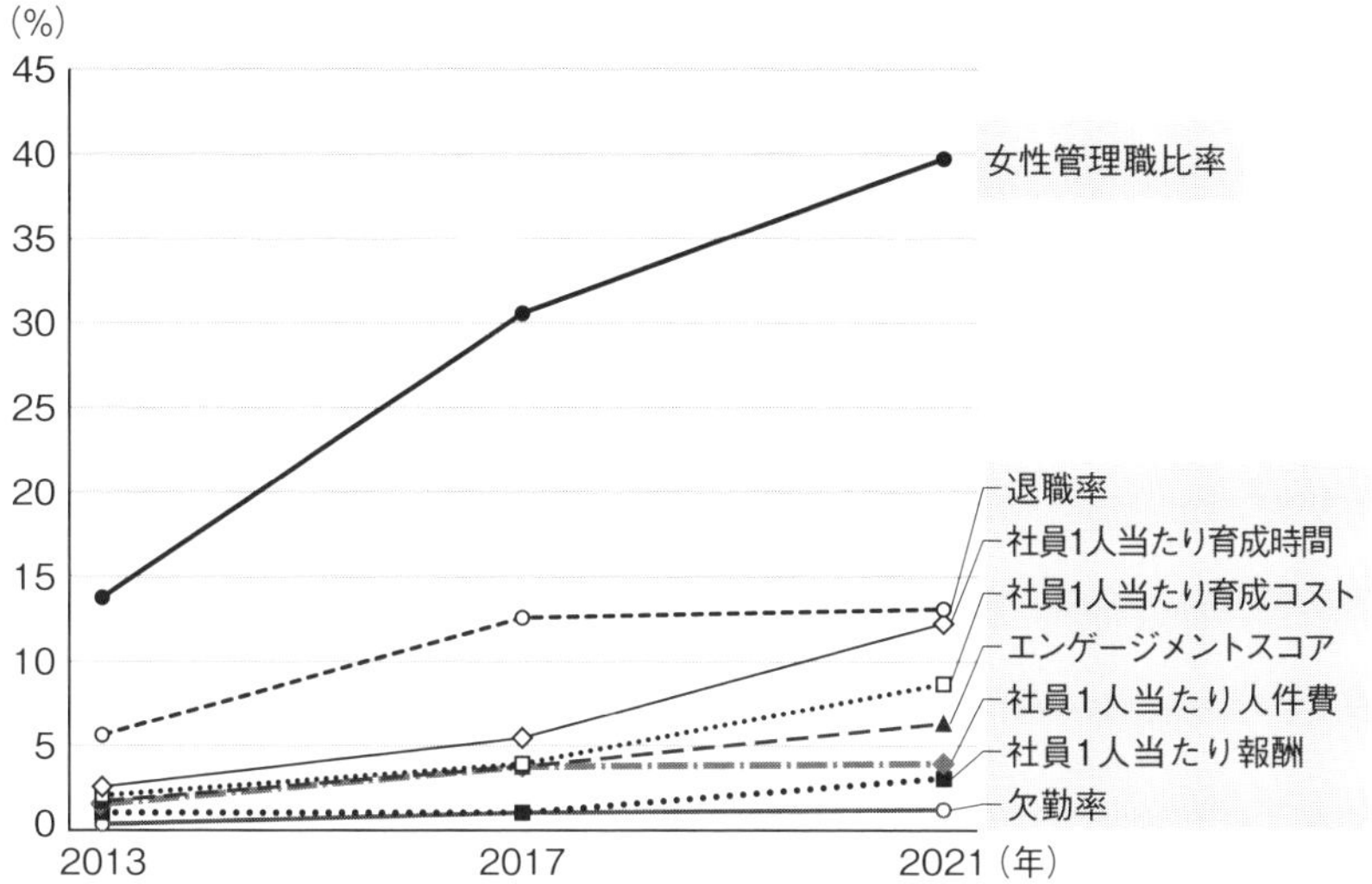

出所）プライスウォーターハウスクーパース社HP　2023年6月「国内外600社の人的資本開示から読み解く」資料より野村総合研究所作成

でもなく経済産業省による２０２０年９月の「持続的な企業価値の向上と人的資本に関する研究会報告書（通称「人材版伊藤レポート」）である。

「人材版伊藤レポート」では多くの日本企業が直面する人材競争力の低下、人材戦略不在といった状況に対する変革に向けた取締役会の責任の明確化、投資家との対話促進、検討すべき人材戦略やＫＰＩ、アクションプランの方向性について提言が行われた。続いて２０２２年５月に発表された「人材版伊藤レポート２・０」では人的資本経営をどう具体化し実践していくかに関する多くの有用なアイデアや事例が示された（図表１－２）。

図表1-2　人材版伊藤レポートの概要

報告（発表年月）	主な内容	備考
人材版伊藤レポート（2020年9月）	✓ 持続的な企業価値の向上と人的資本 ✓ 経営陣、取締役会、投資家が果たす役割 ✓ 人材戦略に求められる3つの視点と5つの共通要素	
人材版伊藤レポート2.0（2022年5月）	✓ 経営戦略と人材戦略を連動させるための取組 ✓「AsIs-Tobeギャップ」の定量把握のための取組 ✓ 企業文化への定着のための取組 ✓ 動的な人材ポートフォリオ計画の策定と運用 ✓ 知・経験のダイバーシティ&インクルージョンのための取組 ✓ リスキル・学び直しのための取組 ✓ 社員エンゲージメントを高めるための取組 ✓ 時間や場所にとらわれない働き方を進めるための取組	本編の他に実践事例集調査結果集がある

出所）野村総合研究所作成

もともと人的資本の可視化自体は欧州・米国にて検討や運用が進んでいたが、そのきっかけは組織・人材に関する不祥事であった。２０１６年の米ウェルズ・ファーゴ社幹部の不正口座開設事件や２０１８年独フォルクスワーゲン社の性能テスト不正といった組織・労働関連のガバナンススキャンダルは優良企業の企業価値が人材問題を契機に一気に毀損してしまうことを目の当たりにさせることとなったからである。

米国の機関投資家グループは上場企業の人的資本に関する情報開示を義務付ける嘆願をSEC（米国証券取引委員会）に提出した。その後SEC、GRI（Global Reporting Initiative）、IIRC（International Integrated Reporting Council）、SASB（サステナビリティ会計基準審議会）などを含む国際団体が開示ガイドラインを示し、そ

図表1-3　人的資本可視化から開示への流れ

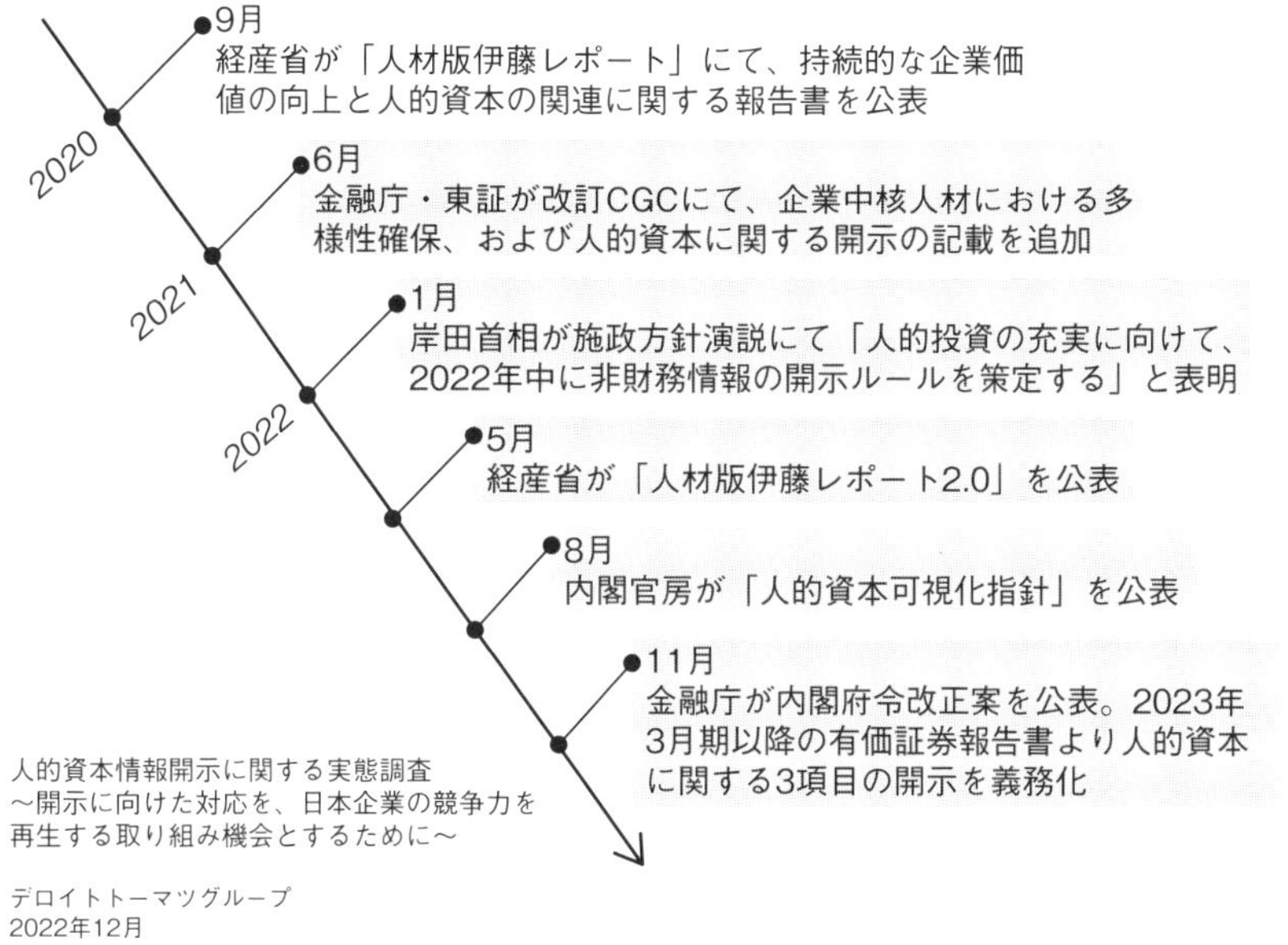
2020
9月
経産省が「人材版伊藤レポート」にて、持続的な企業価値の向上と人的資本の関連に関する報告書を公表
2021
6月
金融庁・東証が改訂CGCにて、企業中核人材における多様性確保、および人的資本に関する開示の記載を追加
2022
1月
岸田首相が施政方針演説にて「人的投資の充実に向けて、2022年中に非財務情報の開示ルールを策定する」と表明
5月
経産省が「人材版伊藤レポート2.0」を公表
8月
内閣官房が「人的資本可視化指針」を公表
11月
金融庁が内閣府令改正案を公表。2023年3月期以降の有価証券報告書より人的資本に関する3項目の開示を義務化
人的資本情報開示に関する実態調査
～開示に向けた対応を、日本企業の競争力を再生する取り組み機会とするために～
デロイトトーマツグループ
2022年12月

出所）デロイトトーマツグループのレポートを参考に野村総合研究所作成

の後のＩＳＯ（国際標準化機構）が公開したＩＳＯ３０４１４（人的資本に関する情報開示のガイドライン）へとつながった。

日本でも２０２１年６月に金融庁・東証が改訂コーポレートガバナンス・コードにおいて、企業中核人材における多様性確保、および人的資本に関する開示の記載を追加した。

さらに同年11月公表の「新しい資本主義実現会議資料（内閣官房）」や２０２２年８月「人的資本可視化指針（内閣官房）」、11月「企業内容等の開示に関する内閣府令等の改正案（金融庁）」において人的資本情報開示項目例が示され、国内上場企業はその対応準備を進めてきたのである（図表1－3）。

「人的資本可視化指針」における最大のメッセージは、企業が主体的に自社の人的資本経営に従うとしながらも、開示の類型として独自性と比較可能性の2視点が提供されたことである。

・独自性のある取り組み・指標・目標

ビジネスモデルや経営戦略との関係性、当該事項を重要だと考える理由、自社としての定義、進捗・達成度等の説明を重視し開示を行う（2022年8月30日「人的資本可視化指針」内閣官房より）というものである。まさに自社の経営戦略や事業戦略との連動性に着目した人材戦略とゴールの状態、そしてその進捗をモニタリングするための指標を公開することを求めた。

・比較可能性の観点から開示が期待される事項

国内外の開示基準（ISOやGRI、SECといった機関が示している開示項目例）を参考に、可能な限り自社の戦略やリスクマネジメントと紐づけて開示するというものである。

本指針はパブリックコメント等においても「指針と言うよりも、あまりに広範囲に開示事例を示したものであり、総花的過ぎるのでどこから手を付けたらよいかより具体的に示してほしい」といった反応を得るなど、総じて多くの企業からは困惑の声が聞かれる結果となった。

そうした中、2022年11月に金融庁から示された「企業内容等の開示に関する内閣府令等の改正案」において有価証券報告書、有価証券届出書の記載事項についてサステナビリティに関する企業の取り組みの開示として、人的資本、多様性に関する開示に関しては、女性活躍推進法等に基づいて「女性管理職比率」「男性の育児休業取得率」および「男女間賃金格差」を公表している会社および連結子会社に対して、これらの指標を有価証券報告書等においても記載するよう求めることとなった。

これら一連の開示ガイドラインの公表によって、各企業は求めていた具体的な開示基準に関して一定の共有認識を得るに至ったわけであるが、それはまさに「歪曲された人的資本経営」の始まりの契機ともなったと言える。

なぜならば、多くの企業では「女性管理職比率」「男性の育児休業比率」「男女間賃金格差」の公表を自社の「人的資本開示」項目とし、その開示をもって「人的資本経営」の実践とする「すり替え」が行われてしまったからである。

人材版伊藤レポートでも言及されている「人的資本経営とは何か」を簡単に要約すれば、「目指すべき将来のビジネスモデルと現状とのギャップを人的資本の観点から見える化し、それを埋めていくこと。すなわち経営戦略と人材戦略の同期プロセス」である。

では2023年「人的資本経営」元年を経て、日本企業の「人的資本経営」自体は進化を遂げたのであろうか。

野村総合研究所（以下、NRI）では、2023年8月に事業会社の人事部門と営業／マーケティング部門に勤務する役員・被雇用者に対して「あなたの会社に対するアンケート調査」

と題する調査を実施し、人的資本経営の実態を考察した。

人的資本開示を踏まえて「自社の経営戦略や事業戦略と人材戦略が十分に連動している」と回答した企業は全体の9・7％弱であり、「あまり連動していない」「まったく連動していない」とした企業の22・6％と比較しても少数にとどまった（巻末資料1　経営戦略・事業戦略と人材戦略の連動：NRIアンケート参照）。

また今回の調査では人事部門と事業運営主体の一つである営業／マーケ部門に同じアンケートを実施しているが、経営・事業戦略と人材戦略との連動性に関して人事と事業運営サイドでは明らかな認識の違いが生じているという点にも着目しておきたい。

またUnipos社の調査によれば、2023年3月末決算の上場企業においては、約半数の企業においては女性管理職比率と男性育休取得率の数字開示のみにとどまっているとのことである（図表1－4）。

こうした調査結果を考察することで見えてきたのは、人材版伊藤レポートが求めた人的資本経営、すなわち経営戦略と人材戦略の連動といった動きを明確にとっている企業はまだごく少数にとどまるという実態である。

もちろん、経営戦略と人材戦略の連動は口でいうほど簡単ではない。そもそも自社の経営戦略や人材戦略が、「戦略」と呼べるものなのか、「戦略とは何か」といった深い議論にも及んでくる。突き詰めれば「経営戦略」も「人材戦略」も簡単に策定できるものではない。

とは言え、簡単ではないが故に戦略そのものを放棄するという選択肢は企業にはない。経営

図表1-4　Unipos調査　日本企業の人的資本開示充実度

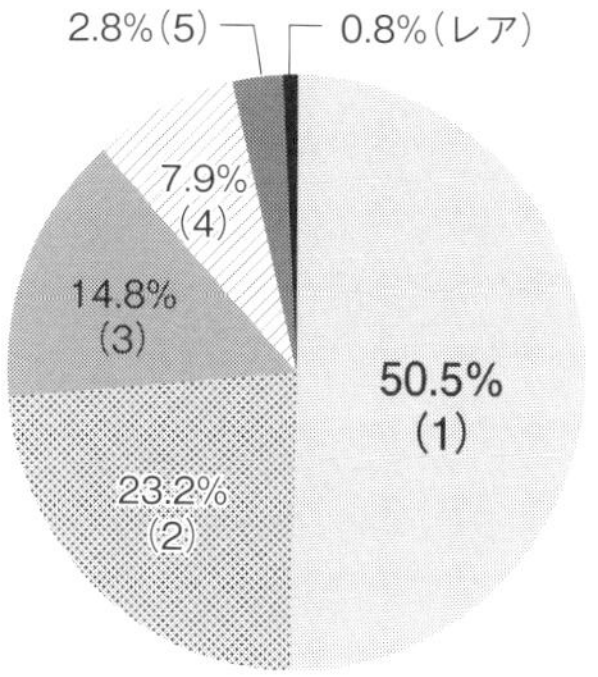

格付け方針（※Unipos社田中弦社長独自の基準）

レア	世界トップレベル。人的資本投資と企業価値の増大、業績の拡大との関連がストーリーとして語られている。
5	日本トップレベルで**経営戦略（または財務目標）と人的資本投資が連動している**。独自目標が設定されておりダイバーシティ開示も豊富で、エンゲージメント数値も開示されている。
4	人的資本に関する独自指標が開示され、さらに目標が設定されておりダイバーシティ開示も豊富で、エンゲージメント数値も開示されていることも多い。
3	人的資本開示に何らかの工夫がされている。
2	あまり開示に熱心ではないが、独自の目標を設定していることがある。
1	あまり開示に熱心ではない。女性管理職比率または男性育休取得率の目標のみが設定されている。

出所）2023年8月22日　Unipos社講演資料「人的資本経営の最前線」より野村総合研究所作成
注）円グラフのカッコ内は格付けを表す

や事業戦略においては内外環境分析と将来予測、自社の強み弱み、競合他社の動向といったクラシカルなアプローチを基本としつつ、リーダーシップスタイル、組織としての変化への適応性やカルチャー、地域・社会的背景等も踏まえて策定される「勝ち方」を土台に仮説検証を繰り返す行為そのものが「戦略」と言えるのではないだろうか。

　また人材戦略では組織や人材を取り巻く社内外の環境分析、人員構造の現状と将来予測、スキル・専門性や行動特性面からの自社人材の強み・弱み、競合他社の採用動向、報酬水準や人事制度、自社の経営や事業戦略を踏まえてどのような人づくりを行っていくかをハード（制度）、ソフト（運用）双方の面から企画構想し、検証を進めながら実行をしていくことが求められる。

　したがって経営戦略も人材戦略もこれで完成形というものではなく、企業活動において常に仮説検証サイクルが回り続けている状態となるが、前述のＮＲＩ調査によれば、60％以上の企業において人的資本開示をきっかけにしてもそうした「仮説検証サイクルは回っていない」との回答を得ている（巻末資料２　人材戦略の仮説検証サイクルの実態　参照）。

　ではなぜ、人的資本経営そのものが実態として進まないのか。

　確かに「人的資本可視化指針（内閣官房）」や「企業内容等の開示に関する内閣府令等の改正案（金融庁）」が、企業にとって最低限実施すべき開示基準を示したことで「経営戦略と人材戦略の連動」という難解なテーマに真正面から取り組むことを回避する呼び水となった側面は大きいだろう。

　仮にそうだとしても、なぜ人的資本は、「経営」ではなく「開示」自体が目的化してしまっているのであろうか。

2 低下し続ける日本の人材競争力

(1) 日本の人材力の現状

企業内で働く人材に対する様々な人材マネジメントテーマの実現が停滞することは日本全体の人材力の低迷にもつながっている。

ＯＥＣＤ主要先進7カ国の国民一人当たりＧＤＰ、すなわち国民一人あたりどのくらい稼いでいるかの変遷を図表１－５に示している。

１９８０年代後半から１９９０年代半ばにかけて、日本の国民一人当たり付加価値創出額が増加し、ＯＥＣＤ加盟国内における順位も上昇していた。しかしながら１９９０年代後半から２０００年にかけて一気に順位は落ち込み、その後も低迷が続いている。

また労働生産性という観点で見ても、ＯＥＣＤ加盟国の多くはコロナ禍以前よりも生産性を向上させているのに対して、日本は生産性が低下していることが分かる（図表１－６）。

次に一人当たり付加価値（稼ぐ力）や労働生産性という定量的な指標で世界の中での立ち位

図表1-5　OECD7か国 一人当たりGDP順位の推移

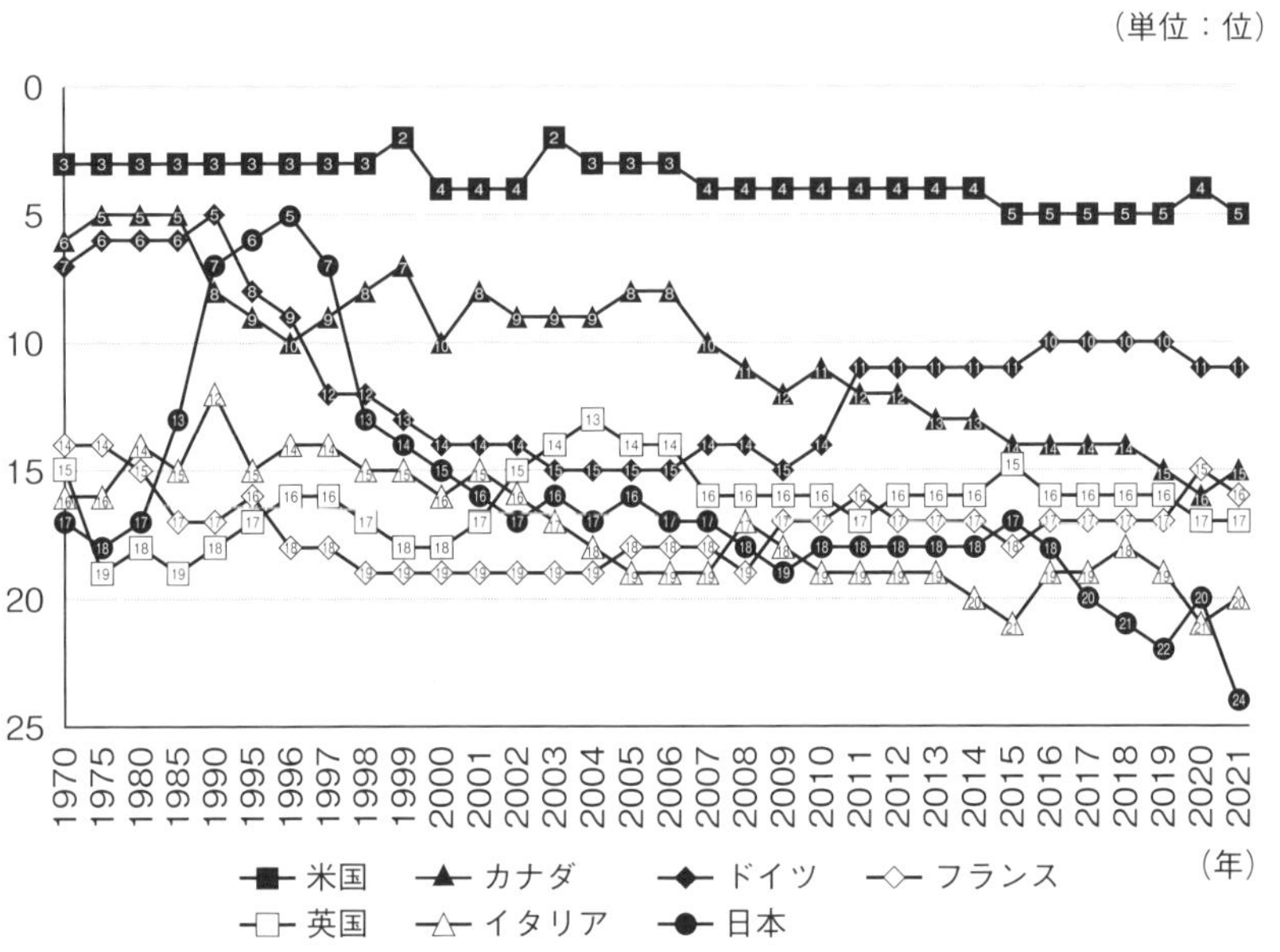

出所）公益財団法人日本生産性本部 「労働生産性の国際比較 2022」

置とは別に日本の人材力を「ランキング」という形で直接的に評価しているデータも確認していく。

　スイスのローザンヌに拠点を置くビジネススクールである国際経営開発研究所（International Institute for Management Development、以下ＩＭＤと表記）が毎年公表しているWorld Talent Rankingは、「教育・開発投資」「国外の人材を呼び寄せる魅力」「企業が求める人材の供給能力」という３つの観点から各国の「人材力」を総合的に評価している。その中で日本は評価対象国64カ国中41位と中低位に格付けられ、２０２３年度の同調査では43位とさらに低下している（図表

図表1-6　OECD各国の労働生産性

コロナ前水準と比較したOECD加盟諸国の就業者1人当たり実質労働生産性

（2021年・2019年対比／38カ国比較）

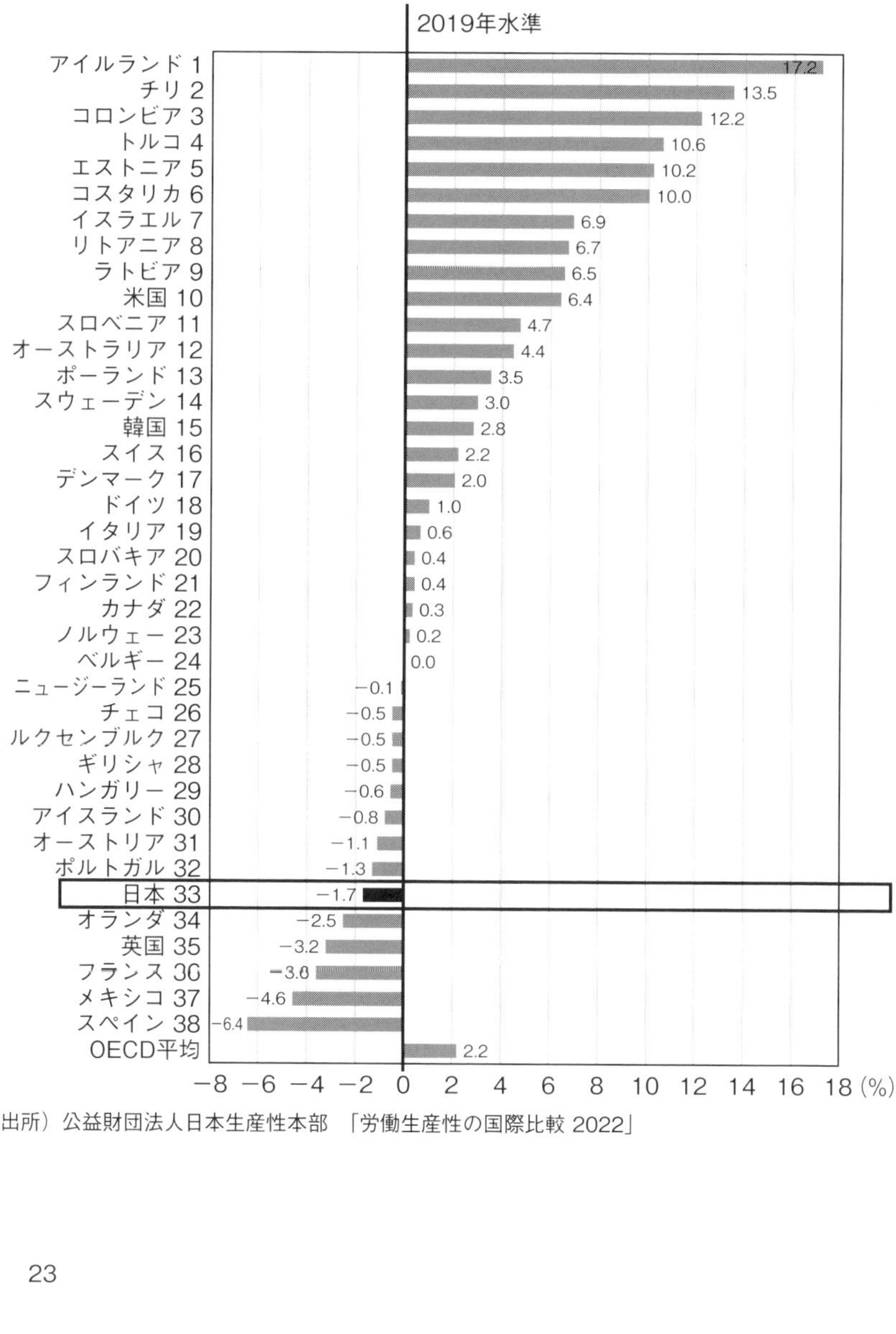

出所）公益財団法人日本生産性本部　「労働生産性の国際比較 2022」

図表1-7　IMD人材ランキング

総合順位	国名	教育・開発投資	国外の人材を呼び寄せる魅力	企業が求める人材の供給能力
1	スイス	1位	1位	2
2	スウェーデン	7	2	6
3	アイスランド	4	8	13
4	ノルウェー	5	9	14
5	デンマーク	2	17	8
6	フィンランド	11	11	4
7	ルクセンブルク	3	5	25
8	オーストリア	6	10	15
9	オランダ	16	3	9
10	ドイツ	12	7	12
41	日本	37	27	54

出所）IMD WORLD TALENT RANKING 2022

1－7）。

特に「企業が求める人材の供給能力」が54位となり低位にランクされていることから、残念ながら日本の「人材力」がグローバルな労働市場において劣位していると言わざるを得ない状況が確認できる。

(2) 無形資産投資競争に敗れた日本

1970年代初頭からの電子工学や情報技術を用いたオートメーション化が進んだ第三次産業革命期は、大規模な設備投資を通じた製造・開発コストの優位性と大量かつ安定した製品供給が企業の競争力の柱の一つだった。そのため、従来強みをもつハードウエア・エレクトロニクスの組み合わせ領域を中心に工場・設備・店舗といった「有形資産」へ重点投資し、事業拡大を図ることが成功のカギであった。

一方でデジタルテクノロジーによって産業界における世界の主戦場は第四次産業革命以降のソフトウエア・ネットワーク・サービス・データ（加えてAI）の組み合わせ領域に急速にシフトし、より消費者のニーズにマッチした付加価値の高い製品・サービスの設計とその実現が求められている。そうした時代においては自らイノベーションを推進していく人材やイノベーションを具現化するための最先端技術といった「無形資産」へと競争力の源泉が移り変わってきたのである。

米国S&P500銘柄（米国に上場する主要500銘柄の株価指数）の市場価値における有形資産・無形資産の内訳を図表1－8に示したが、無形資産が占める割合が1970年代以降年々増加し、1995年時点では有形資産を上回っていることが分かる。

また図表1－9は有形資産・無形資産への投資比率であるが、有形資産への投資額は年々下

図表1-8　米国S＆P500銘柄における有形・無形資産割合推移

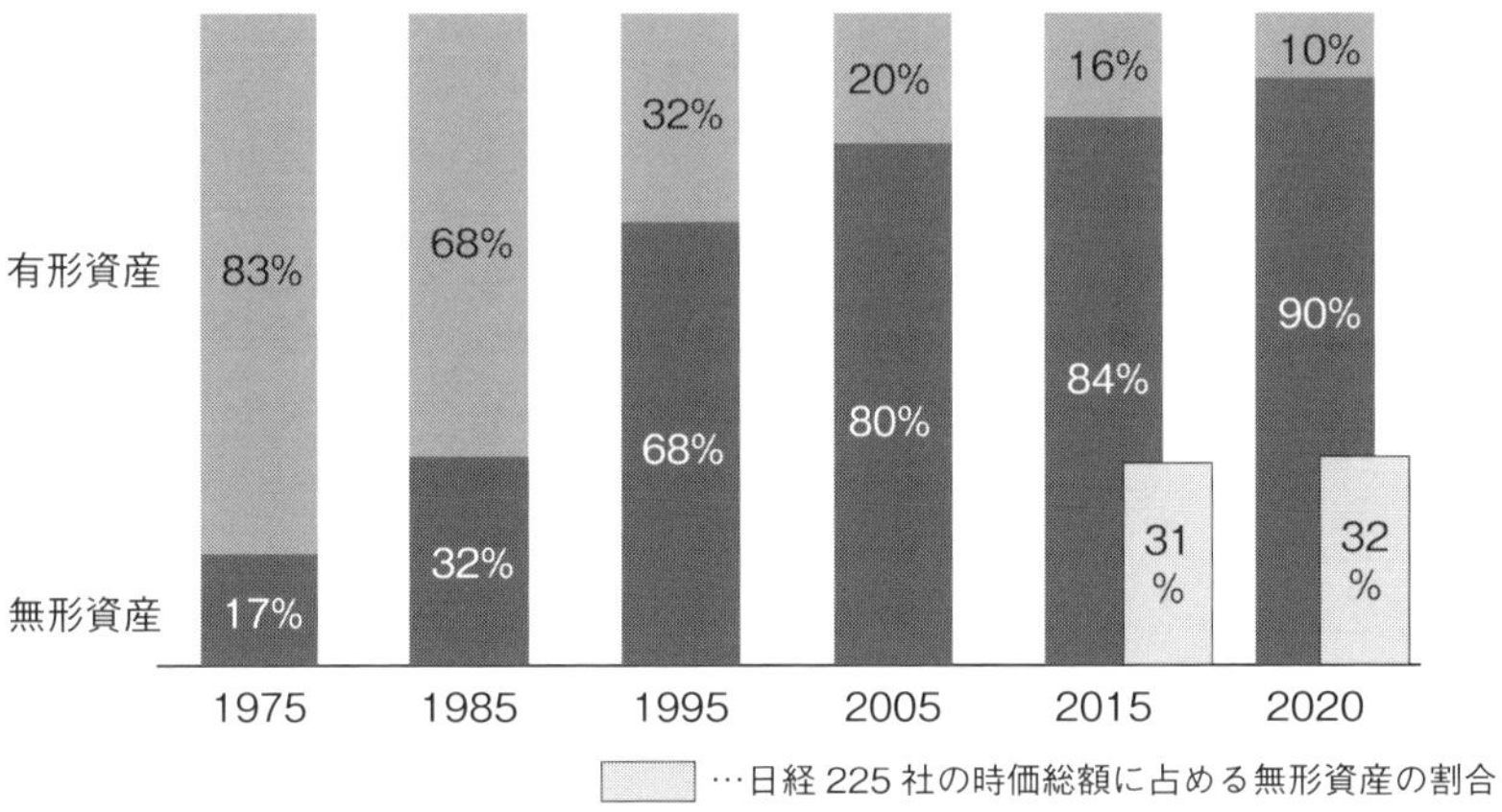

出所）OCEAN TOMO, LLC「Intangible Asset Market Value Study（2020年）」

降傾向にある一方、無形資産への投資比率は上昇を続け、やはり１９９０年代後半に有形資産への投資比率を無形資産の投資比率を上回り、その後も格差が広がっていることが分かる。

１９９０年代後半と言えば、米国の巨大ＩＴ企業であるＧＡＦＡＭのうち、アマゾン、グーグル、フェイスブック（現メタ）らが創業したタイミングとも重なる。

この時期、米国では無形資産に多くの投資が行われ、企業価値を指数関数的に伸ばしていったが、日本はバブル崩壊によって企業は大きく傷つきその後始末に追われる一方で無形資産への投資が行われることはなかった。日本はこの時期、グローバルにおいて無形資産投資競争に敗れたのである。

新卒一括採用、終身雇用に代表される日本型人材マネジメントモデルにおいて日本企業

図表1-9　有形・無形資産投資推移

米国企業の有形・無形資産に対する投資比率（粗付加価値に対する投資額）

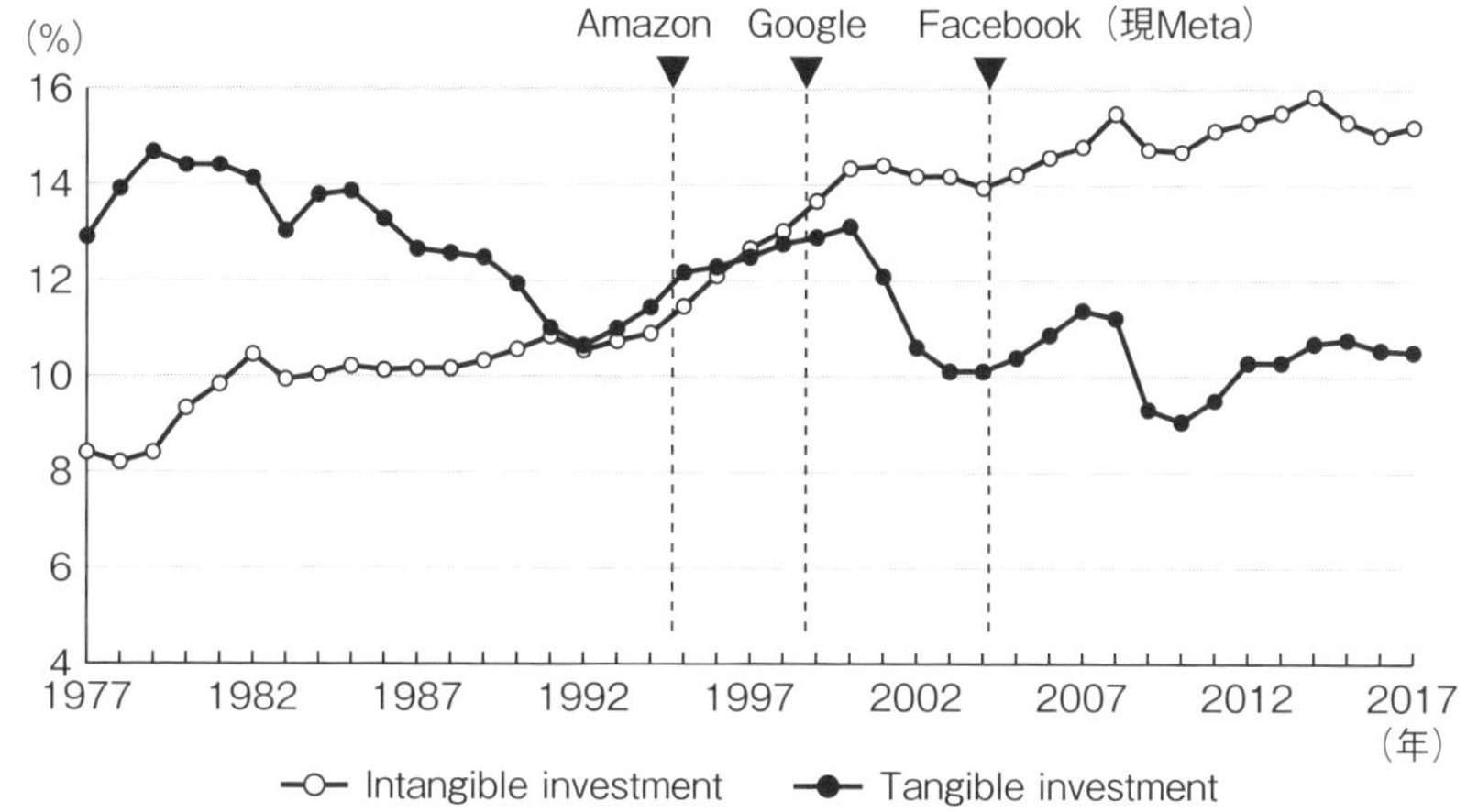

出所）Corrado and Hulten (2010)の未公表資料の更新。Corrado and Hao (2013) およびCorrado et al (2016) およびCorrado et al (2017) でそれぞれINTAN-Invest© およびSPINTANプロジェクトのために収集されたデータを活用。

は人材育成に注力してきたとの自負もあるだろう。だが実際に人材育成への投資傾向を欧米企業と比較してみると、日本企業の投資額（GDPに占める人材育成関連の投資額の割合）は極めて低水準であることが分かる（図表1―10）。

欧米主要国（米国、イギリス、ドイツ、フランス、イタリア）はGDPに占める人材育成投資比率が0・8%～2・0%であるのに対して、日本は0・5%にも満たない水準である。

また、2021年にNRIが実施した「人事制度・人材育成の実態調査」において〝人材への投資が十分にできているか〟との問いに対して「十分にできている」と答えた割合

図表1-10　OECD各国の人材投資比率（対GDP比）

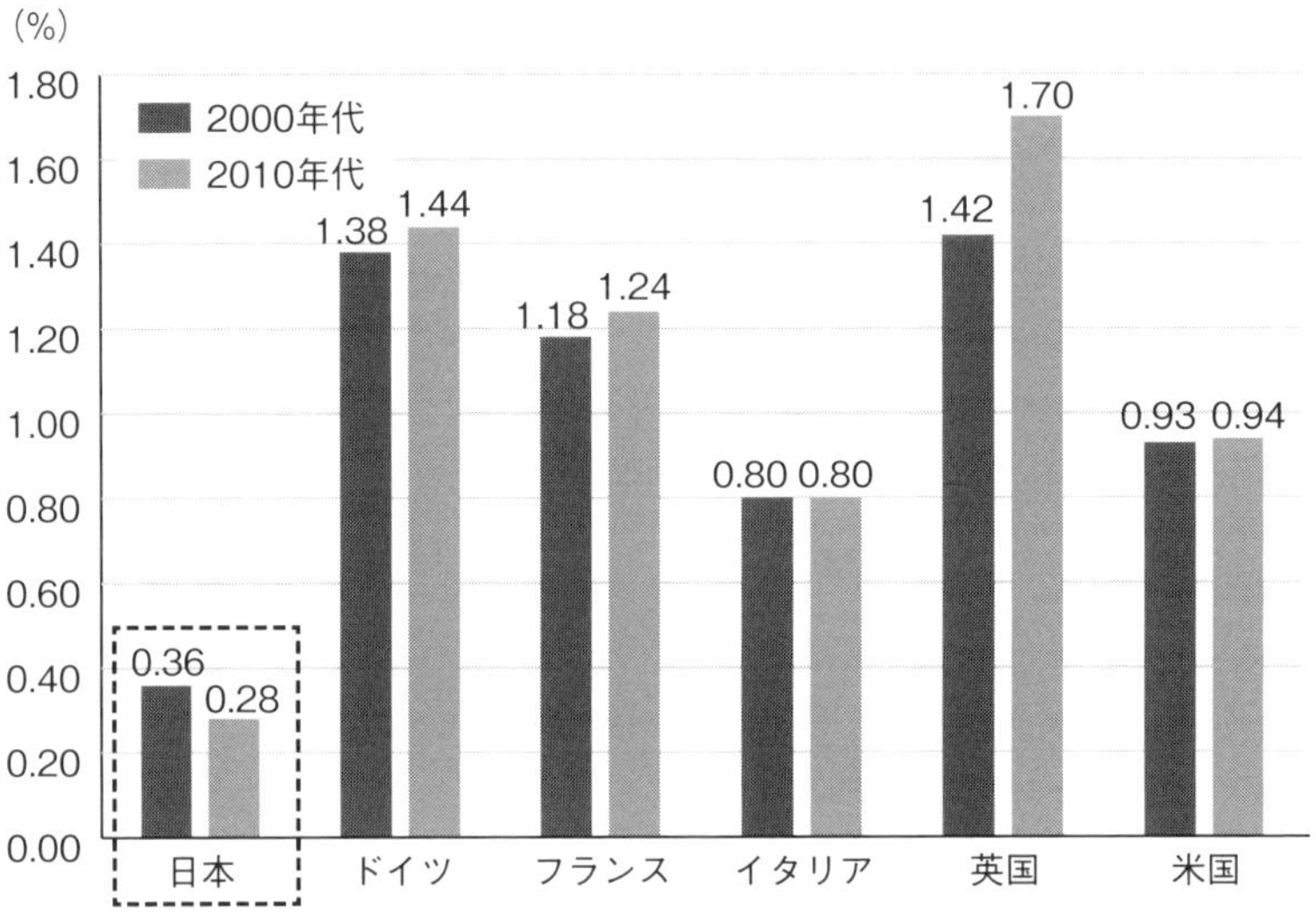

※宮川学習院大学教授、滝澤学習院大学教授より資料提供
出所）JIPデータベース2023及びEUKLEMS/INTAN Prod 2023データベース

は、職能型の人事制度を運用している国内企業が1・4％であるのに対して、外資系を始めとしたジョブ型人事制度を採用している企業では22・1％と明らかに差があることが確認できている（巻末資料3　人事制度の違いによる人材への投資傾向参照）。

(3) 人材投資に対する考え方の違い

人材育成に関して、日本企業と欧米企業の間で大きな差がついてしまった理由の一つとして、人に対するお金の使い方の違いがある（図表1−11）。

人材へのお金の使い方には「投資」の側面と「コスト」の側面がある。欧米企業は、例えば工場や店舗・物流拠点のワーカーを始め現場を支える人材に対するお金にはコスト的な発想を持ち、幹部・専門人材採用、事業構造転換に対応するためのリスキリングや社外に存在する専門人材や顧客基盤獲得のためのアクハイヤ（M＆Aによる人材確保）には「投資」の視点で資金を投入する。また多くの社員を対象に必要なモチベーション維持に対しては平等にお金を使う一方で、経営戦略や事業戦略の実現に不可欠な人材に対しては高額に設定した報酬で労働市場から人材を戦略的に調達する。

一方で日本企業の人材に対する最大の投資は「新卒一括採用」であろう。ビジネスの経験や実績のほとんどない多くの新卒社員を先行投資的に採用し、階層別教育とＯＪＴ（On the Job Training）、ジョブローテーションでゼネラリスト人材に育成するキャリアパスに乗せる。人材教育に対するお金は平等に使い、広く多くの人材のモチベーションを維持・底上げしていくという人材戦略である。

欧米企業と日本企業の人材へのお金の使い方に関するこうした違いは、ジョブに基づく雇用

図表1-11　日欧米の人材投資の考え方の違い

		欧米企業	日本企業
視点		・現在～未来視点 ・コストと投資 ・人に付加価値をつける	・過去～現在視点 ・コスト ・人のモチベーションを向上させる
お金の使い方	コスト的	・ワーカーの現金報酬 ・リテンションプログラム ・PIP ※（ローパフォーマーに対する改善計画）	・現金報酬 ・福利厚生費用 ・早期退職割増 ・シニア人材雇用
	投資的	・高額での幹部・専門人材採用 ・社員のリスキリング ・M&Aによるアクハイヤ（※） ・タレントマネジメント	・新卒一括採用 ・階層別教育 ・ジョブローテーション（ゼネラル人材育成）

※1）PIP（Performance Improvement Program）：ローパフォーマーに対して改善を促し、成果を挙げさせるために実施される行動計画
※2）アクハイヤ：社内に無い専門性や顧客基盤を有する人材獲得を目的とする企業買収
出所）野村総合研究所作成

や人材配置を行う欧米型人材マネジメントと、人材に対してジョブローテーションとして様々な職務・役割を経験させてゼネラリスト育成を行う日本型人材マネジメントから生じていると言えよう。ジョブに雇用が紐づいている欧米企業は教育投資の在り方もより「選択的・集中的」な投資の発想に立ちやすい一方で、人材に対して等しくゼネラリスト育成を行う日本企業は「平等的・分散的」にお金を使いやすくなる。

ＮＲＩ実施の調査でも上記に関連する興味深い結果が読み取れる。〝今後自社に必要なスキルを有した人材を確保・育成するための課題認識〟という問いに対して人材投資ができている企業ほど「どのようなスキルを確保するために投資すべきか悩んでいる」と回答する傾向が高いというものである（巻末資料４　人材投資への問題意識

参照)。

逆に人材投資があまりできていない企業では「(同上)悩んでいる」と回答する傾向が低かった。これは人材に積極投資している企業ほど今後の事業環境変化を何とか先取りし、将来必要となるスキルは何かといった高い問題意識を持っていることを伺わせる結果であろう。

3 強みの源泉とされた日本型人材マネジメント

こうした状況となる以前、少なくとも1980年代後半までの時代において、日本企業の人材マネジメントは企業競争力の源泉としてうまく機能してきていた(図表1－12)。

そしてその前提となったのは、日本の人口増加、経済成長、そして比較的単一な文化性である。

人口増加は高い経済成長の基礎要素であるだけではなく、新卒一括採用による豊富な若年労働力の供給をもたらし長期安定雇用によって熟達した技術を時間をかけて次世代に引き継いでいく高い現場力につながった。

図表1-12　日本型人材マネジメントを通じた企業競争力

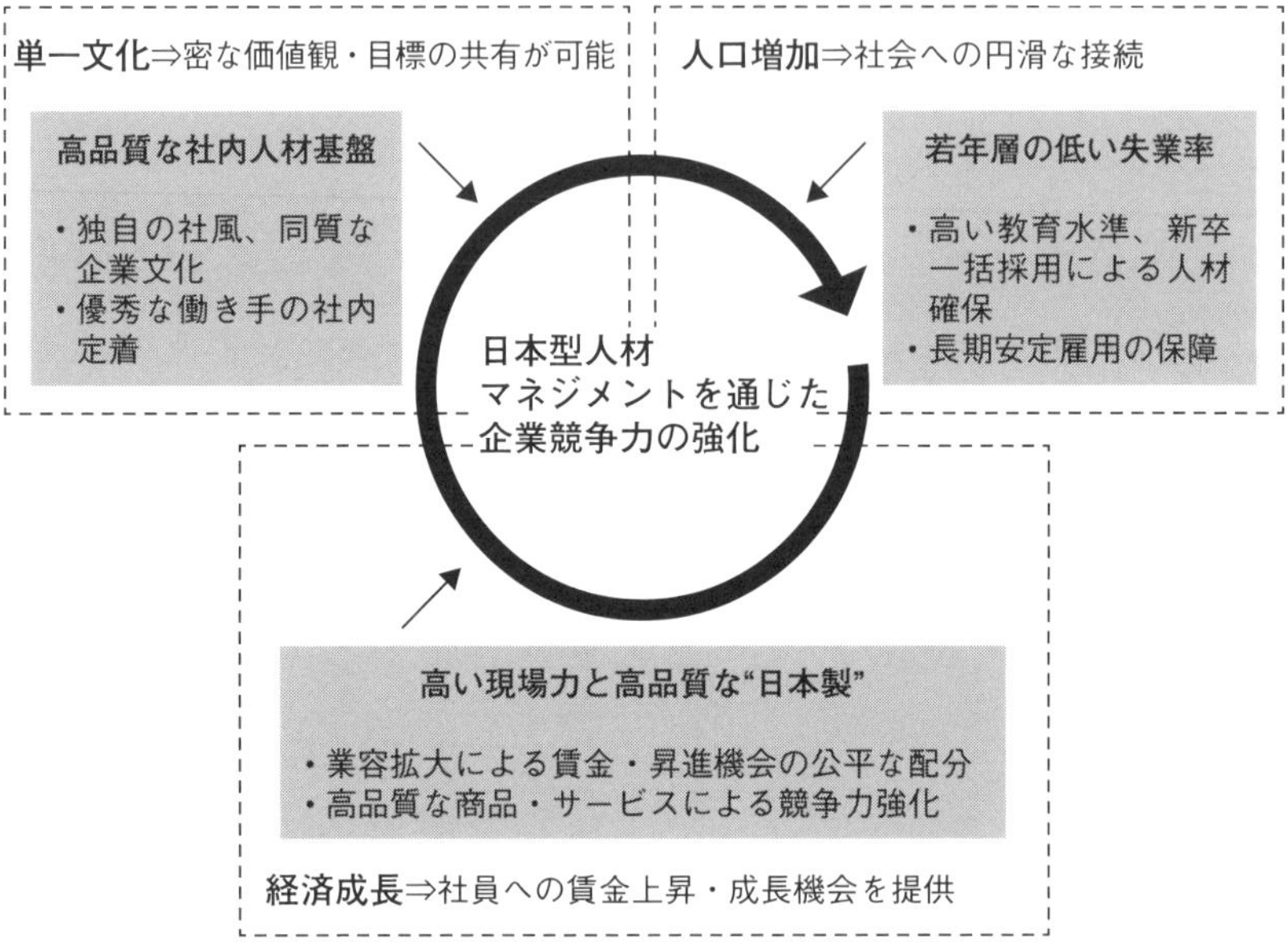

単一文化⇒密な価値観・目標の共有が可能
高品質な社内人材基盤
・独自の社風、同質な企業文化
・優秀な働き手の社内定着
人口増加⇒社会への円滑な接続
若年層の低い失業率
・高い教育水準、新卒一括採用による人材確保
・長期安定雇用の保障
日本型人材マネジメントを通じた企業競争力の強化
高い現場力と高品質な“日本製”
・業容拡大による賃金・昇進機会の公平な配分
・高品質な商品・サービスによる競争力強化
経済成長⇒社員への賃金上昇・成長機会を提供

出所）「人材マネジメントの在り方に関する課題意識　添付資料（2019年経済産業省）」より野村総合研究所作成

経済成長は各企業の業容拡大となり、社員の昇進機会の確保と賃金の上昇をもたらし、優秀な人材を含めた働き手の高い企業内定着につながり、ますますの商品やサービスの競争力強化をもたらした。

　そして日本の単一文化性は人材マネジメントの土台となる価値観の共有や目標の共有をたやすくし、同質性の高い企業文化の形成を支える要素となった。

　これらの前提が、日本的雇用慣行の「三種の神器」と言われた「終身雇用」「年功序列」「企業別労働組合」とうまくかみ合い、日本企業は海外からも絶賛される日本型人材マネジメントを通じた高い企業競争力を維持できたのである。

しかしながら１９８０年代後半から日本企業や個人を取り巻く社会・経済環境は大きく変化し、日本型人材マネジメントは徐々に機能不全となった。そのきっかけは経済のグローバル化である。

国内市場だけではなく高成長に取り組む世界市場における競争に本格的に参戦するためにはグローバル×ローカルの多様なニーズを捉える必要が高まり、クロスボーダーでの人材発掘・獲得と育成・登用が必要となると同時に多様性を束ねる組織としてのケイパビリティ（組織能力）が求められた。これまで単一文化による価値観や目標の共有を強みとしてきた日本型マネジメントにはそうした多様性をマネジメントする経験値が圧倒的に不足していたため、海外拠点といったグローバルスケールでの組織ガバナンスで機能不全が露呈した。

また少子高齢化による人口構造の成熟化は若年労働力供給を細らせただけではなく、シニア人口の増加によって長期のライフプランを念頭とした個人のキャリア意識の高まりを促進した。若者を中心に自身のキャリアや成長に関心の高い世代の登場によって会社・組織と個人の関係性は従来の圧倒的な主従関係から徐々に変容することになる。日本企業は従来は重視されてこなかった社員のエンゲージメント向上や自律的なキャリア構築支援といった施策整備に追われることになった。

さらに日本型人材マネジメントに決定的な課題を突き付けたのは、デジタル化がもたらした第四次産業革命による就業構造の劇的変化である。

図表1-13　環境変化が日本型人材マネジメントにもたらした変化

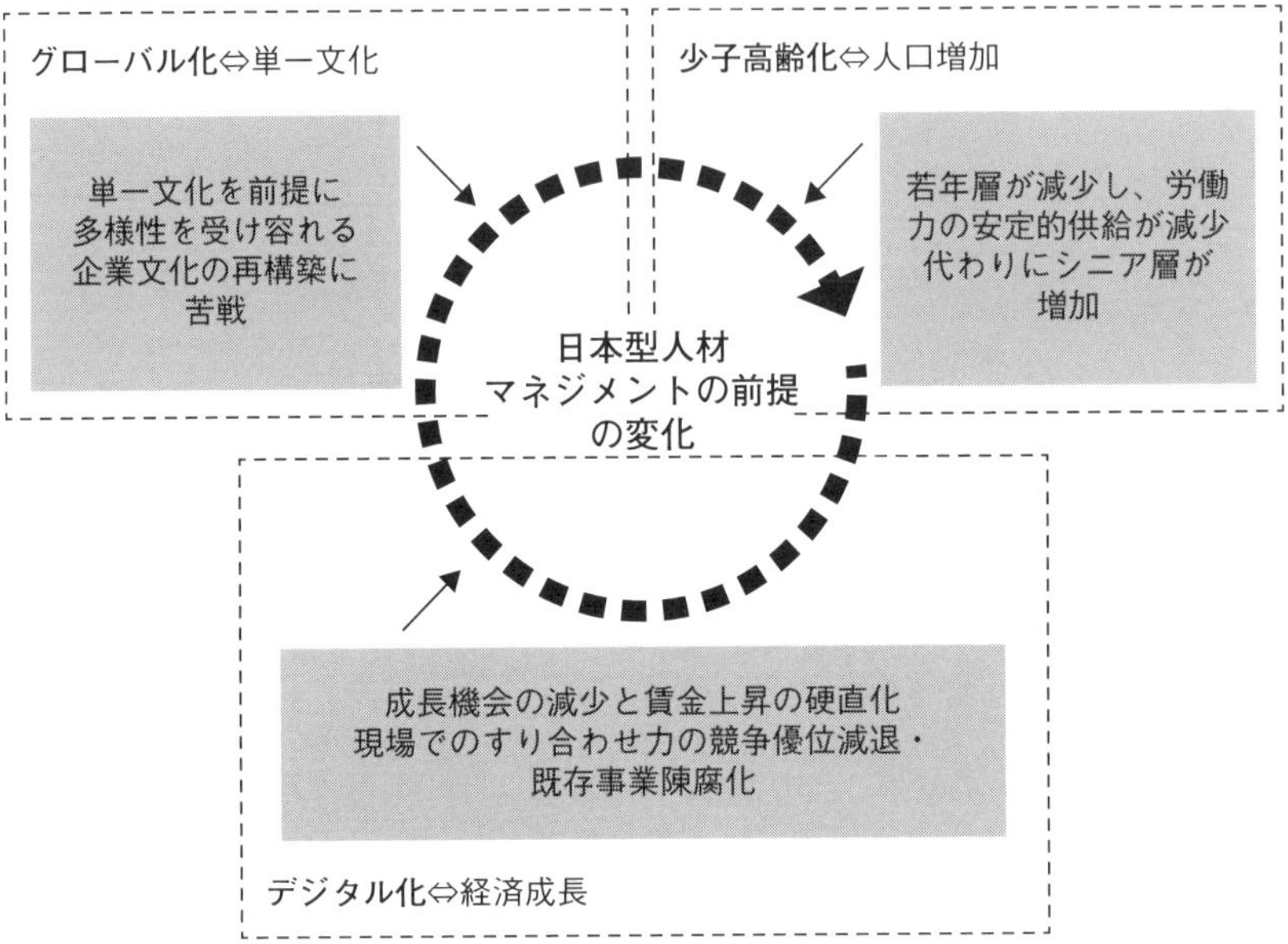
グローバル化⇔単一文化
単一文化を前提に
多様性を受け容れる
企業文化の再構築に
苦戦
少子高齢化⇔人口増加
若年層が減少し、労働
力の安定的供給が減少
代わりにシニア層が
増加
日本型人材
マネジメントの前提
の変化
成長機会の減少と賃金上昇の硬直化
現場でのすり合わせ力の競争優位減退・
既存事業陳腐化
デジタル化⇔経済成長

出所）「人材マネジメントの在り方に関する課題意識　添付資料（2019年経済産業省）」より野村総合研究所作成

ＩｏＴ、ビッグデータ、ＡＩを始めとした新たなテクノロジーやデジタル化はあらゆるモノや情報がインターネットを通じてつながり、それらが相互にリアルタイムで情報をやりとりしつつ、人の指図を受けずに判断・機能し、システム全体の効率を高めるだけではなく、新たな製品・サービス創出に劇的な進展をもたらした。いわゆるＤＸ（デジタルトランスフォーメーション）は日本企業の強みであった「すり合わせ」や「現場力」による優位性を減退させ、競争のゲームルール自体の劇的な変化をもたらした。

デジタルを活用した新たなビ

ジネスモデル創出や業務改革を主導できる人材は労働市場において稀有であり、大学・大学院でデータサイエンスやＡＩを学んだ若者に対しても高額な報酬を提供できる人事制度への転換が求められ、多くの企業においていわゆるジョブ型人事制度を検討する動きが加速した。またデジタルによる事業構造変化に対応するために既存社員のリスキリングや再配置（アロケーション）といった取り組みも常態化するに至っている（図表１－13）。

人的資本経営において日本企業が求められている人材戦略には、環境変化に対してかつて強みとされた各企業の日本型人材マネジメントを経営戦略と連動させてどのようにリデザインしていくかが問われている。見方を変えれば「絶好の変革チャンス」が到来しているとも言える。にもかかわらず、人的資本開示という手段が目的化する現象が生じているのである。

4 手段が目的化しやすい人事テーマ

人的資本経営に限らず、手段が目的化し、その結果として本当の目的が達成されなかった人材マネジメントのテーマを過去我々は目の当たりにしてきた。

そうした現象は人材マネジメントテーマ特有のものなのか、それとも経営改革テーマに共通して言えることなのだろうか。まずは過去日本企業が導入を試みてきた代表的な人材マネジメントテーマを振り返る。

(1) 目標管理制度（MBO：Management by Objectives）

経営思想家であるピーター・F・ドラッカーが自書『マネジメント』の中で提唱したコンセプトであり、組織（グループ）または個人が自ら目標を設定し期末の達成状況を確認する一連のマネジメント手法を指す。よってもともとは組織管理の手法であって人事評価制度のツールではない点に注意が必要である。

1990年代から2000年代前半に欧米型成果主義のための代表的な手法として人事制度

における目標管理制度が導入され、現在は多くの企業で運用が行われており、諸調査によれば８割程度の企業が制度を導入している。

そして目標管理制度の本来的なコンセプトとは、概ね以下の通りである。

期初に上司と部下が会社の方向性や所属組織の目標と部下個人自らが考えた業務目標について、それぞれの目的や想いをコミュニケーションしながらすり合わせし可能な限り近づける。その際会社・組織と個人双方の成長を果たせるような目標とすることと、部下個人が理解・納得のいく内容やレベル感（目標の高さ）が重要となる。なぜならば目標管理制度は個人の自律的な行動を引き出し、組織と個人双方の成長を支援し、結果として組織の目標と個人の成長を達成することがその目的だからである。

上司は設定された目標の達成のみならず部下の成長を支援し、一定期間後に達成状況の確認、どのような行動が行われたかの振り返り、克服しなければならない課題の確認、そして次の新たな目標についての話し合いを行うというものである。

残念ながら多くの企業で導入が進んだ一方、課題も多く、企業によっては目標管理制度自体が形骸化したケースも散見される。

いくつかの複合的な要因がある中での第一の理由は、目標管理制度を個人の評価の是々非々を明確にして人件費管理を厳格に運用するための道具立ての一つとして導入してしまったという言わば、「ボタンの掛け違い」である。

前述したように本制度はあくまで組織業績管理と人材成長を適切に両立させるための道具で

あり、もともと処遇に直結させる人事評価制度を想定していたものではなかった。しかし1990年代後半のバブル崩壊により日本経済が低迷し、企業の経営体力面に不安を抱える中、年功的な人事制度から一気の脱却を試みた企業経営者と人事部門が厳格な人件費管理を迫られ、限られた原資を組織への貢献度に応じて社員に分配するために目標管理制度を「成果を評価する人事制度上の仕組み」として導入を図ったという経緯である。

したがって上司は組織の目標達成に向けてできる限り高い個人目標を部下に対して設定（押しつけ）しようとする一方で、達成度評価によって処遇が下がるリスクを回避したい部下はなるべく目標を低く設定しようとするものの結局は上司が決めた目標によって評価が行われてしまう。その結果、不満を持つ社員が社内に増加する結果となってしまった。

結局のところ経営者や人事部門が目標管理制度の本質を理解しないまま、人件費管理のための手法として導入してしまったことが直接的な原因ではあるものの、より本質的な要因は当時長期雇用やゼネラリスト育成、年功的処遇といった日本型人材マネジメントに対する非難、逆風にさらされ〝自信喪失状態〟にあった日本企業が短期的な果実を求めて海外の目新しい方法論に飛びついてしまったことであろう。

もともと公平な評価、特に一定期間の業績評価というのは、非常に難しい作業である。成果は個人の努力の結果である一方で、いくら努力しても結果に表れない業務や社内外の環境変化によって業績は上にも下にも振幅する。職能資格制度に代表される旧来の日本型マネジメントはそうした運・不運を〝ある意味〟長期的な時間軸でうまく吸収する仕組みであったが、企業が持続的に成長して増加する人件費を支払う能力も担保されているという大前提があった。しかしながらバブル崩壊後の日本企業ではその余裕がなくなってしまった。

本節は過去の人材マネジメントテーマにおいて、手段が目的化していたか否かの検証であるが、目標管理制度においては報酬の適正配分というもともとの目的と制度の持つ本来の目的（組織業績達成と人材成長の両立）にミスマッチが生じていたと言えるだろう。

一方でこうしたミスマッチは社員からの不満が顕在化する前に様々なシミュレーションを行えば容易に想定できていたはずである。にもかかわらず多くの企業が目標管理制度の導入に突っ走ったことは、非難にさらされ続けていた日本型人材マネジメントに対して「まずは目標管理制度を導入する」という手段を成果として扱い、制度導入そのものを目的化させてしまった典型的なパターンと言える。

(2) コンピテンシーモデル

コンピテンシーのコンセプトは米国ハーバード大学の心理学者D・Cマクレランド教授を中心としたグループが米国国務省から依頼を受けて高業績職員と他の職員の行動の違いを詳細に分析・整理して示したものを源流としている。一言で言えば仕事で成果を出している高業績者共通の行動や思考パターンと言えるが、そのコンピテンシーを採用基準や人材育成、人事評価に活用することで組織全体の能力（ケイパビリティ）を向上させていく取り組みが目標管理制度と同様1990年代後半から2000年代にかけて多くの日本企業で導入された。

実は当時日本型人材マネジメントにおいて多くの企業が採用していた職能資格制度においても、自社にとって望ましい人材の行動や保有すべきスキルや資質といった定義（能力要件）が存在した。さらに言うならば高業績者の行動を分析・整理することで人材マネジメントに活用するという米国発のコンピテンシーも1970年～1980年代後半において日本がグローバルで最も輝きを放っていた時代において「日本型人材マネジメント」の基軸となる職能資格制度に影響を受けていたと言われている。

職能資格制度における資格別の能力要件とコンピテンシーの違いをあえて言うなら、コンピテンシーは職種ごとに高業績者の行動をより詳細に分析して項目別に定義するのに対して職能資格制度における資格別の能力要件は職種別ではなく全社共通が一般的であることと、高業績者の行動分析を行い整理するのではなく会社の求める人材像として「保有してほしい資質・姿勢・能力、あるいは行動」を経営層や人事部門が中心となって定義するというものである。

しかし1990年代後半のバブル崩壊により日本経済が低迷し、企業の経営体力も大きく毀損する中、目標管理制度導入の背景とまったく同様に年功的な人事制度から一気の脱却を試みた企業経営者と人事部門が「高業績者を効率的に確保・育成する人事制度上の仕組み」としてコンピテンシーの導入を図ったのである。

筆者もコンサルタントとして特に2000年代前半には数多くのクライアントにコンピテンシーモデルの導入支援を行ってきたが日本型人材マネジメントの思想もある程度残しながらモ

デルの設計や導入を図るには一定の苦労が生じた。

まずは職種以上に詳細な粒度でモデルを設計しないと「具体的な行動」を整理することができないのである。典型的なのは本社系の職種で、職能資格制度においては「事務・管理系職種」程度で一括りにして能力要件を定義すればよかったがコンピテンシーとなるとそうはいかない。

経営企画、広報、財務、経理、情報システム、購買、総務、人事部等、より粒度の細かい職種ごとに高業績者の行動を分析して定義する設計が必要となり、膨大な労力が必要となる。また、効率性を目指して業務プロセスは日々、ＩＴ化やデジタル化によって変化を遂げていくし、会社組織も毎年のように改編が行われるためミッションが変更になる。つまり一度構築したコンピテンシーモデルもその後継続的に見直しが必要となるのである。

高業績者の行動様式を採用や人材育成、そして人事評価の基準とすることは一つの手法として適切であったとしても多くの企業では、一度構築したコンピテンシーモデルが形骸化してしまい実質的に「お飾り」状態になっている。その理由は職種ごとに作成すべきところが中途半端な粒度で作成した上に、その後の組織改編や業務プロセスの変更に合わせたコンピテンシーモデルの見直しが行われていないためである。

多くの人材を高業績者に近づけていくことが本当の目的であったはずだが、いつのまにかモデルの設計自体が目的化してしまった。残念ながらコンピテンシーモデルの導入後に社内人材の行動変化をモニタリングしている企業にほとんど出会ったことがない。

(3) タレントマネジメント

1997年にマッキンゼー&カンパニー社が提唱し、書籍も発刊された「War for Talent」というコンセプトを源流に広まった考え方であり、「企業間の業績格差は、優秀なマネジメント人材の確保を優先課題と位置付け、その具体的な施策実行の巧拙が影響している」という見解が示された。時期を同じくして当時時価総額でグローバルトップだったゼネラル・エレクトリック社CEOのジャック・ウェルチがその著書『ジャック・ウェルチ　わが経営』にて示した経営人材育成手法、すなわちタレントマネジメントは当時の日本経営に対して大きなインパクトを与えた。

その主なエッセンスは「経営リーダー候補人材を早期に選抜」し「当該人材の育成課題に応じて事業や機能の責任のあるポジションを数多く経験」させ、「ふるいにかけて絞り込みを行いながら最終的に経営者を決定」するというものである。そして、「経営トップ自らが候補人材のモニタリングを通じた選抜プロセスに深くコミット」することが不可欠としている。

特に「早期選抜と計画的な機会付与」「長期間によるモニタリング」「経営者自身が深く選抜プロセスにコミット」については日本企業の経営者登用プロセスとは似て非なるものであった。また当時、経営のグローバル化が構造不況に陥った日本企業再生の大命題であり、40歳代後半～50歳前後でグローバル経営を力強くリードできる経営人材をタレントマネジメントという手法を使って数多く輩出する欧米企業の強さと日本の経営人材との力量の違いを再認識した。そしてその打開策として欧米流のタレントマネジメントを自社に取り入れる動きが海外に拠点展開する日系グローバル企業を中心に始まったのである。

しかしながらタレントマネジメントも日本型人材マネジメントモデルとのフィット性において大きなギャップがある。日本型人材マネジメントモデルの特徴の一つは、「相対的に遅い経営者選抜」である。できる限り目に見えるリーダー候補選抜を遅らせることでより多くの人材に対して役員任用への期待感を維持させ、仕事への意欲へとつなげさせている。もしも経営候補リーダーを早期に選抜し、目に見える形で機会付与を行い、40歳代で経営者に登用すれば、強いリーダーが生まれる一方で多くの人材が失望し、意欲を失うのではないかという危惧があったのである。

とは言え経営者の計画的育成を企図したタレントマネジメントに関しては、現在多くの国内上場企業では各社なりにアレンジが行われて実施されている。曲りなりにも運用がなされている理由としてあげられるのが２０１５年に施行されたコーポレートガバナンスコードである。

コーポレートガバナンスコード（２０１７年、２０１９年、２０２１年に改訂）においては取締役会の役割・責務として「最高経営責任者（ＣＥＯ）等の後継者計画（プランニング）の策定・運用に主体的に関与するとともに、後継者候補の育成が十分な時間と資源をかけて計画的に行われていくよう、適切に監督を行うべきである（原則４－１．取締役会の役割・責務（１）補充原則③）」と明記されており、その実施に関してコーポレートガバナンス報告書において報告が求められている。ステークホルダーに対して実施しない理由を合理的に説明できないなら、否応なしに対応しなければならない。

結果的に多くの国内上場企業はGE流の経営者育成モデルを以下のような日本的テイストを加えながらタレントマネジメントという仕組みを導入している。

―選抜は欧米と比較するとそれほど早期ではなく、40歳代以降（管理職登用以降）

―〝ふるいにかける〟よりも〝ゆるやかなプール化（一度されればずっとプール化対象）〟

―特別な機会付与は実施せず、あくまで適材適所としての配置で経験を積ませる

VUCAの時代の到来と言われて久しいが、グローバルのみならず今や経営者にはデジタルで新しい事業を生み出した経験や業務プロセスを劇的に変えた経験が必要とされている。時代によって求められる経営者像が変化するとしても、経営者に不可欠な経験や知見をその都度予測し、計画的な機会付与を行っていくことの重要性は変わらない。そういった意味で一部の企業を除いて経営者の計画的育成という目的が達成されているかどうかはやはり疑問が残る（図表1－14）。

日本企業の人材力は低下を続け、その要因として人への投資が行われていないことも確認できた。その要因として過去日本企業が取り組んできた人材マネジメントの代表的テーマの導入

図表1-14　タレントマネジメントに関する日本と海外との比較

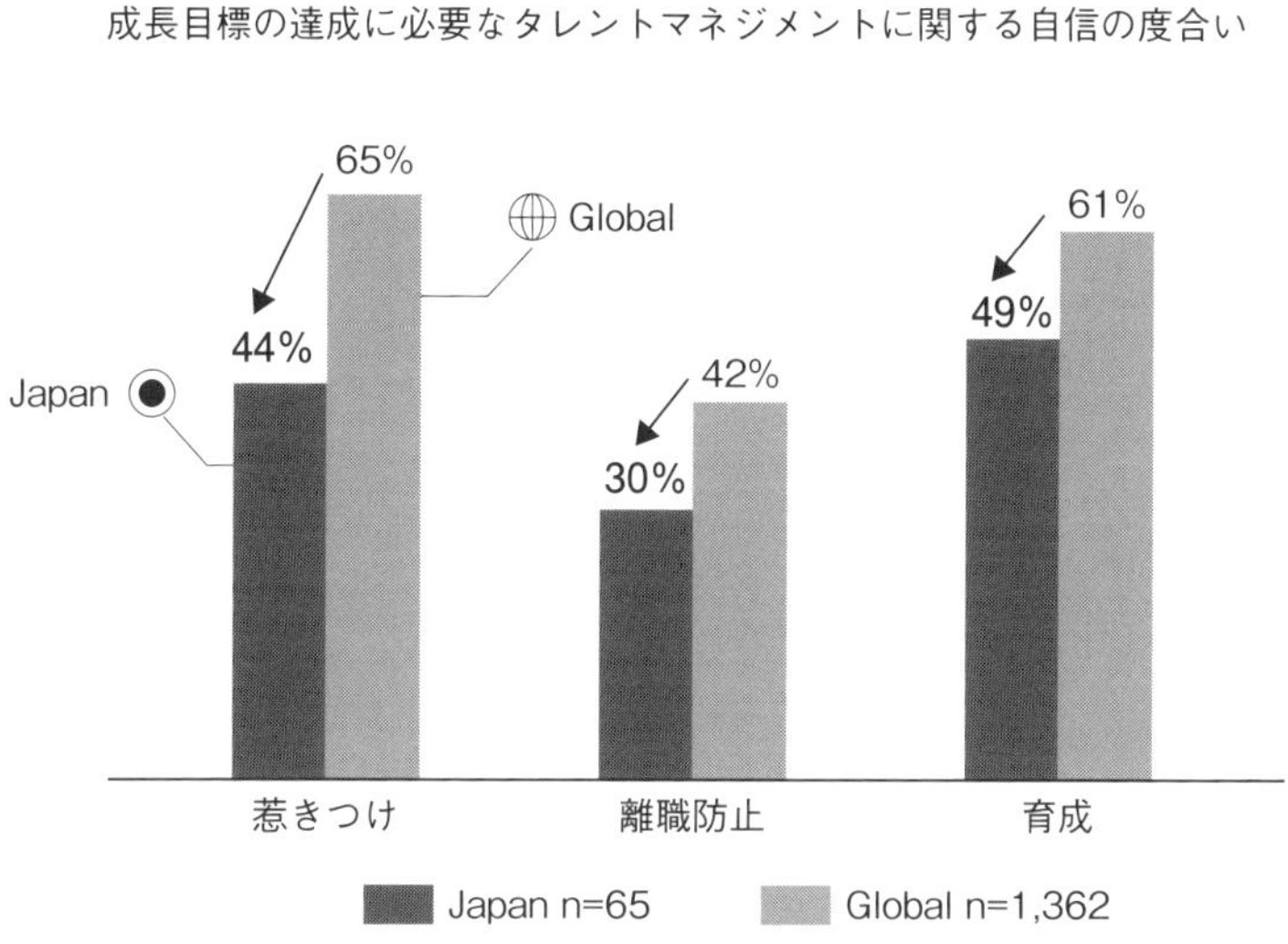

出所）KPMGコンサルティングFuture of HR 2020 -岐路に立つ日本の人事部門、変革に向けた一手-

背景、その結果と効果について見てきたが、当該テーマの導入そのものが目的化してしまい本当の目的（＝解決したい課題）の実現には至っていないことが確認された。

次章では、なぜ日本企業の人事改革は手段が目的化してしまい、目的そのものが果たされないのか。企業のみならず雇用慣行を中心とした社会システム領域といった部分での構造的な問題について考察していく。

Restructuring
Human
Resource
Management
in Japan

第2章

失われた30年
なぜ人事改革は
失敗に終わるのか

第1章ではこれまで（特に1990年代後半以降）日本企業の多くは欧米発の人材マネジメントテーマの導入自体が目的化し、「人や組織を活性化させる」「社員をスキルアップさせる」といった本当に実現したい目的は実現できていなかったことを述べてきた。本章ではそうした人事改革がなぜ失敗に帰するのかを会社内部だけではなく社会システムの問題にも触れながら整理をしていきたい。

1 経営戦略・事業戦略アプローチの理解と人材戦略とのフィット性

フィット性とは経営戦略・事業戦略のコンテンツと人材戦略のコンテンツの連動性ではなく、自社の「戦略」に対する考え方・向き合い方（≒アプローチ）が経営・事業と人事の間でズレがないかという点である。

典型的な経営戦略や事業戦略では、自社・自事業の内外環境分析と将来予測、強み弱み、競合他社の動向といった合理的な分析を踏まえて収益最大化に向けた計画を立案する。経営戦

図表2-1　人事戦略の４アプローチ

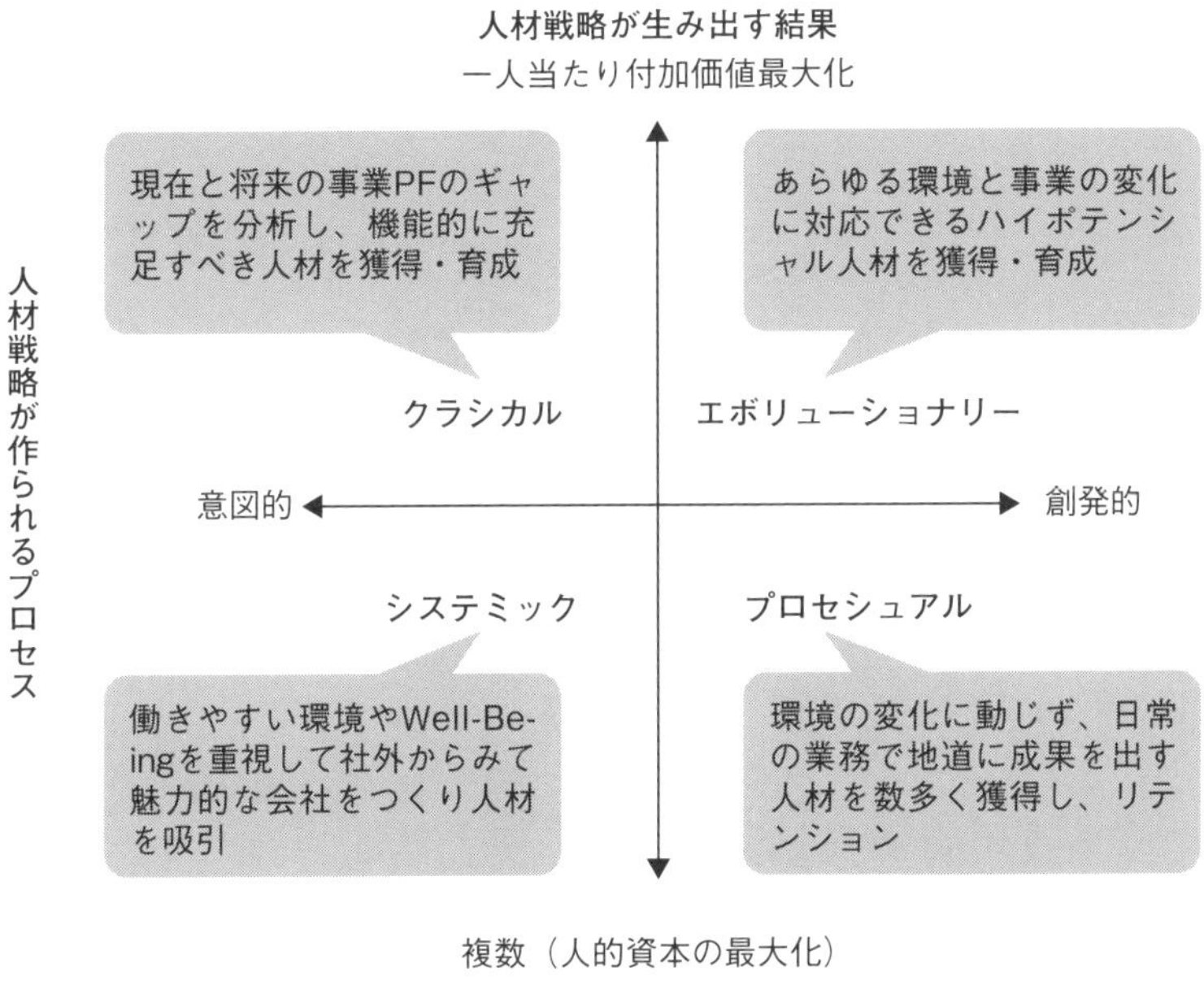
人材戦略が生み出す結果
ー人当たり付加価値最大化
現在と将来の事業PFのギャップを分析し、機能的に充足すべき人材を獲得・育成
あらゆる環境と事業の変化に対応できるハイポテンシャル人材を獲得・育成
クラシカル
エボリューショナリー
意図的
創発的
人材戦略が作られるプロセス
システミック
プロセシュアル
働きやすい環境やWell-Beingを重視して社外からみて魅力的な会社をつくり人材を吸引
環境の変化に動じず、日常の業務で地道に成果を出す人材を数多く獲得し、リテンション
複数（人的資本の最大化）

出所）リチャード・ウィッティントン著『戦略とは何か？』を参考に野村総合研究所作成

略・事業戦略の目的は資本効率を上げることであり、非効率な組織は効率的な組織に再編し、低収益なビジネスは切り離し企業グループの事業ポートフォリオを組み替える。

人材版伊藤レポートにおいても、「経営戦略と人材戦略の連動」はその根幹をなすテーマであるが、企業の経営戦略・事業戦略のアプローチは上記のような典型ばかりではなく様々なアプローチ方法が存在する。リチャード・ウィッティントンは著書『戦略とは何か?』（2008年、慶應義塾大学出版会）の中で経営戦略・事業戦略の４つのアプローチを紹介している。

・クラシカルアプローチ

最も典型的かつポピュラーな戦略立案アプローチである。

収益最大化、資本効率向上がビジネスの第一目的であり、そのための合理的な分析、計画策定を行い、最適組織を組成し、必要とされる完全な合理的行動を忠実に行うことが「戦略」であるという考え方である。マイケル・ポーターの著書『競争の戦略』（1995年新訂版、ダイヤモンド社）におけるポジショニングアプローチにも符合する最も一般的な考え方であり、ほとんどの企業では自社はこのアプローチを採用していると自覚し、公言している。

・エボリューショナリーアプローチ

いくら合理的な戦略を立案しても、競争的な環境においてそれは一時的な優位しかもたらさず競争相手はすぐさま模倣し、いかなる先行的利益も蝕《むしば》んでしまう。結局のところ環境変化に対して組織が合理的な戦略で先手をうち、対応する能力には限界がある。どの企業の製品やサービスを購入するかは結局のところ市場が判断する。必要なことは組織をできる限り効率的に運営をしておくと同時に、様々なビジネスを「多産多死」的に幅広く試みて市場の判断を仰ぐという考え方である。

・プロセシュアルアプローチ

合理的な戦略立案に対して懐疑的なスタンスはエボリューショナリーアプローチと同様だが、プロセシュアルは市場による判断が企業の戦略を決定する考えにも異を唱える。結局のところ人には限界的な合理性しかなく、偏った見方で情報を解釈するため組織も市場も硬直的で混乱した現象である場合が多い。したがってそこから生まれる戦略は少しずつしか進歩しない。戦略とは企業行動に先立つものではなく、過去を振り返った際に行動が起こった時に自覚されるものであり、日々の経営や組織の基本的な強みに対する密接な関与から直接的に生まれてくるというものである。

・システミックアプローチ

いかなる戦略も社会システムの性質にかかっているため、多様な社会的資源と運営上可能なルールを知るために企業が存在する地域独自の性質や自らを取り巻く社会システムを分析すべきである。ここでいう〝社会システム〟とは国家、地域、市場、階級、教育、家族、性別、宗教、民族、文化等、人の経済的行動に影響を与えるすべての背景を指している。

企業は自身が組み込まれているそうした〝社会システム〟に存在するものであるから、戦略は人や市場の合理的行動よりも社会システムから生じる文化的ルールから生ずるというものである。

どのアプローチも合理的に考え、効率的に行動するという人間の能力について、かなり異なる見解をそれぞれ持っている。

こうしたアプローチの違いは、株主との向き合い方、扱うプロダクト・サービス・事業の特性、当該企業の組織風土、経営トップのリーダーシップスタイル等によって形成される。

そして人材戦略もウィッティントンの戦略アプローチと同様、4つのアプローチが存在すると考えられる（図表2－1）。

当然のことながら、企業において経営戦略・事業戦略アプローチと人材戦略アプローチはスタイルを一致させるべきと申し上げるつもりはない。一方で例えばシステミックな経営・事業戦略アプローチを選択している企業において、人材市場変化も含めて合理的な分析を通じた詳細な人員計画を策定し、軍隊組織のごとく実行するといったクラシカルアプローチによる人材戦略を立案しても議論がかみ合わず合意形成もできないだろうし、実行局面において行き詰まってしまう。

ここでいう「フィット性」において大切なこととは、自社の経営戦略・事業戦略アプローチがどこに該当するかについて、人事戦略を立案するＣＨＲＯや人事部門が十分に理解しているかどうかという点である。

企業の人事パーソンからよく耳にするのが、「うちは経営戦略・事業戦略は曖昧だから、それに連動する人材戦略を策定せよと言われても難しい」という不平や不満だが、こうした発言は戦略アプローチが上記のクラシカルアプローチしかないとの思い込みから生じているものである。

設立して間もないスタートアップはともかく、社会に何年・何十年と存続している企業は、意識・無意識は別として上記いずれかの経営戦略・事業戦略アプローチを採用している。CHROはアプローチの特性を十分に理解した上で、どの人材戦略のアプローチを選択するかをCEOや他のCXOとも十分なコミュニケーションを取りつつその合理性について十分に納得を得られるように働きかけなければならない。そうしたプロセスを経ることで当該企業内の経営資源である人的資本を高め、人材に付加価値をつけるためのその企業なりの人材戦略は必ず見出せるはずである。

2 「思い付き」に振り回される人事部門

(1) 目的や意図が分かり難いRFP

コンサルティングの現場にて、ここ数年感じているのが新規のクライアントから受領するRFP(Request for Proposal)の変化である。

- 貴社としての人事改革の進め方を提案してほしい
- 貴社(コンサルティング会社)の強み・特徴を教えてほしい
- 貴社の〇〇テーマに関する他社コンサルティング実績を教えてほしい
- 貴社のプロジェクト体制、関与工数、メンバーの経歴を教えてほしい
- 費用見積を教えてほしい

以前は、

―自社の経営戦略概要
―自社が実現したい人事・人材、人材マネジメントの姿
―実現したい人材づくりに向けた当社の仮説
―想定する仕組みづくり、運用において不足するリソース
―コンサルティング会社に期待するバリュー発揮

といった内容があり、その上で上記項目が記載されているのが一般的であった。クライアント側で想定されている「手段」は何となく想像できるものの、そもそもどのような組織や人材を求め、目指していくか自体が理解できず何度かディスカッションを重ねてようやくこのようなＲＦＰが出てきた背景が見えてくる。

多くは経営会議のような、人材の新規採用や離職の状況、人件費の推移、シニア社員の増加状況、そして昨今は人的資本開示の方針といったテーマを共有・議論する場において、経営トップや人事以外の役員から「何かしら手を打たなければならないのではないか」「人事部門はどのような人材戦略を考えているのか」「他社はどうしているのか」といった問いにさらされて、やむにやまれず「現在、鋭意検討中です」と返してしまったという状況ではなかろうか。

しかしながら人事部門のメンバーは皆多忙で、大きな企画構想に費やせる時間も余力も乏しし

く、何か具体的な手立てを検討している状況ではない。このため、「まずは情報収集から」といった感覚でコンサルティング会社にアプローチしてみようということになったケースが多そうである。

(2) 断片的な情報に感化される経営者

ＶＵＣＡの時代を迎える以前から、経営者という職業はとにかく多忙である。グローバル化によるビジネスの広がりと地政学リスク、市場環境の変化、昨今ますます重要性を増すサステナビリティやＥＳＧへの要請、そこにコロナ禍を契機としたテクノロジーの不連続な進展による経営・事業競争環境の劇的な変化など、経営者はこれまでとはまったく異なる次元（時間・空間・価値観）の変化の振れ幅の中で会社が進む方向性を決定しなければならない。過去の経営自身が歩んで生きた経験は最も大切で信頼に足りうる拠り所であるが、その引き出しの中から最適解を導くには限界がある。どんな優秀な人間にも「認知の限界」が存在する。

経営者のみならず我々は判断するに十分な経験が不足している際には、関連情報の収集を意識・無意識的に始めるが、限られた時間と情報の中で最善のものを主張するのではなく、現れた情報の中で「最初に満足できる選択肢」を受け入れてしまう。例えばそれはたまたま参加した経営者セミナーや経済雑誌内で他社経営者が笑顔で語る人事改革の成功事例や、学術界の弁舌明確な主張といった断片的で内容が怪しい情報かもしれない。しかしながら経営者自身がスッと腹落ちしたものを「うちでも○○○を検討してみたらよいのでは」と投げかけられた人事部門は、ある意味肩の荷が下りたような感覚となる。

なぜならば社長の指示・提案であるがゆえに、人事部門はその選択と判断の責任を負わない構造に逃げ込めるからである。

(3) 経営戦略・事業戦略策定に関与できていない人事部門

経営者の思い付きに人事部門が飛びついてしまうもう一つの理由は、人事部門が自社の経営戦略・事業戦略の策定プロセスに関与できていない点が挙げられよう。

ほとんどの企業では３～５年に一度、長期ビジョンや中期経営計画と言われる経営戦略を策定し、実現したい企業の姿、その姿を定量的に示す指標、ロードマップ、そしてその進捗をモニタリングするためのＫＰＩ（Key Performance Indicator）を設定する。

本章の第１節で述べたように経営戦略や事業戦略構築には様々なアプローチが存在するが、そうした戦略の検討に人事部門がまったく関与できていない。正確に言えば、中期経営計画内に組織や人材に関する戦略が記載されることはそれほど珍しくなっているのだが、ほとんどのケースでは計画書の終盤あたりに申し訳程度に組織や人に関する取り組み課題が記載される程度である。

図表2-2　経営戦略・事業戦略と人事戦略の連動図

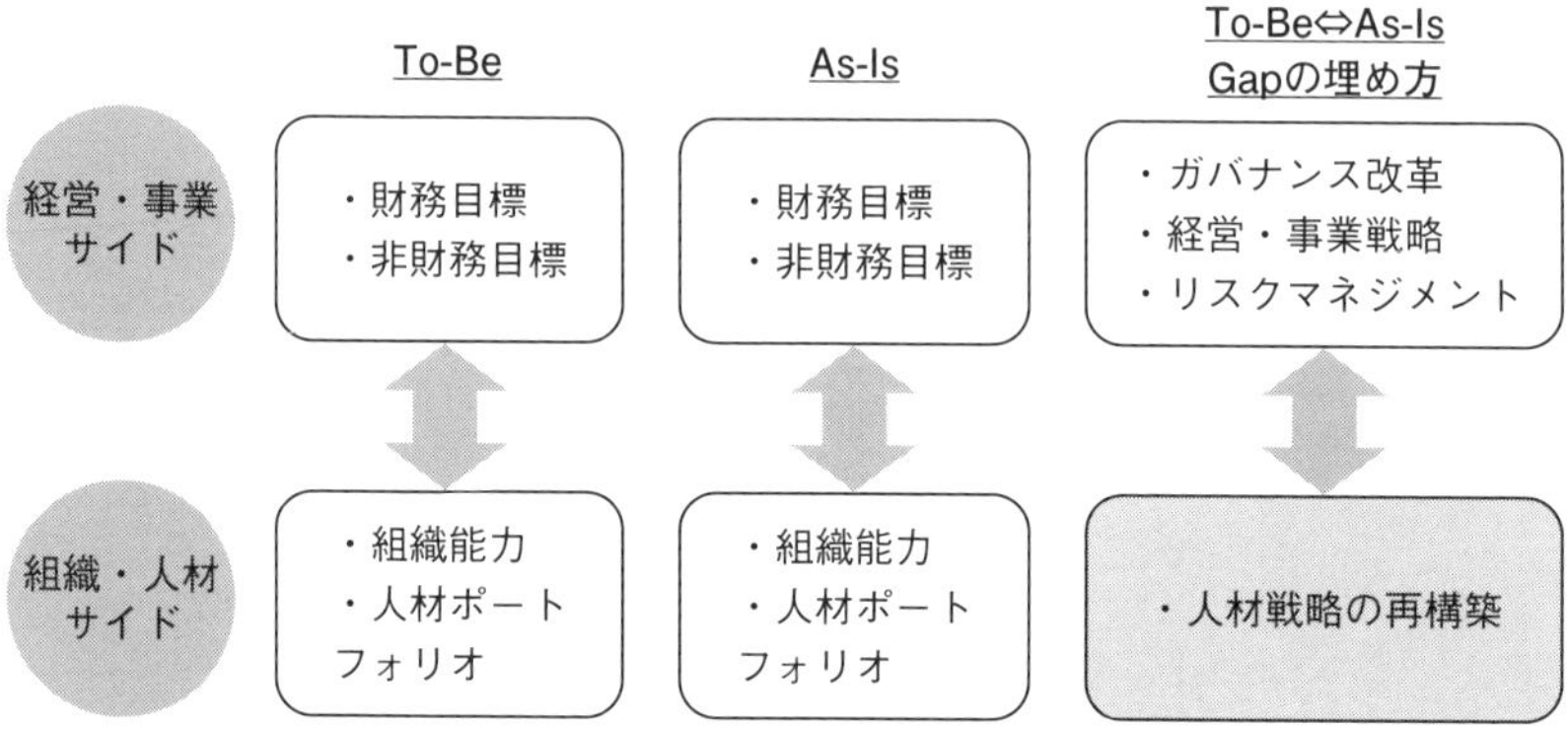

出所）野村総合研究所作成

ＮＲＩが実施した調査によると中期経営計画全体または、主要な経営レベルでの取り組み課題に人事部門が深く関与したとの回答は人事部門自身の認識では23・4％であるが、事業サイドである営業／マーケティング部門の認識ではわずか6・8％にすぎない。人事部門が思っているほど事業サイドの目線において人事部門は経営戦略や事業戦略立案に関与できていないと認識されているのである（巻末資料5　経営戦略・事業戦略への人事部門の関与状況参照）。

少子高齢化を中心とした市場環境の変化、環境問題を契機としたサステナビリティの高まりなどによって描かれる経営の将来像（To-Be）は事業・収益構造の大きな転換を伴ったものが多い。そうした将来像を実現するための組織や人材のありようは現在の組織や人材とは大きなギャップが生ずることになる。そのギャップを埋めるための作戦が人事戦略である（図表2－2）。

もちろん人的資本は有形資産とは異なり、短期の時間軸でその特性を変容したり、切り売りをするように質的量的コントロールができるものではない。もちろんここで言う人的資本とは直接雇用している社員のみならず、社外のパートナー企業や業務委託型で成果にコミットしてもらう人材も含まれる。

人事部門は経営の将来像に向けて人的資本を総動員してその実現に向けた人材戦略を経営や事業部門と一緒になって検討すると同時に、変化の時間軸が長いといった人的資本の特性や変化・変容に対する組織的耐性についても有益な示唆を人事部門側から提供することで経営・事業部門と一体となって戦略策定のプロセスに関与していくのである。

中期経営計画や戦略の策定を通じて経営や事業部門との密着度が上がることは、人事部門の経営感度が高まることにつながり、経営者や社内ステークホルダーの「思い付き」に振り回されることもなくなってくる。

(4) 現場の生情報を吸い上げる仕組みがない人事部門

経営者の思い付きに人事部門が飛びついてしまうもう一つの理由として、現場の生の声を吸い上げる仕組みが弱体化してしまっていることが挙げられよう。

近年、ウェルビーイングやエンゲージメント、心理的安全性といったコンセプトの広まりと共にエンゲージメントサーベイのような意識調査を定期的に実施する企業は増加傾向にある。

デジタルやテクノロジーによって様々なデータを経営やマネジメントに最大活用する時代であり、人材マネジメントの領域においてもそれは例外ではない（人事部門のデータ活用に関しては詳しくは第6章で述べる）。一方でデータでは表出されない〝現場の生情報〟をきちんと吸い上げる仕組みを確保しておくことも不可欠である。

ここで言う〝現場の生情報〟とは、例えば以下のような情報である。

－今、現場でホットな組織・人事に関する話題は何か
－新しく始まった施策や制度に対してどんな印象を持っているか
－今年入社の新卒社員の働きぶりはどうか
－中途入社の社員は組織に馴染んでいるか
－現行の人事制度に不満や改善要望はないか

これらの声は様々な人事情報をデータベース化できるようになった今日であっても、言わば「足でしか稼げない〝生情報〟」である。以前と異なり、業務のオンライン化が進んでいる中で物理的に同じオフィスにいないことでこのような情報が自然に入ることは少なくなった。

こうした生情報を得ていくために心がけることは、人事部門自らが様々な情報発信をしていくということである。鮮度が高く、質の高い情報を得るためには、同様に鮮度が高く、質の高い情報を自らが発信をしなければならない。具体的には以下のような発信内容である。

- 組織や人事・人材面に関する会社の現状・問題意識
- エンゲージメントサーベイの結果
- 人事施策に関する説明
- 今後取り組んでいく課題

こうした内容を定期的に発信していくことで発信した情報に対する反応だけではなく、様々な組織・人材に関する周辺情報が集まるようになる。人事部門は現場からするとコミュニケーションの心理的壁が高い組織の代表格である。そうした心理を理解しつつ、人材戦略立案に有益な情報をまずは人事部門発の情報発信を起点に〝現場の生情報〟を収集できるようにすることで、社内のステークホルダーの「思い付き」に振り回されることも徐々に減ってくる。

3 日本の雇用システム面からの制約

人的資本は有形資産と異なり目に見える変化（スキルアップやスキルチェンジ、組織風土の改革等）を起こすには一定程度の時間軸を考慮すべきである点は前述した。そしてそうした変化を促すために人の処遇に関するルール、すなわち人事制度を改革する際にも一定程度の時間軸を考慮することが必要となる。特に賃金を決定するための報酬制度や評価制度、等級制度を改定するには多大な労力がかかるだけではなく、当初から中長期的な視点を持って改革プロセスを設計しないと会社が目指した目的、すなわち人的資本の望ましい変化を実現することはできない。

（1）人事制度はライフキャリアを方向づけする

昨今、人事制度を人が保有、あるいは発揮している職務遂行能力から人が担っている職務、役割に変更するいわゆるジョブ型へ変更、または変更を検討する企業が増えている。

デジタル人材を代表とする専門人材を機動的に採用し、より組織内の適材適所を実現していくためには職務遂行能力で人を格付けする職能資格制度よりも、ジョブ型制度の方がフィットしやすいという考えがベースとなっている。専門人材を獲得して社内に不足しているスキルを機動的に調達し、年齢に関係なく適材適所を実現するためにはジョブ型人事制度の方が優れている点は疑いの余地はないだろう。

一方で社内、特に伝統的日本企業にはこれまで長年にわたって職能資格制度のもと、言わば日本型人材マネジメントの仕組みでキャリアを過ごしてきた社員の方が圧倒的に多数派として存在する。いわゆるメンバーシップ型雇用において、社内の様々な業務、役割、地域の仕事をジョブローテーションと称して経験して、幅広いスキルや職務遂行能力を磨いてきた。これは本人の意思もあるが、企業が職能資格制度という人事制度が示す「あるべきライフキャリア」であったからである。またキャリアの積み重ね方だけではなく、報酬の支払い方法の観点からも職能資格制度はグローバルの先進国において日本特有の考え方を有する。

職能資格制度においては一般的に終身雇用を前提とすることで賃金も年功序列的に上昇していく仕組みであり、若年期にはその働きや役割、業務の大きさと比較するとやや見合わない低水準の賃金しか支給されない。一方でその代わりに中高年齢期になると場合によってはその働き以上の賃金を支給されることで会社対個人の関係においては「長期決済」のバランスをとる仕組みとなっている（図表２－３）。

言い換えると若年期には労働対価以下の現金報酬しか受け取らない代わりに会社内に自身の口座を作って貯蓄を行い、中高年齢期にはその口座から貯蓄した報酬を少しずつ取り崩し、

図表2-3　日本の労働者の賃金カーブ

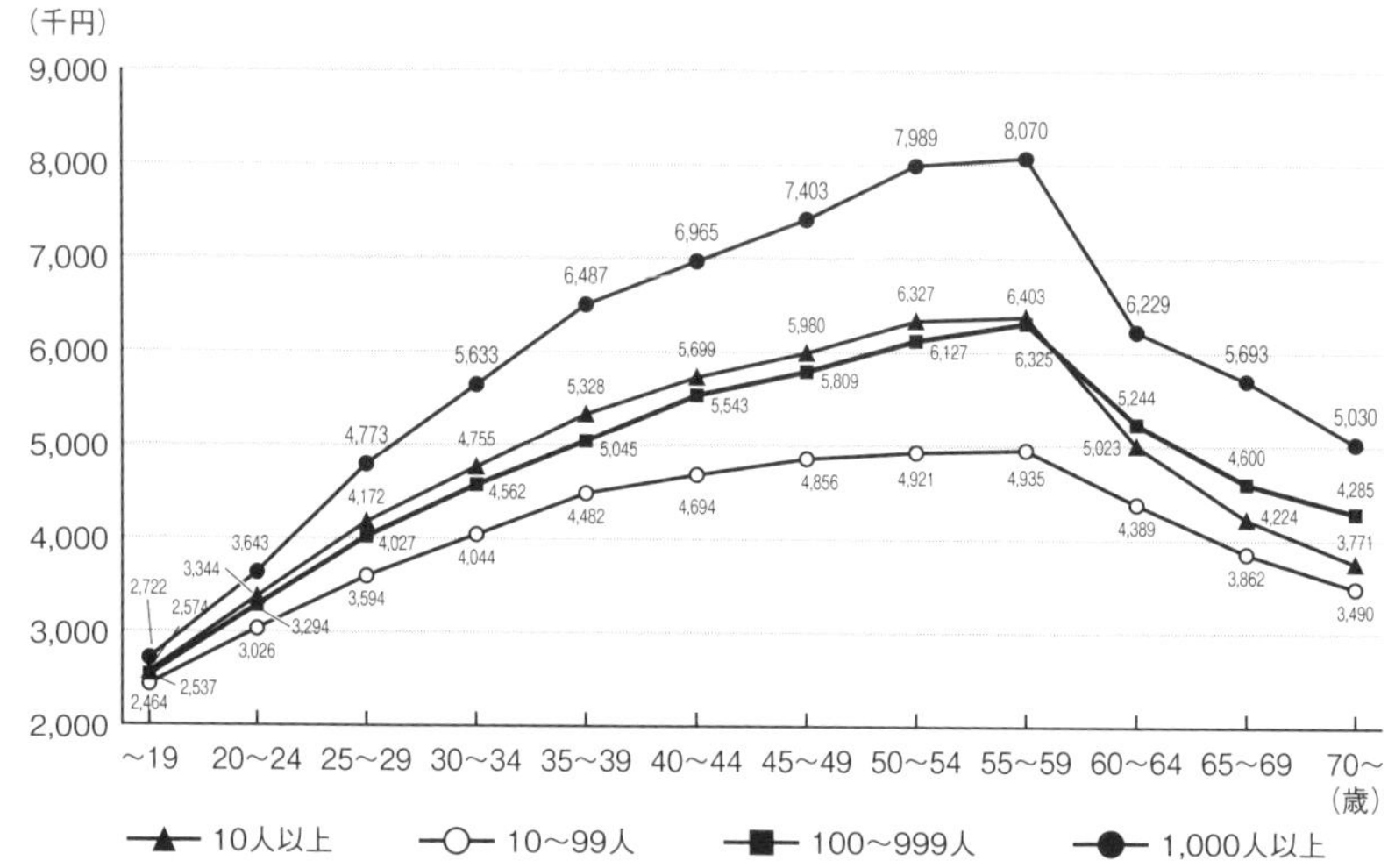

注：賃金は各調査年（2022年）の6月分の所定内給与額
出所）厚生労働省政策統括官付参事官付賃金福祉統計室「2022年賃金構造基本統計調査」より野村総合研究所作成

労働対価以上の現金報酬を受け取る。生涯において損得はないが、貯蓄した報酬を受け取るには当該企業に終身勤め上げることが必要になる。よって多少希望にそぐわないローテーションであっても、色々な経験を積んでキャリアアップできると前向きに受け止めるべきだし、企業としては意図するままに人材を配転しても人材の離職の抑止が図れ、ノウハウ・暗黙知の流出防止にもつながる仕組みなのである。

　こうした仕組みでキャリアを過ごしていた中高年社会人の前に近年突如出現したのが、ジョブ型人事制度である。ジョブ型人事制度は役割、職務、責任の大きさに応じた賃金を支払う考え方であるため、そこに若年層、中高年齢層という年功的要素は一切反映されていない。50歳で会社の人事制度が職能資格制度からジョブ型人事制度に変更になると、若年時代に会社に貯蓄していた（つもりの）報酬は受け取れなくなるかもしれない。これは本人の感覚からすれば「契約違反」ということになり、到底納得し難い。

（２）難しい自律的なキャリアデザイン

もう一つ、ジョブ型人事制度が機能するためのコンセプトとして、「自律的キャリア」がある。どんな専門性を身につけて、どのような役割、業務についていきたいかを自分自身の責任でしっかりと考えよ、というものである。これまで散々会社の辞令・指令で色々な職務を担いゼネラリスト的なキャリアを歩んできたのにある時を境に自身で自らのキャリアをデザインせよと突き放されても成す術がないのである。

ただし、長らくメンバーシップ型の職能資格制度を運用してきた企業が、本当の意味で社員自らがキャリアを選択できるように仕組みを整備できる企業はまだ少ない。

こちらは企業側にキャリアの選択権をすべて個人に委譲する前提で組織運営を行うノウハウやカルチャーが根付いておらず、始めようにも始められない状態だからである。

例えば環境変化や事業戦略に応じて組織を改編する際には人員の再配置（アロケーション）が必要になるが、そこで行われる個々別の人材配置は本人の希望も一定踏まえながらも結局は会社からの辞令によって決定しているケースがほとんどである。

図表2-4　公募制度を採用する企業の割合

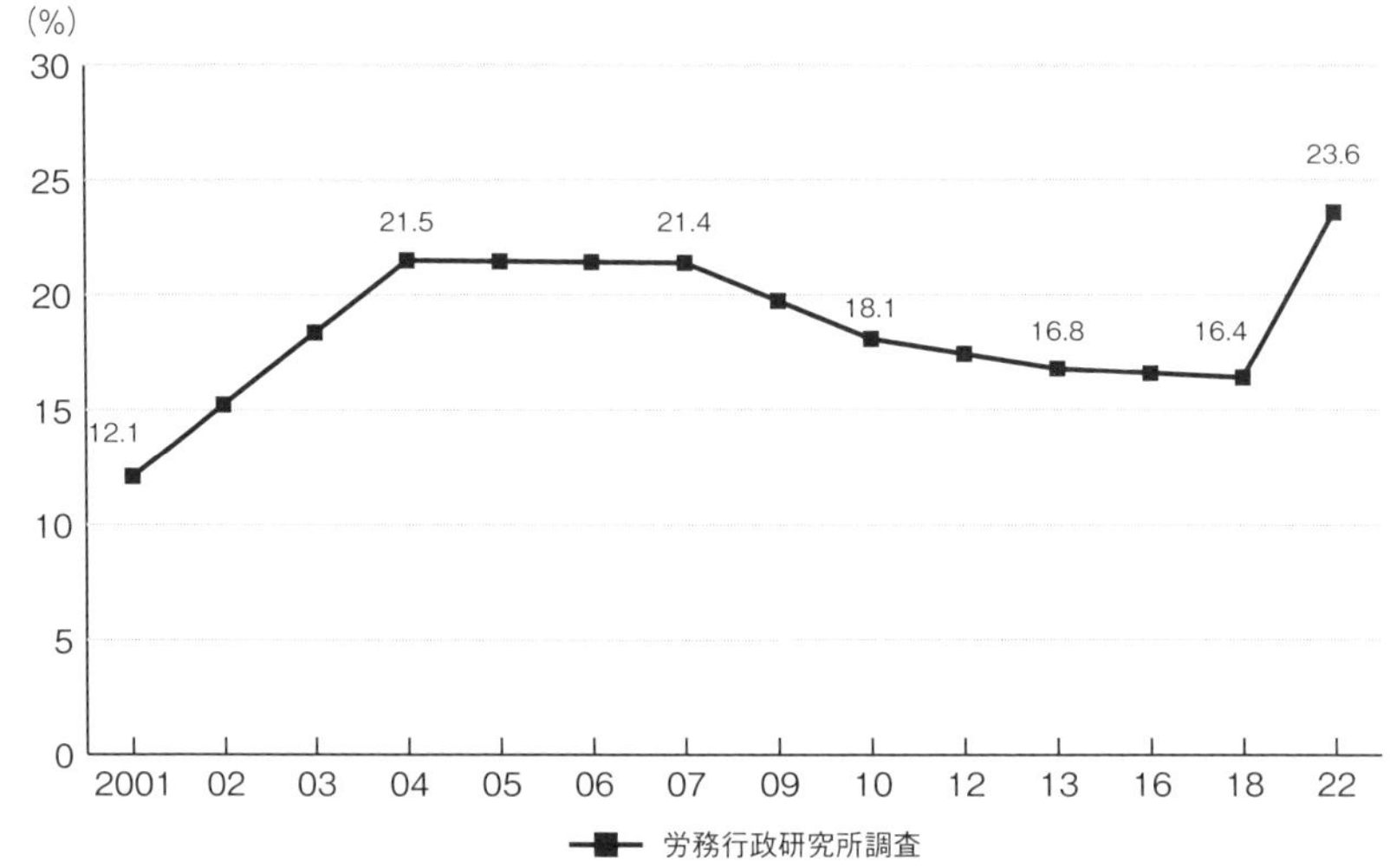

出所）労務行政研究所　「人事労務制度の実施状況調査（2023年4月）」より野村総合研究所作成

社内公募制度を運用している企業も年々増加傾向にあるが、公募の対象にするのは社内の限られたポジションである(図表2－4)。

またキャリアを個人が主体的にデザインしていくためには、自身が高めていきたいと考えている専門性を活用できる仕事を所属企業に限らず選択できることと、異なる専門性を身に着けて発展的なキャリアやキャリアチェンジを支援する仕組みが必要となる。

自身の専門性を所属企業以外で活用するキャリアとは転職に他ならないが、こちらは転職市場が今後どの程度成熟していくかという社会全体の問題に関わってくる。幸いにして少子高齢化に伴って日本社会が構造的に今後も人材不足状態が継続することから、転職を中心とした人

図表2-5　中途採用に対する企業側の姿勢

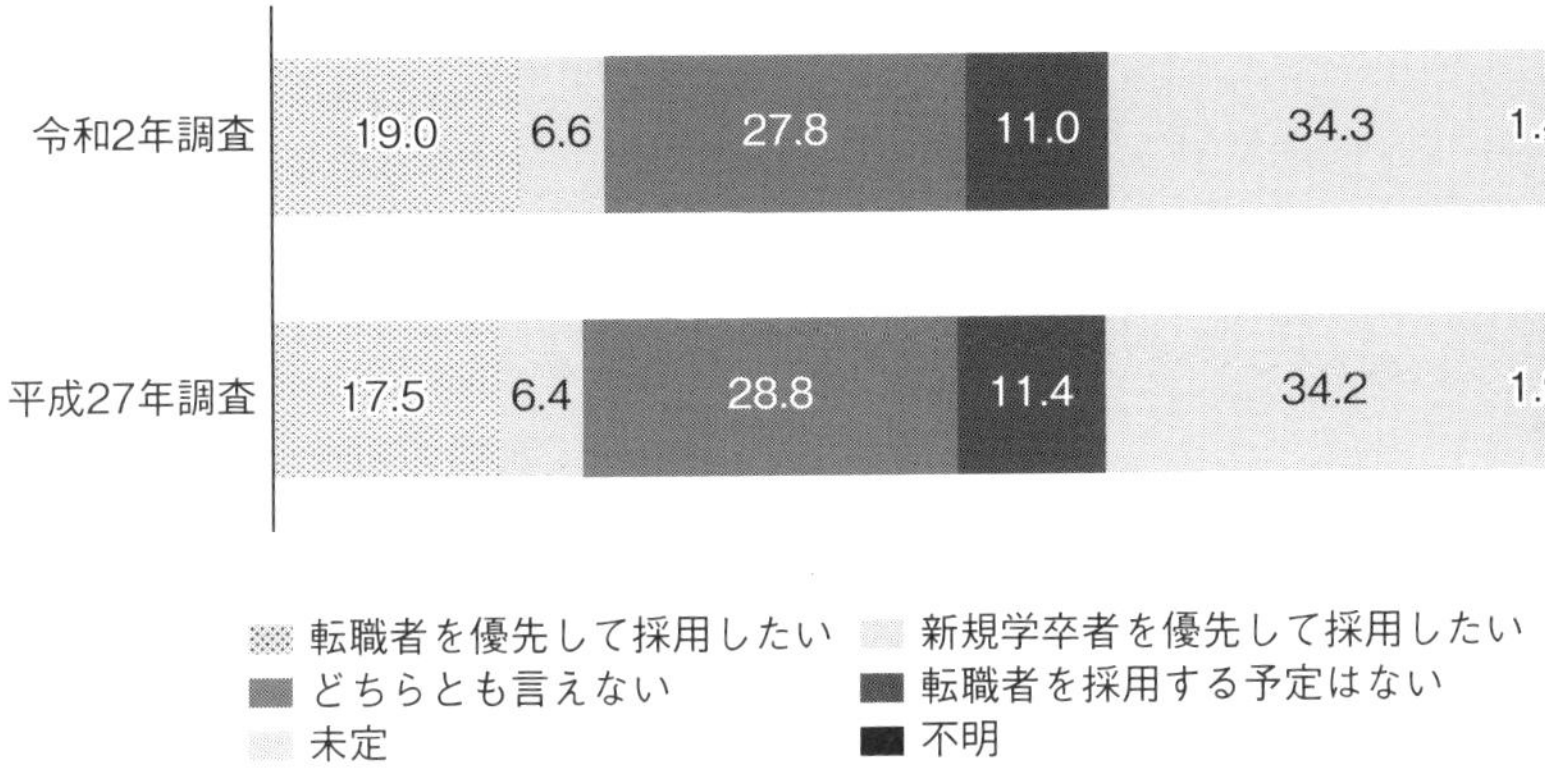

出所）厚生労働省　「令和２年転職者実態調査の概況」より野村総合研究所作成

材流動化は少なからず進展していく可能性があるもの、図表２－５の統計データからはこの５年間程度ではそれほど大きな変化は確認できない。

(3) 堅牢な人材供給源としての新卒一括採用

日本の新卒一括採用は他国に類似事例を見ない雇用システムであり、今でも大企業を中心に最大の人材供給パイプラインである。

昨今はやや企業側も所属部署を特定した採用に動く例もあるものの、基本的には職務や役割をあらかじめ決めずに基礎的な職務遂行能力や取り組み姿勢、自社のカルチャーにフィットするかどうかという観点を勘案して採用を行ってきた。

日本型人材マネジメントを語る上で新卒一括採用はその最も重要かつ、大前提となる雇用システムであると同時に、人事・人材に関する改革を成功に導けるか否かもこの新卒一括採用をどのように方向づけし変化・変容させていくかにかかっていると言える。

関係省庁も経済団体もこの制度に対しては高い問題意識を有しており、2023年4月に内閣官房および関係官庁は「2024年度卒業・修了予定者等の就職・採用活動に関する要請等について」および2025年度卒業・修了予定者等に対して専門知識・技能を持った新卒学生や若者の活躍推進の観点から「インターンシップを活用した就職・採用活動日程ルールの見直しについて」を日本経済団体連合会(以下、経団連)に交付した。

過度な採用活動(青田買い)が学業を阻害する問題や、職務をあらかじめ決定しない前提のために大学名偏重型採用になるといった悩ましい問題を採用時期の工夫だけで解決することに

図表2-6　ドイツの職業訓練制度

主な職業訓練資格		概要
初期職業訓練資格	デュアルシステム 職業訓練資格	・義務教育を修了した若者が対象 ・2~3年半、職業学校に通いながら、企業で実践的な職業訓練を経験 ・最終的な試験に合格することで、約350に及ぶ国公認の職業訓練資格を取得可能
初期職業訓練資格	全日制職業訓練校 による資格	・義務教育を修了した若者が対象 ・デュアルシステムに組み込みにくい、保健衛生、医療福祉関連の訓練が中心 ・1~3年のコースを修了し、最終的な試験に合格することで、当該職業資格を取得可能
継続職業訓練資格 （マイスター資格・専門士資格）		・初期職業訓練修了者や社会人が対象 ・職業訓練を修了することで、マイスター資格 または 専門士資格を取得可能 ・マイスター資格は、職業訓練の受入等に必要となり、一部職種では開業要件にもなる

出所）労働政策研究・研修機構「諸外国における能力評価制度 ―英・仏・独・米・中・韓・EUに関する調査―（2012年）」より野村総合研究所作成

はどうあがいても限界があることから、インターンシップの活用については一定程度の前進が図れることが期待できるだろう。

一方で欧米のように採用時からジョブ型雇用を前提とした新卒採用方式を導入するといった考え方もドイツのような教育システムや社会インフラ全体との違いを踏まえると現実的ではない（図表2―6）。

―未経験者に仕事を習得させるための職業訓練等、公的インフラが整備されている

―学生に対して職業能力向上のためインターンシップや長期間の企業実習を実施

―採用は基本的に職務別契約

―新卒であっても求人はポストに空きが生じた際のみ（反動としての若年者の

図表2-7　玉突き昇格人事の仕組み

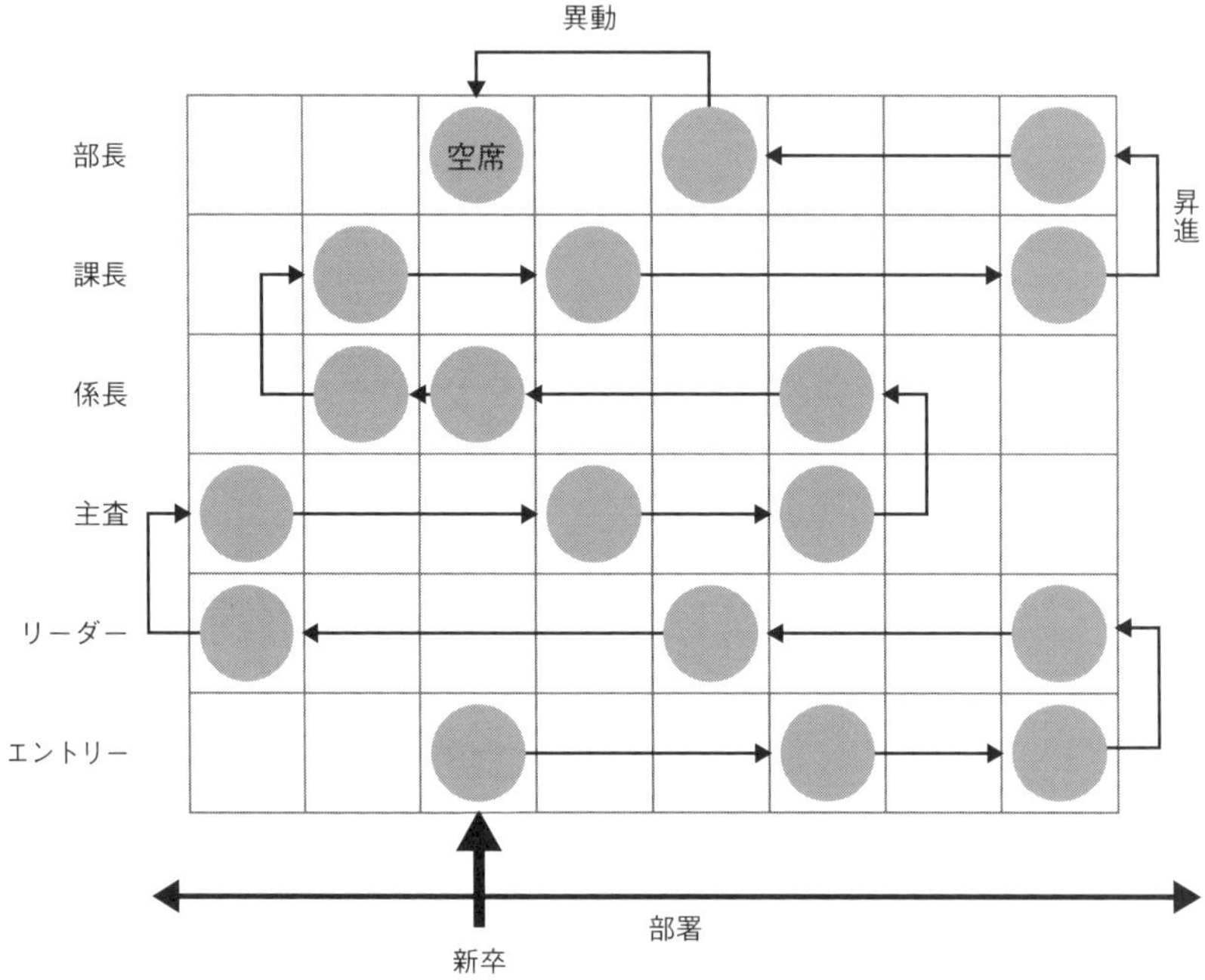

出所）『人事の成り立ち』海老原嗣生・荻野進介　白桃書房（2018年）より野村総合研究所作成

失業率高止まり）
－幼少期から学業成績によってコース分けされ将来就業可能な仕事が青少年期から決まる

上記を確認するまでもなく、欧米型の職務型採用は企業が負担する教育投資やコストを社会的に負担しているのであって日本型人材マネジメントと比較してすべてが良いことばかりではないし、欧米型のシステムへ転換するには途方もない社会インフラコストが必要になってくる。

一方で新卒時に適切な職

図表2-8　定年制度に関する動向

66 歳以上まで働ける制度のある企業の状況

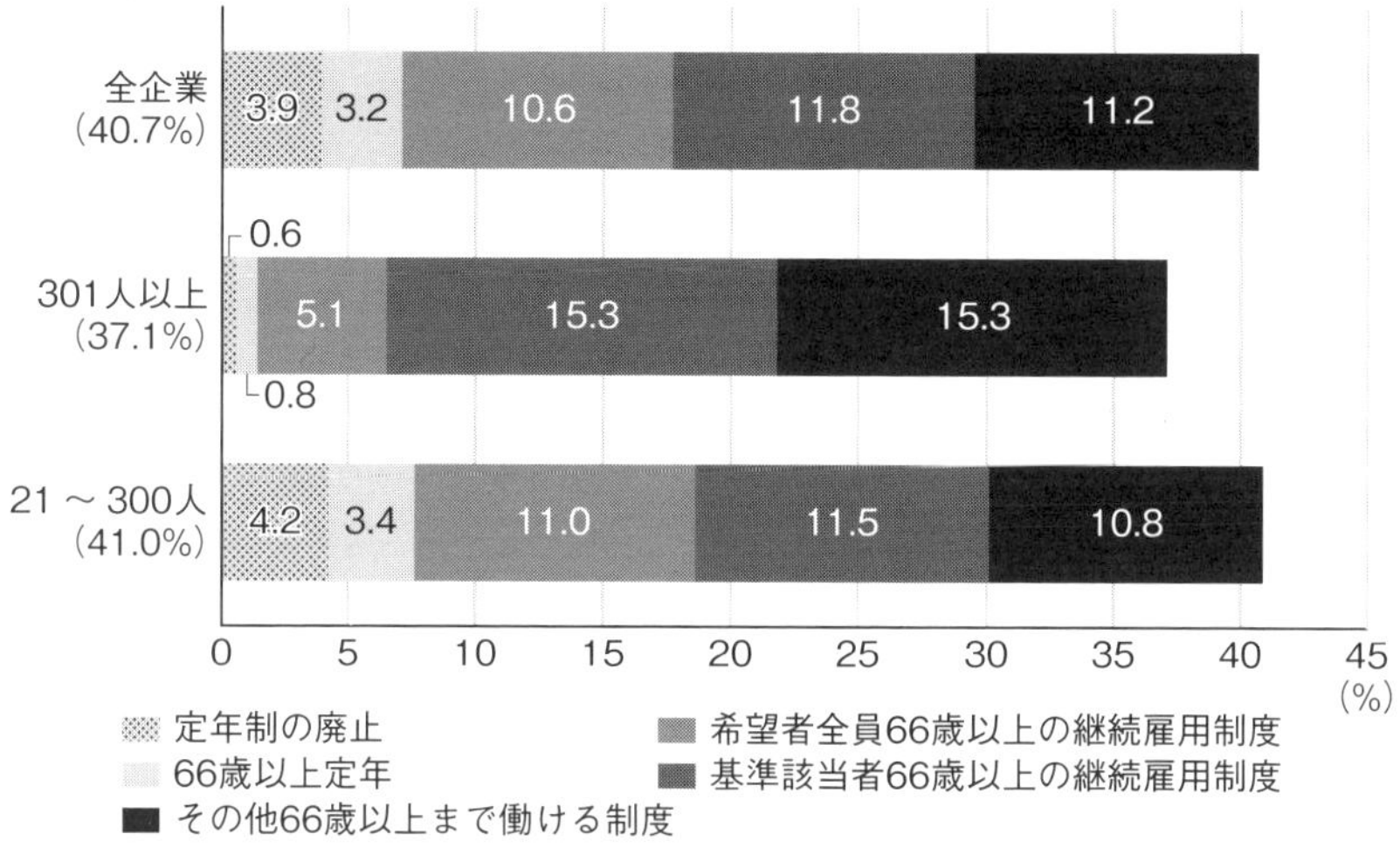

＜集計対象＞
全国の常時雇用する労働者が21人以上の企業235,875社（報告書用紙送付事業所数249,769事業所）
　中小企業（21 ～ 300人規模）：218,785社
　大企業（301人以上規模）　：　17,090社

出所）厚生労働省　令和４年「高年齢者雇用状況等報告」より野村総合研究所作成

に付けなくても、それが一生の負の財産として引きずられるのではなく明らかに日本と比較して再チャレンジの仕組みが担保されていることは事実である。

同時に日本特有の定年退職による「一括退職」による大量放出の仕組みも新卒一括採用が不可欠な仕組みとして存在する大きな理由である。役員、役職者を含む高齢社員の退職によってポジションに空きが生じるが定期異動内の下位者からの昇進・昇格、異動配置によって空きポジションはすべて充足される。充足のために玉突き的に生ずる下位のポジションにはさらに下位者からの昇進・昇格、異動によって充足される。巡り巡った玉突きの人材供給源が新卒社員という仕組みである（図表２－７）。

ただし定年退職に関しては65歳への雇用延長や70歳以降の雇用確保義務化によって、徐々ではあるが一括退職の色合いは薄くなってきており、そういった面からの新卒一括採用のシステムとしての必然性は以前と比較すると低下傾向にあると言えるだろう（図表２－８）。

4 組織や人が有する「変化に対する免疫機能」

人事改革が失敗に終わる４番目の理由は変化に対して組織や人が元来有する特性に由来するものである。

変化という課題に立ち向かおうと思えば、自らの行動を意識的に内省し、新しいことを学んでいく意識が不可欠であり、組織レベルと個人レベル双方の学習を次の次元に進化させていくことが前提となる。それができないうちは、学習と内省にどんなに熱を入れても、自分たちが望むような変化、あるいは他者から期待されるような変化は実現しない。

ロバート・キーガンとリサ・ラスコウ・レイヒーはその著書『なぜ人と組織は変われないのか』(英治出版、2013年)の中で、「人間は何歳になっても世界を認識する方法、すなわち知性を成長・発達させる可能性」と「組織や人に存在する変革を阻む免疫機能とその対処方法」について論じている。経営者や人事部門は人事改革がなぜ失敗するか、組織や人が〝変われない本当の理由〟について、これらの研究成果を適切に理解しておくことが有効である。

(1) 大人にも存在する知性の発展段階

組織や人が新しいチャンスを活用したり、試練に対処するためには未来の新しい可能性に合わせて成長することが不可欠である。大人になった後、人間の能力が変わらないと決めつけ優秀な人材を新しく採用することしか考えないリーダーは自分自身と組織を非常に不利な状況に追いこんでしまう。

ＶＵＣＡの時代において世界が複雑になっているように思えるのは、複雑性が増しているだけではなく組織や自分自身にも原因がある。複雑性の問題の本質は世界が要求する行動と個人や組織の能力との間にギャップが存在することである。

つまり世界が「複雑になりすぎている」と思うとき、人は世界の複雑性に直面しているだけではなく、世界の複雑性と現時点での自分の能力レベルの不釣り合いにも直面しているということなのである。論理的に考えて、世界の複雑性を解消するのは難しいとするならば、この不

図表2-9　知性の段階図

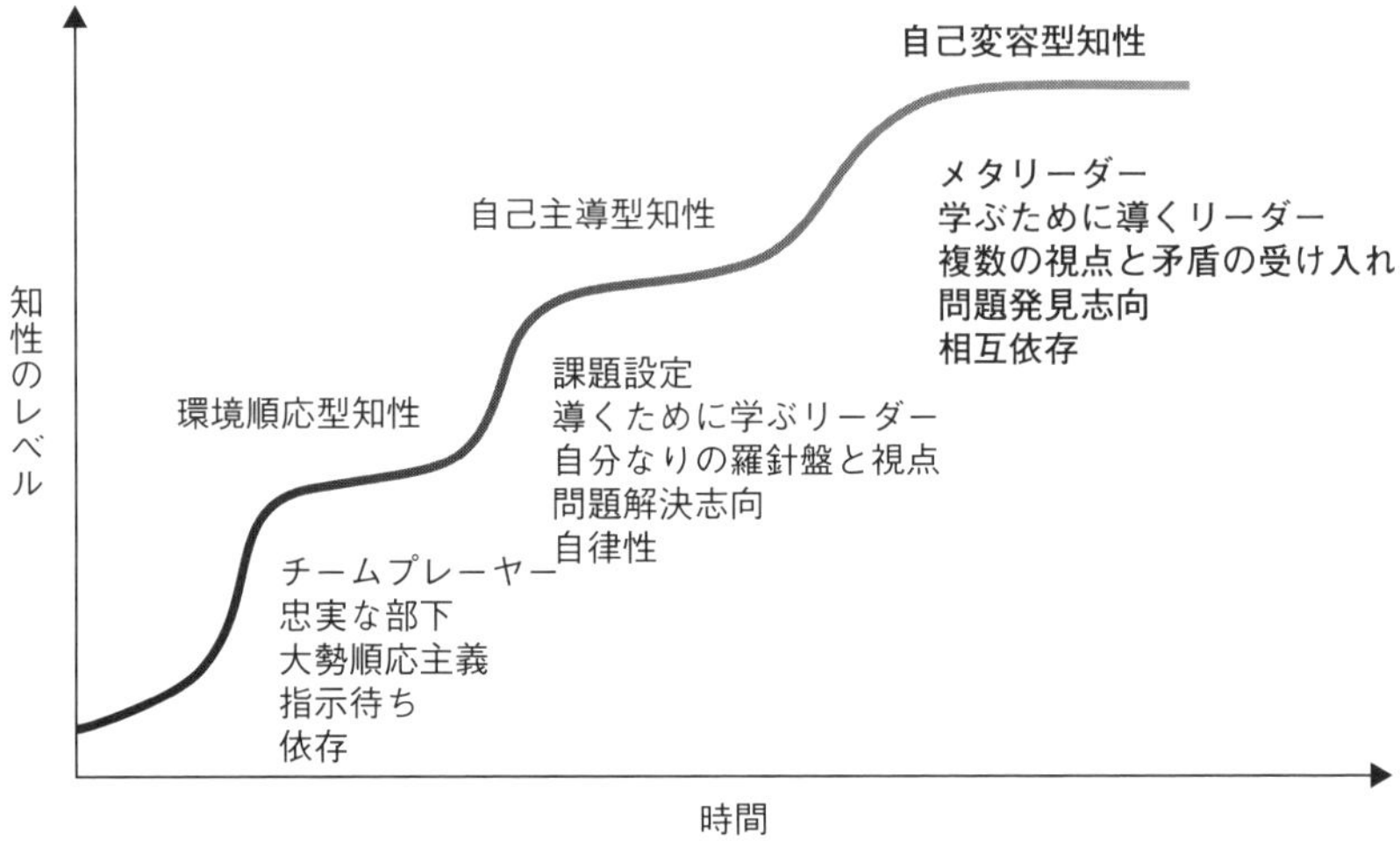

出所）『なぜ人と組織は変われないのか』ロバート・キーガン／リサ・ラスコウ・レイヒー著　池村千秋訳　英治出版（2013年）より野村総合研究所作成

釣り合いを解消するために組織や自分の能力レベルや知性を高めることが必要である。

もちろん以前から若者よりも年長者の方が賢く、問題への対処方法の「引き出し」が多いことは「経験の賜物」として認められてきた。それとは別に今ここでいう〝能力レベルや知性〟とは脳科学の世界において生涯を通じて適応を続け、発展的に成長する対象を指す。したがってここで言う能力レベルや知性とはIQ（知能指数）とも、難解な数式が満載の物理学の講義を理解できるか否かということとも異なる。

キーガンらによると大人の知性には3つの段階（環境順応型知性、自己主導型知性、自己変容型知性）があるとされる。各段階においては世界に対する理解の仕方と世界で行動する際の基本姿勢がまるで異なる。実際に会社や職場での場面を想定しながら同じ現象を各段階がどのように受け止めるかを考えていく（図表２−９）。

・**環境順応型知性**

この知性の持ち主が発信する情報は、他の人たちがどのような情報を欲しているかという当人自身の認識に強く影響を受ける。特に組織内の重要人物の意向に反しないこと、好ましい環境に自分を合わせることが大きな意味を持つ。

一言で言うならば「忠実な部下、チーム運営に貢献するチームプレイヤー」型の知性である。

したがって情報には極めて敏感であり、受け取る情報は言葉で表現される部分にとどまらず、メッセージの裏の意味をくみ取ろうと神経質になるあまり、メッセージの送り手が意図した以上に強い影響を受ける場合もある。

・**自己主導型知性**

自己主導型知性が発信する情報は、自分の課題や使命を追求する上で、他者にどういう情報を知らせたいと思うかによって決まる面が大きい。このレベルにある人達は明確に意識しているかどうかはさておき、常に何らかのゴール、目標、基本姿勢、戦略、分析を胸にいだいていて、これらの要素がコミュニケーション、メッセージの前提となる。

常に自分なりの羅針盤と視点を有し、自律的に課題を設定して解決する行動を示す一方、情報を受ける際にはどのような情報を受け入れるかを選別するフィルターを作り出す。自身の設定した課題や価値観・姿勢、思考様式と関わりが深い情報を受け入れるが関連性が低い情報に関してはスルーするといった行動である。

・自己変容型知性

自己変容型知性の持ち主は自己主導型と同様に情報を整理するためのフィルターを有しているが、フィルターを通じて物事を見るだけではなくそのフィルターとも一定の距離を置いてフィルターそのものを客観的に見る行動をとる。ある特定の課題や価値観・姿勢、行動様式を大切にすると同時に、それらがどんなに強力なものであってもそれが完璧でないことも知っている。時間が経過して環境が変化すれば、今有効なやり方や考え方であっても明日にはその効力は失われてしまう可能性があることを理解し、常に学ぶことと自らとは異なる考え方や他者を受け入れる。

したがって情報を受け入れる姿勢としては自身の現在の計画や思考様式の限界を教えてくれる情報に対して高い関心を示すだけではなく、どうしたら他者にそういった情報を発信させられるかを心得ている。

今日の世界においてはそれまでは環境順応型知性、言い換えれば〝よきチームプレイヤー〟でよかった働き手たちには自己主導型知性への移行が、自己主導型知性で十分だったリーダーたちに自己変容型知性への移行が求められている。つまり企業や組織で働く人すべてが知性のレベルを次の次元に引き上げる必要がある。なぜならば我々が直面する課題の多くは、既存の思考様式のまま新しい技術をいくらか身につけるだけでは対応できないものばかりであるからである。この種の課題に対応するためには知性のレベルを高めることによって思考様式を変容させなければならないことはもちろん、知性の段階に応じた変化に対する免疫機能への理解が必要となる。

(2) 変革を阻む〝免疫機能〟

〝変革を阻む免疫機能〟とは自己防衛のために不安を管理するシステムであり、知的なメカニズムである。

環境順応型知性の持ち主は職場のリーダーなど周りの人たちの価値観や期待の支配下にあり、恐れるのは周囲の人たちの意向に反したり信用を失ったりすることである。また他者の評価、特に自身の処遇を左右する人からの評価をそのまま自己評価の基準にしているので周囲の人たちからの評価を悪くすることを最も恐れる。

したがって人事改革、例えばジョブ型人事やコンピテンシー、人事評価制度の改定のみならず業務プロセスの改革といった変革における不安とは自身の行動を変えなければならないということに対する不安というよりも職場リーダー、自身を評価する上司の行動やモノの見方が変わることに対する脅威・恐怖心なのである。こうした不安は、業務効率や生産性に大きな影響を及ぼすにもかかわらずあまり考慮されていない私的感情である。

また、自己主導型知性の持ち主であっても変化への不安を感じなくなるわけではなく、むしろ恐れる状況の種類が異なる。この段階の人たちが最も恐れるのは帰属しているグループから排除されたりグループ内での評価を落としたりすることではない。それは会社経営や組織運営において示される何かしらの変革によって自身が自律的に設定した基準・目標を達成できなかったり、自律性そのものが奪われ自分で物事をコントロールできなくなることである。自身で描いていた人生のストーリーを描けなくなる恐怖心だけではなく、自分という人間が否定されたと感じる。

人は常に理性的・合理的な思考・行動よりも感情にかかわる部分が多くを占めるにもかかわらず、多くの人は不安によって視野が狭くなり、新たな学習が阻害され適切な行動がとれなくなる。

(3) リーダー自身が有する変化への免疫機能

ここまで人の知性の発展段階と発展段階ごとの変化に対する免疫機能を考察することでこの30年間、日本企業が取り組んできた人事改革を振り返るといくつかの反省ポイントが見えてくる。

まずは人や組織そのものに変化に対する免疫機能、すなわち会社や人事部門が示す諸改革に対して不安や恐怖を抱き、その方向性に沿って行動することに対する抵抗が必ず生ずることに対する認識である（図表2－10）。

人事改革を始めとした制度改革において多くの日本企業では、特に賃金に関する改定が行われる際にはその改定によって従来の制度と比較して処遇が不利になる変更、いわゆる「不利益変更」に関しては、労働契約法に定める規定に沿って労働組合とのコミュニケーションや移行措置を含めて対象者への配慮をできうる範囲内で実施をしている。

しかしながら不利益変更の対象にならない社員や賃金制度以外の制度改革、例えば評価制度や教育体系の変更においては、これと言った配慮をするケースは少ない。人は中身以前に〝変化そのもの〟に対する免疫機能を有するという面においては明らかに認識が甘かったと言わざるを得ないのではないだろうか。

また知性の発展段階によって変化に対する異なる免疫反応が生ずることも確認してきたが、知性の段階は人によって千差万別である。たとえ同じ企業内の職場において同じリーダー、管理職といったポジションに任用されていても知性のレベルが同じ段階とは限らない。いわんやリーダー、管理職といった上位階層ではなくメンバーや非管理職といった立場の社員については、同じ企業であっても知性段階は人によって大きなレベル差があるだろう。同じリーダーであれ、同じメンバーであれ必然的に生ずる変化に対して異なる免疫反応を表出させる。

さらに言うなら人事改革に対する免疫機能は経営層内にも生ずる。それは取締役や役員と

図表2-10　リーダー自身が有する変化への免疫反応

新たな人材戦略（社員のキャリア自律の例）に対するミドルマネジャーの“免疫反応”

目標行動	阻害行動	裏の目標	固定観念
部下のキャリア自律を心から支援できるマネージャーになる	組織目標を達成するために一人一人の頑張り・踏ん張りが不可欠であることを必要以上に強調する 自分の組織で能力・スキルを強化する機会を提供する もう暫く今の部署で頑張ってもらうように暗に働きかける	キャリアチェンジによって部下に大きなリスクを負わせたくない 部下が転出することによる喪失感を味わいたくない 自分が育てた部下を他組織に取られたくない 業績低下など、組織の責任者としてみじめな姿は晒したくない	仕事は手慣れたメンバーにやってもらった方が効率的 部下の異動や転出で余計な仕事を増やしたくない 今の体制を維持する方が楽 自分は会社・組織に言われるままにキャリアを歩んで成長してきた

出所）『なぜ人と組織は変われないのか』ロバート・キーガン／リサ・ラスコウ・レイヒー著　池村千秋訳　英治出版（2013年）を参考に野村総合研究所作成

いった経営層においても人である以上、人事改革という変化によって経営トップが自身を評価するモノサシ自体が変わってしまうという不安や、自身が担当・管掌する事業や組織のコントロールがうまくできなくなってしまうのではないかという不安である。また、たとえ役員であっても知性の発展段階に（微細であっても）差が存在することも当然のことながら考慮に入れていかなければならない。

改革に伴うこうした組織や人の免疫機能を「ハレーション」というようなネガティブな扱い方にせず、組織や人が本来持っている必要不可欠なシステムであることを共通認識とすることが克服に向けた第一歩になるだろう。

5 日本の人事改革が失敗する共通項

本章では日本の人事改革がこの30年間、失敗に終わってきた原因を4つのテーマより整理してきたが、次章以降5つの重要な人事アジェンダを説明する前にどんな点に留意しながらこのアジェンダを進めていくべきかの着眼点を述べていく。

(1) 人事改革の時間軸

直接的には日本社会が築いてきた雇用システム、日本型人材マネジメントシステムからの制約に関連するところではあるが、どんな人事改革にせよルール変更、ゲームチェンジには一定程度の時間が必要であるという点である。通常人事制度改革の検討には1年～1年半程度、そして制度導入のための社員説明や研修で3カ月から半年間、そして新制度導入後の様々な移行期間が1年～3年程度が人事制度改革の時間軸の平均的な姿であろう。

社員からすれば新しい人材マネジメントの考え方を通知されてから1年以内に新制度がスタートすることになる。新制度における働き方、自分自身の処遇の変化に対する対応やキャリ

図表2-11　出島による新人材戦略導入イメージ

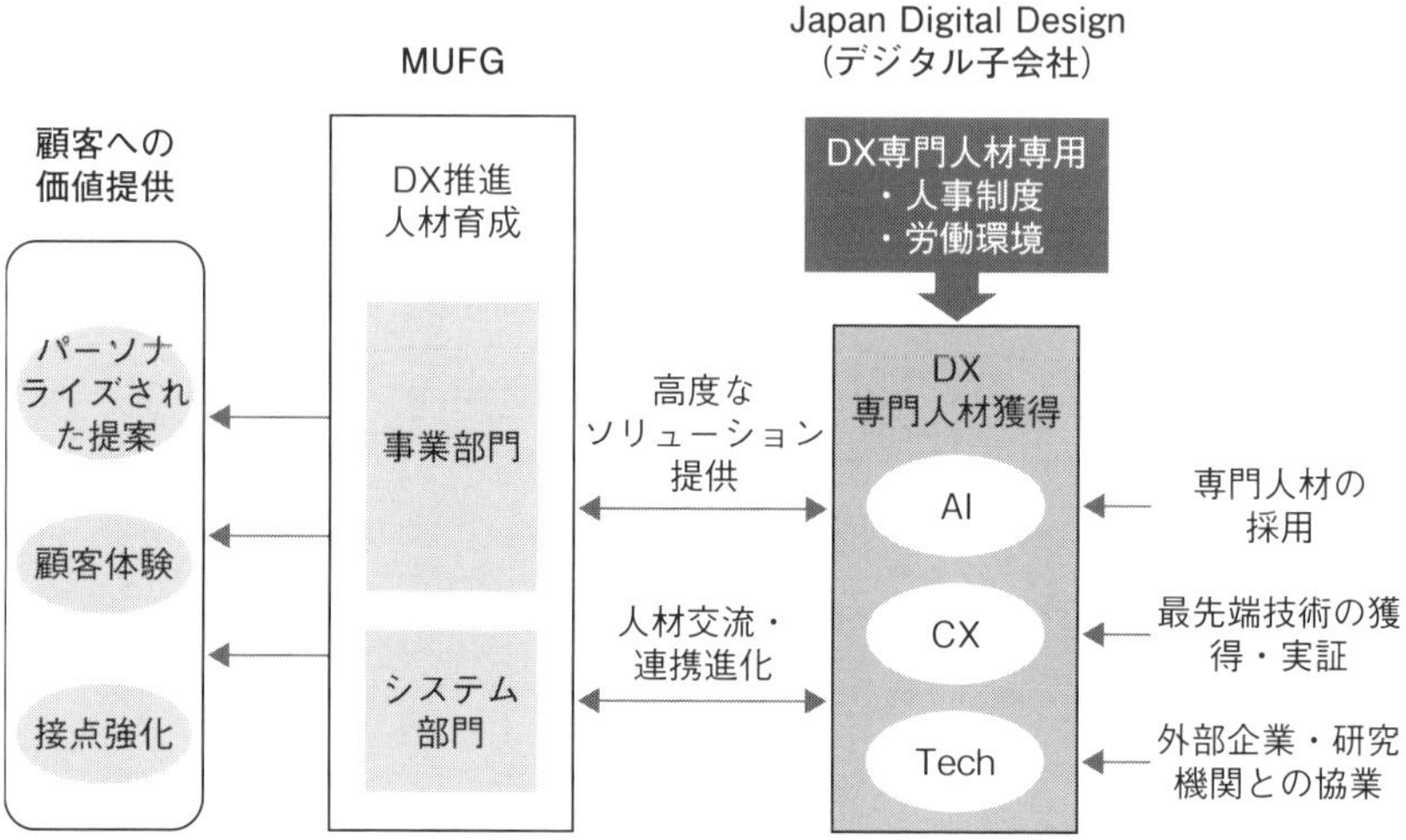

出所）Japan Digital Design社HPより野村総合研究所作成

アの見直し等、モチベーション面も含めて色々な整理が必要になってくる。会社が設定した導入期間や移行期間内においてすべてを新しい人材マネジメントに順応させるには相当の適応力が必要になる。

　極論すればまったく新しい人事の仕組みですぐに事業をスタートさせたいのであれば、グループ内外に組織を別出し、いわゆる出島組織を組成して事業運営を行うしかない。ＭＵＦＧ（三菱ＵＦＪフィナンシャル・グループ）のデジタル戦略子会社であるJapan Digital Design（ＪＤＤ）は、２０１７年の設立当時にＭＵＦＧ本体では採用・教育することが難しかったデジタル系の高度専門人材を積極的に活用し、ＭＵＦＧ本体の事業部門やシステム部門のＤＸ推進人材と連携しながらデジタルを活用した新たな顧客提案や顧客体験を強化するミッションを遂行している。ＪＤＤはデジタル人材活用のためにＭＵＦＧ本体とは異なる人事制度や労務環境を整備することで高度専門人材の採用・教育に成功しているケースである（図表２－11）。

とは言え、そうであってもすべて新規採用人材で事業運営ができないため、少なくともスタート時には親会社から出向・派遣する社員が必要となる。そうした出向社員は当然親会社の人事制度に沿って処遇するためやはり１００％を真っさらな人事制度にするには一定の時間が必要ということになる。この時間軸に対する十分な理解が不足していると結局のところ人事改革は失敗に帰する。

（2）経営・事業と人事部門との距離感

主には本章第1節に関連するが、自社の経営戦略や事業戦略のアプローチ上の特徴を人事部門が理解できていないという点である。この問題は経営・事業と人事部門の距離が遠いこと、すなわちコミュニケーション、連携面において質的にも量的にも足りていない点に由来する。

人材版伊藤レポートにおいては、この点についてＣＨＲＯ（Chief Human Resource Officer）がＣＥＯを始めとした他のＣＸＯとの連携力を深める必要性を訴えているが、当該ポストの設置の有無に限らず必要なのは経営・事業と人事部門双方から常に組織のコンディションを共有し、経営・事業戦略を立案する際には人的資本面からの対応をどうするかをひざ

図表2-12　CHROの役割（人材版伊藤レポート）

第二章　経営陣、取締役会、投資家が果たす役割
＜サマリー＞
経営陣においては、企業理念や存在意義（パーパス）、経営戦略を明確化した上で、経営戦略と連動した人材戦略を策定・実行すべきである。その実行にあたっては、CHROの役割が重要であると同時に、経営トップ5C（CEO,CSO,CHRO,CFO,CDO）の連携が重要となる。また、従業員・投資家に対し、人材戦略を積極的に発信し、対話することが求められる。

1. 経営陣が果たすべき役割、アクション
経営陣は、CEOの戦略パートナーとなり、CEOとともに人材戦略の策定・実行を主導するCHROを設置・選任し、経営戦略上重要なアジェンダについては広くCHROが関与すべきである。

CHROは、果たすべき役割が従来の人事部長とは異なるため、人事部門出身者であることを前提とせず、事業部門等での幅広い経験や経営戦略と人材戦略を結び付ける専門性をもった人材を選任する必要がある。

また、人材戦略は、各事業や技術・情報に関する戦略と密に関係するものであることから、CHROが広く重要なアジェンダに関与することが求められる。

その上で、CHRO自らが、投資家に対して、経営戦略を実現する上で不可欠となる人材戦略について積極的に発信・対話を行うとともに、そこで得た気づきや改善点について、人事戦略や人事施策への反映を主導することが求められる

出所）「持続的な企業価値向上と人的資本に関する研究会　報告書　2020年9月」

詰めで一緒に検討するような密な関係性の構築である（図表2－12）。

またそうしたアクションを実行するための人事部門としての必要な人的リソースを確保することに対して経営者（CEO）が適切に後押ししてあげることが必要である。

(3) 組織・人材の多様性に対する理解・配慮

組織・人材の多様性には様々な意味が包含される（ここでは属性や価値観の多様性はあえて言及するまでもないために記載しない）。

まずは経営・事業戦略において特に強化すべき事業領域や職種に該当し、増員・強化するための人材獲得力強化の対象とされる人材と相対的には非強化の対象だが経営・事業運営上は会社内に不可欠とされる人材といった事業ポートフォリオに関連した「外形的多様性」である。

仮に前者と後者の人員構成が60対40であったとして、強化対象職種でない40％の人材のモチベーションが低下するような制度改革やメッセージが発信されたら会社全体の業績はどうなるだろう。経営者や人事部門は非強化領域であっても会社経営上は不可欠な組織であることを明確にした上でどのような貢献を期待するのかといったメッセージを丁寧に発信しなければならない。

もう一つの考慮すべき多様性とは「変化に対する免疫機能」のところで述べた人の知性の発展段階の多様性である。変化に対する受け止め方は各段階によって異なることは前述したが、同じリーダー層、さらに言えば役員であっても知性の発展段階には格差があり変化への免疫機能が異なる。大切なことはそうした違いは組織や人のような生命体を正常に維持するために不可欠で健全な「不安管理システム」であり、決してネガティブなハレーション、ましてや抵抗勢力という見方をしてはならないということだ。

この30年人事改革に失敗してきた要因となる共通項であることを踏まえて次章以降、日本企業が進めるべき重要な5つの人事アジェンダを述べていきたい。

Restructuring
Human
Resource
Management
in Japan

第3章

ジョブ型人事ありきではない人材戦略

本章より日本企業が過去取り組んできた、そして今後も取り組みが必要な人事アジェンダについてどのような点を反省し、今後の取り組みに生かすかを述べていきたい。まずは人材戦略の背骨というべき資格等級制度、すなわち処遇のベースとなる格付け制度の在り方について考えていきたい。

1 「改革のおもちゃ」にされるジョブ型人事

報酬を人の能力に支払うか、それとも人が担っている職務・仕事に支払うかでは、人材マネジメントの思想が大きく異なる。能力は認められてもポスト（＝ジョブ・職務・仕事）がなくなって違うポストについたとすれば、人の能力に支払うタイプならば能力自体は変わらないので処遇は同じになるが、職務・仕事に支払うタイプだと違うポストについた瞬間に異なる処遇（上がるか下がるか）になる。

また高い人材流動性を前提とした人事制度では、必然的に外部労働市場での報酬水準を意識し、社内よりも外部でどのように評価されるかを重視する人材マネジメントになりやすいが、低い人材流動性が前提なら、社内でどう評価されるかを重視する人材マネジメントになる。

(1) ジョブ型（役割・職務型）人事制度の特徴

一人ひとりの給与は会社（人事部門ではなく現場の上司）と合意した職務内容に基づいて決定するというものである。職務内容はいわゆる「ジョブディスクリプション（職務記述書）」に明記され、会社（上司）は責任範囲の大きさや業務の難易度といった人が担う「職務・仕事」の大きさを社内の等級（グレード）に格付けし報酬を支払う。

報酬は格付けに応じて決まり、上位のポジションに任用されるか、責任範囲や業務の難易度がより大きくなり、上位の等級（グレード）に上がらない限りは原則変更が生じない。

ジョブ型人事制度は欧米企業、特に米国の人事処遇の考え方であり、日本国内に展開する外資系企業や、日本に本社がある企業でも業種・業界的に人材流動性の高い業界、例えば製薬業界や金融（証券業、投資顧問等）において広く採用されている人事制度である。

一定程度の人材流動性（外部労働市場の存在）を前提とした人事制度であるため、報酬水準は当該職種やポジションの外部市場水準を意識しながら設定されるという特徴がある。

日本型人材マネジメントである職能型人事制度と異なり、新卒一括採用、異動、定期ローテーションといったキャリア形成ではなく、基本はある職種・業務の専門家としてのキャリア形成を前提としている。

例えば、社内の経理部門でキャリアをスタートさせたとすれば、経理部門内での担当業務を少しずつ広げていき、やがて資金調達、コーポレートファイナンス、あるいは本社、支社、海外拠点での経理・財務を経験して専門領域を広げ、高めていくといったキャリア形成である。

もちろん、専門領域を広げるためにまったく異なる職種にチャレンジすることもあるが、その場合給与が減少することも生じうる。ジョブ型人事制度では、担当する職務・役割の責任範囲や業務の難易度、外部労働市場価値に基づいて処遇が決定するため、新しく担当するポジションの格付けがそれまでの担当業務の格付けよりも低くなれば必然的に給与も低くなる。

例えば十分な経験を積んで、人が知識やスキル、問題解決能力といった職務遂行能力を向上させて上位ポストを担える状況になったとしても、現任者がいてそのポストが空かなければ当然任用されないし、任されている職務が変わらない限りは処遇も基本的に変わらない。

そうした場合、本人は社外にステップアップを求めて転身を図るか、前述したように、思い切って違う職務にチャレンジするか、あるいは上位ポストが空くまでじっと待つかといった選択を迫られることになる。

また年齢や経験というよりも座る「イスの値段」がモノサシとなり、他社や世の中の同様のポジションでの処遇水準との比較がしやすいことから、「自分の外部労働市場価値はどれくらいか」「どのようなスキルを身につければ自分の外部労働市場価値を上げられるか」に意識が向きやすくなる。

他方、日本型人材マネジメントと比較すると生涯一社という選択よりも、通常はキャリア

図表3-1　ジョブ型の人材マネジメントの特徴

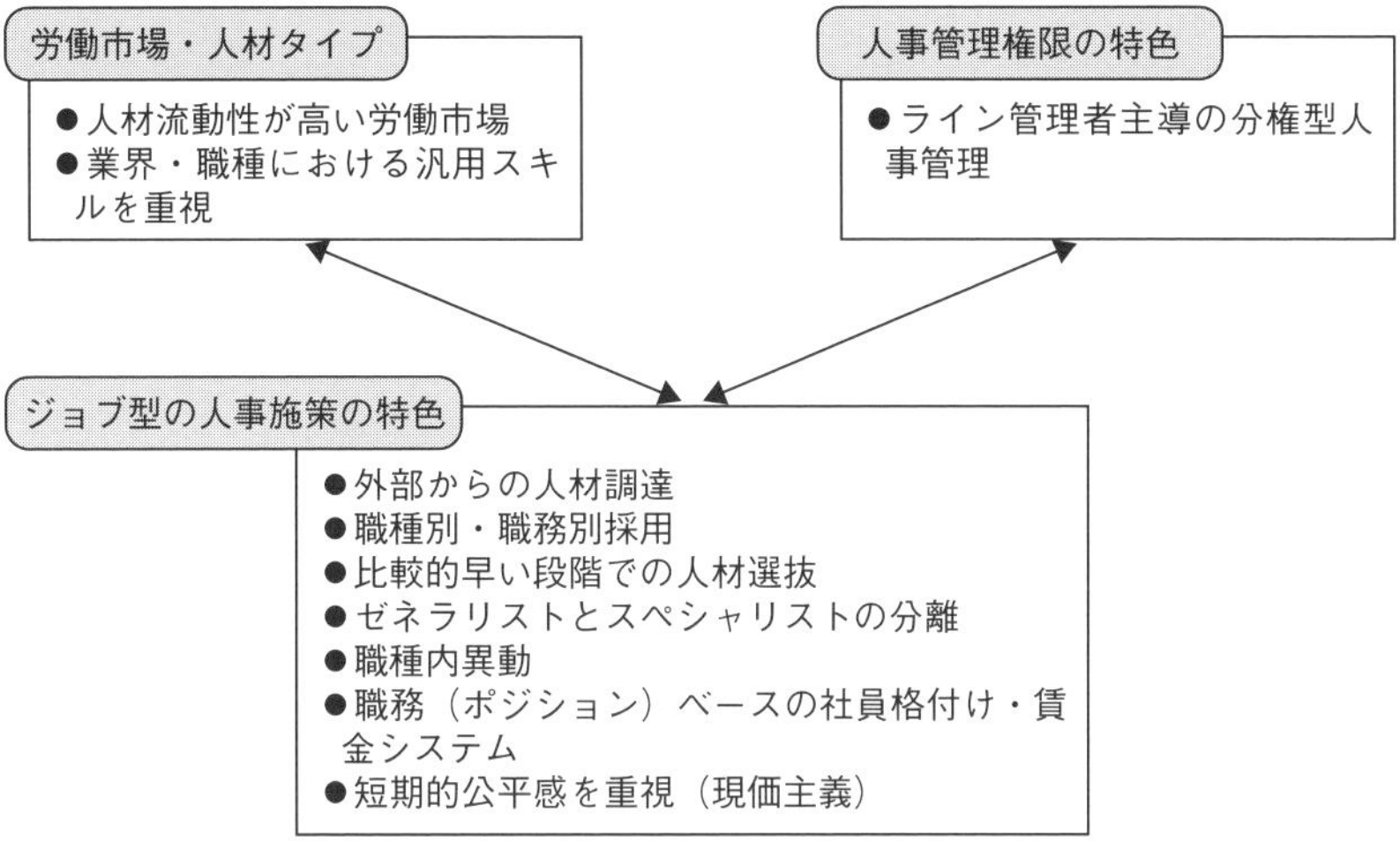

出所）『戦略人事論』（須田敏子著　2010年 日本経済新聞出版社）を参考に野村総合研究所作成

アップをするために転職することがむしろ自然で一般的であるため、身分（雇用）と経済面での安心感、安定感は持ちにくい制度と言える。また年功型賃金とは違って、実力と意欲さえあれば年齢は関係なくチャレンジングな職務を担う機会もつかみ取れる可能性がある。そのためのスキルアップ、能力開発施策は会社側も準備するものの、最終的には自己判断・自助努力で行うというのが多くのジョブ型人事制度を採用している会社の考え方となる。

　そして役割・職務の等級格付けを行う権限は、人事部門ではなく職場の上司・所属長側に存在することが一般的となる。その役割・職務の責任範囲や難易度、成果を出すために必要なスキル、責任の大きさに基づいて格付けを行うため、それらの情報を把握している現場の上司（所属長）でないと格付けの判定ができないからである。したがって人事制度を職能型からジョブ型人事制度に変更する場合には、合わせて等級格付けを行う権限も人事部から現場の上司（所属長）にシフトさせる必要が生じる（図表3－1）。

(2) ジョブ型人事の導入と運用状況

ジョブ型人事は戦後以降での日本の人材マネジメントにおいては1990年代後半に第一次導入ブームが生じたが、これはバブル崩壊後業績不振にあえぐ日本企業の起死回生の一手として欧米型人材マネジメント手法に注目が集まったからであろう。

現在は第二次的な拡大期であり、デジタル時代の到来や経済のグローバル化、少子高齢化による人手不足といった要因によって、多くの日本企業でジョブ型人事制度への転換が模索されている。

一方で、ジョブ型人事制度を志向しているものの、なかなか導入には至っていないという企業やジョブ型人事制度を導入したものの、当初の狙い通りに運用できていないという企業も相当程度存在しており、ジョブ型人事定着に苦労しているのが多くの日本企業の実態である（巻末資料6　ジョブ型人事制度の導入状況　参照）。

日本企業がジョブ型人事制度の導入・定着に苦労しているのは、単に欧米企業と比較して、制度導入のノウハウや運用経験の蓄積格差があるからではない。むしろ、前提となる労働市場の流動化が進まない、職能的な世界観・考え方が会社に定着してしまっている、といった様々な社内外の環境要因が日本企業におけるジョブ型人事制度の浸透を阻害していると考えられる。

また、人件費コントロールのしやすさといったジョブ型人事制度の一面的かつ表面的な効果にとらわれて、一種の流行に乗るような形で導入を検討し、制度が形骸化していってしまうというのも典型例である。確かに、役割・職務と資格等級が直接的に紐づくジョブ型人事制度においては、ポストの数を超えて上位等級者が増加し続けることもなく、職能型人事制度に比べ、人件費が適正範囲に収まりやすい。

しかし当然ながら、ジョブ型人事制度は人件費管理を主目的とした制度ではなく、役割・職務ベースで処遇した結果として、職能型人事制度と比較して人件費管理がしやすくなっているにすぎない。これを理解せずに制度の導入を進めた場合、例えば、会社主導ではなく社員が主体的にキャリアを形成していくといった重要な観点が抜け落ち、社員のモチベーション低下や人の流出といったマイナスの効果をもたらすことにもつながる。職能型人事制度からジョブ型人事制度への転換は、現場の社員のキャリア形式や業務運営のあり方に大きな影響をもたらすものであり、制度導入に耐えうる明確な目的がないのであれば、ジョブ型人事制度を導入すべきではない。「人事制度を見直すことによって、達成したいことは何か」を明確化し、ジョブ型人事制度という選択肢が本当に正しいのか、目的達成に向けてジョブ型人事制度において大切にしなければならない点は何か、といったことを再確認することが重要である。

(3) ジョブ型制度導入で一安心

人事改革で目指していた目的の達成に向けてジョブ型人事制度が導入後に適切に機能しているのかのモニタリングを行い、もしそうでないならばどのような手を打つべきかといった検討が行われるべきである。

NRI調査によると当初の狙い通り、導入したジョブ型制度を運用できていると回答した企業は国内外資系企業で44・9％、日系企業では41・7％といった状況であるが、狙い通りの運用ができていないと回答した企業へのヒアリングを実施してみると、多くの企業では制度導入で人事改革が大きなヤマを越えたというムードが経営層や人事部門に広がっているケースが多い（巻末資料7　ジョブ型人事導入後の運用状況　参照）。

実際のところ、職能型人事制度からジョブ型制度への転換は目標管理制度（MBO）、コンピテンシーモデル、タレントマネジメントといった他の欧米型人事制度と比較しても非常に大きな改革作業である。人事改革の構想から手段としてのジョブ型人事制度の設計、制度移行方法の検討、ジョブディスクリプション（職務記述書）の作成、社員へのコミュニケーションや幹部・管理職研修といった一連のタスクをこなすのはどんなに作業をスピーディーに進めても2年程度はかかるプロジェクトになる。それは同時に人事部門のみならず幹部・現場にも大きな負荷がかかる作業を強いることを意味する。こうした工程を経て制度導入までこぎつけた企業は「まずはジョブ型制度が導入できた」ことで一安心してしまっている状況は理解に難くはない。

しかしそれは第1章でも述べたように、ジョブ型制度という手段が「目的に憑依」する日本企業の典型的な失敗パターンに陥ってしまっていると言える。

(4) 経営層も暗黙の了解

ジョブ型人事という手段が目的化してしまうマインドモデルを図示すると図表3－2のようになる。

制度検討当初ならびに検討時、人事部門ではジョブ型人事制度という手法を活用して適材適所や人材強化を図りたいと考えており、意識と無意識間に差は存在していない。

しかしながら莫大な労力をかけて制度設計、導入のための各種ステークホルダーとのコミュニケーションを行うにつれて人事部門では徐々にジョブ型制度の導入自体が成果であるとの意識に移行していく。その結果、適所適所や人材強化よりも制度導入自体がより大きな目的となってしまうという心理的構造である。

実はこうした人事部門の心理的構造は経営層にも伝播していく。人事部門は取り組み課題に関する経営からのモニタリングを受けるが、制度導入が意識の中で目的化した進捗報告を何回も繰り返されることで意識がすり合わされていく。経営層には経営戦略や事業戦略をどのよう

図表3-2　ジョブ型人事という手段が目的化する心理状況

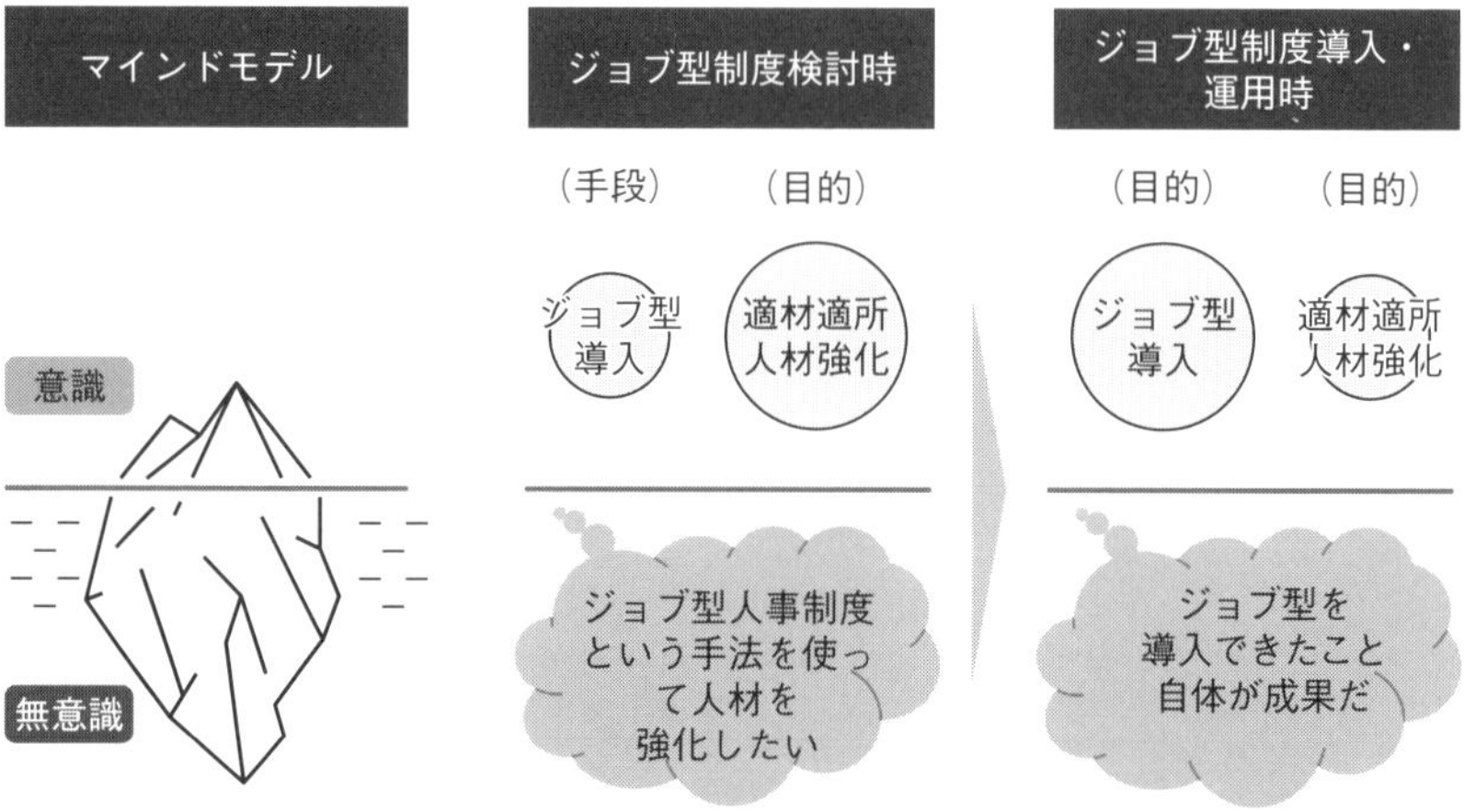

出所）野村総合研究所作成

に達成していくかが常に頭の中にあるが、「ジョブ型人事制度が無事導入されることで戦略実現に寄与するはず」という分かりやすい解釈をしてしまう。ここに至りジョブ型人事は本来の目的を見失った「人事改革のおもちゃ」に仕立てられてしまったのである。

2 ジョブ型人事が定着しない本当の理由

一方で制度導入が目的化したという意識面以外で、ジョブ型人事の運用そのものがうまくいかない問題についても、その理由を適切に理解しておく必要がある。まずは外的要因と内的要因に分けてジョブ型人事制度が定着しない理由を整理し、職種によるジョブ型制度への親和性の違いも確認していくことにしたい。

(1) ジョブ型人事の定着を阻害する「外的要因」

日本という労働市場でジョブ型人事制度が定着しにくい外的要因として、「外部労働市場における流動性の低さ」「限定されたグローバルでの人材獲得競争」「解雇規制に対する認識のズレ」が挙げられよう。

・外部労働市場における流動性の低さ

そもそもジョブ型人事制度は、当該企業が属する業界や抱える職種に該当する外部労働市場に一定の流動性が担保されていることが前提となっている。

能力によって社員が格付けされる職能型人事制度では、上位の等級に相応しい能力があれば、ポストの数に関係なく昇格していくことが可能である。社員から見れば能力を高めて結果を出せば、一定のキャリアアップにつながることが約束されているため、社外に転出するインセンティブが生じにくい仕組みである。

一方、ジョブ型人事制度は、ポストと資格等級が直接紐づいているため、いくら上位ポストに相応しい能力を身につけた社員がいても、上位ポストに空きがなければ昇格することができない。このような状況下では、ポストに空きがでることを辛抱強く待つ社員もいれば、会社の外に活躍の場を求めようとする社員もいるのが当然である。

それにも関わらず、労働市場の流動性が低く、社外のポストを求めることが難しい状況であれば、社内にも社外にもステップアップが望めない閉塞感から、ジョブ型人事は社員のモチベーション低下を招く制度となる。

つまり、ジョブ型人事制度の下で社員が自身の能力開発を推し進め、健全な社内競争のもと組織を活性化させていくためには、一定程度労働市場の流動性が前提となるのである。

日本の労働市場は、特定職種は別として、依然諸外国と比べて流動性が低いと言える。例えば国別の平均勤続年数を見た場合、日本は12・1年とOECD加盟国平均の9・6年を大きく上回っており、労働市場の流動性が高まっていない状況である（図表3－3）。

日本国内の労働市場の流動性が低い背景として、多くの大企業が採用する新卒一括採用・終

図表3-3　国別の平均勤続年数

25〜54歳の労働者の勤続年数

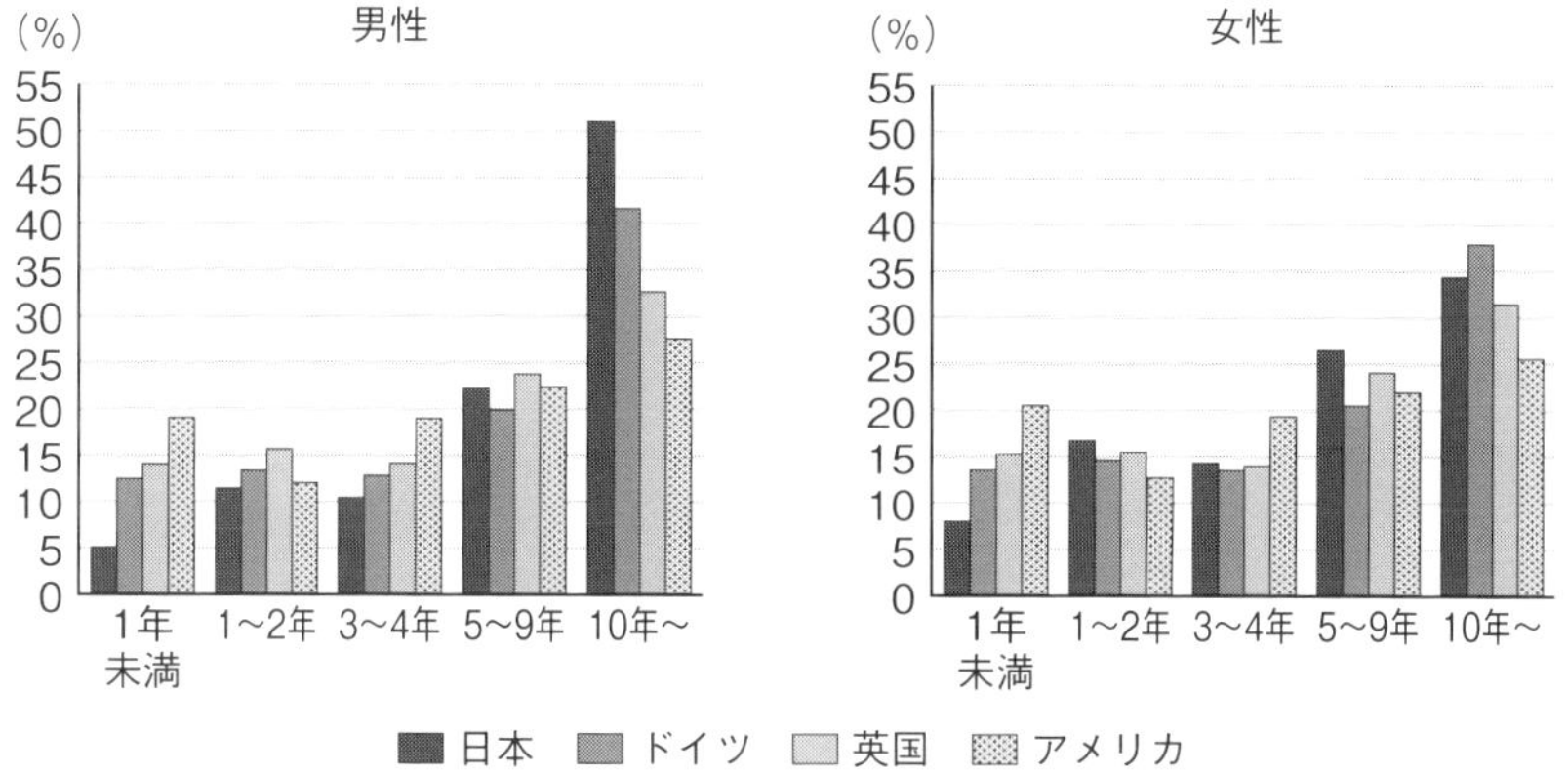

（備考）
1. 厚生労働省「賃金構造統計基本調査」、OECD.Statにより野村総合研究所作成。
2. 勤続年数の国際比較について、日本、アメリカは2016年、ドイツ、英国は2015年の値。
出所）https://www5.cao.go.jp/j-j/wp/wp-je18/h06_hz020305.html

身雇用制度の存在が挙げられる。主に高度経済成長期において導入され、定着した日本固有の人材マネジメントである。急激に経済が成長する環境下において、事業拡大に合わせて人材を採用し、社内の様々な業務・職務を柔軟に担ってもらえる人材を大量に確保したいニーズに見合った仕組みである。

一方で、採用する人材については社内の様々な業務・職務を担うことができる一定レベルの能力と社風にマッチする資質・姿勢が担保されていることも重要である。こうした中で定着したのが、ポテンシャルのある若者を新卒一括採用という形で採用することによって安定的に人員数を確保し、終身雇用という前提の下、ＯＪＴ（On the Job Training）によって社員を

図表3-4　新卒採用比率

主要企業の採用予定人数の推移（採用計画調査，日本経済新聞）（※）

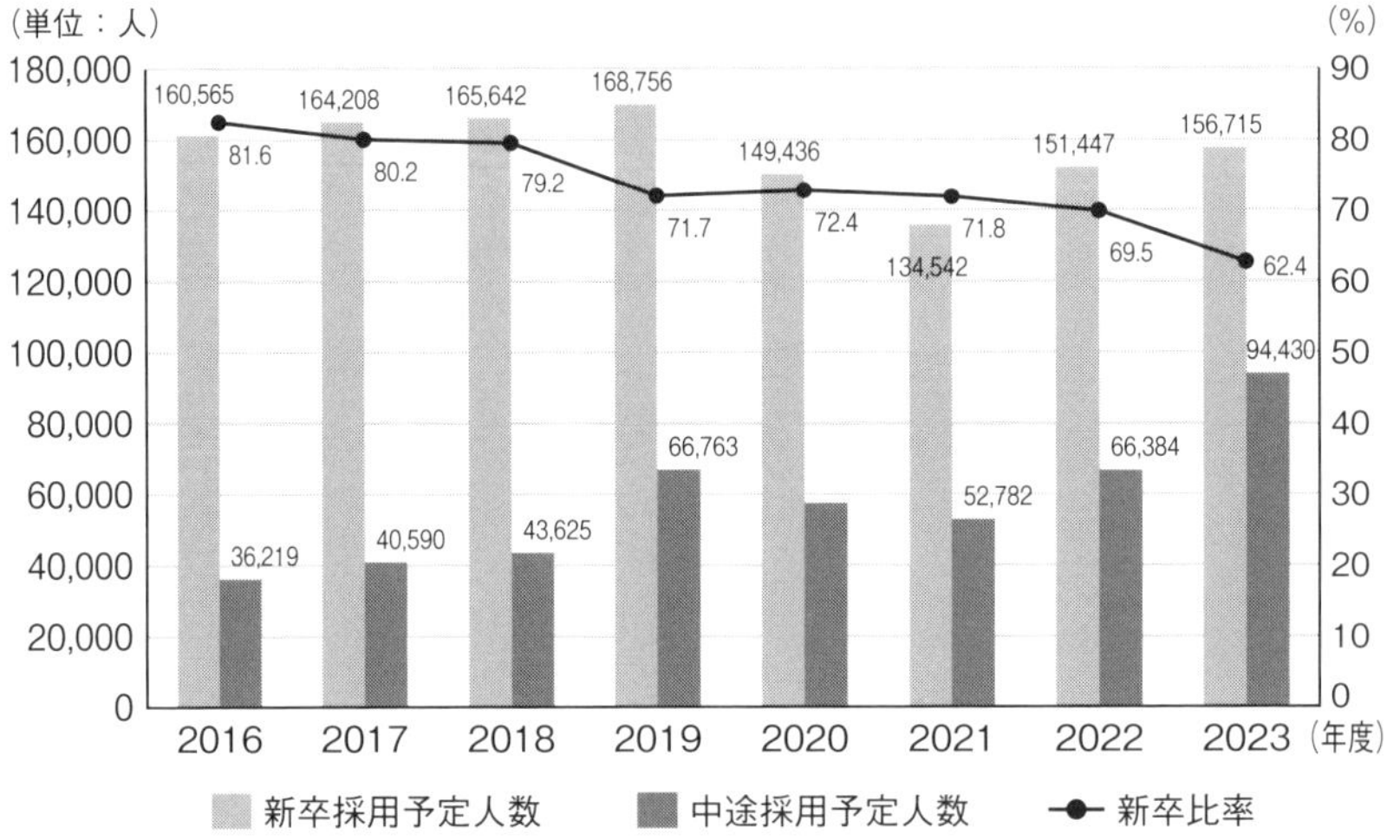

※2020年度の中途採用予定数のみ、実数の記載が日経テレコン等で公開されている日本経済新聞紙面上に見当たらないため、各種資料からの概算値

出所）リクルートワークス研究所「『中途採用シフト』論の大きな誤解」2023年4月27日より野村総合研究所作成

長期的に育成していくという日本型人材マネジメントである。

当時の学校教育の現場において、直接的な職業訓練、専門職種的教育が強く推進されず、特定のスキルを有した即戦力的な人材が供給されなかったこともこの動きを後押しした。

一般的に、終身雇用における右肩上がりの賃金カーブは人件費の圧迫につながるが、経済が安定的に成長していく当時の環境下においては一定の労働分配率が維持できたため、大きな問題にはならなかったのである。

日本型人材マネジメントを支えている新卒一括採用の存在により、日本の転職市場は、諸外国と比べ、活発化していない。実際、日本における中途採用の比率は年々上昇傾向にあるものの、新卒採用比率がいまだに全体の62・４％を占めている（図表３－４）。

新卒一括採用の見直しの一環として、経団連が２０２１年度からの就活ルール廃止を決定するなど、日本全体で新卒一括採用を見直す動きも出てきている一方で、多くの企業が抱える団塊世代の大量定年退職問題への対処や、就活ルールの廃止が学業に負の影響を及ぼすなど、簡単に見直すことのできない悩ましい仕組みとなっている。

ちなみにドイツは、日本と同様に長期雇用を前提としているが、ジョブ型人事制度が定着している。その背景にはドイツの場合、あくまで労働者が雇用の安定性を志向した結果、長期雇用が基本となっているだけであり、日本のようにＯＪＴによって必要な能力を企業内で身につけていくことを前提とした長期雇用ではないという事情がある。

そのため新卒採用においても、日本のように個人のポテンシャル等が重視されるのではなく、客観的な「職種別資格」を基に採用が行われている。第2章でも触れたようにドイツに限らず欧州の多くの国では、この「職種別資格」を取得するための職業訓練資格制度が社会インフラとして整備されている。

・限定されたグローバルでの人材獲得競争

多くの日本企業がグローバルでの人材獲得競争に本格参入しておらず、日本国内の人材確保に注力しているという点も、ジョブ型人事制度が浸透しない一因である。

図表3-5　取締役会における外国人取締役の比率

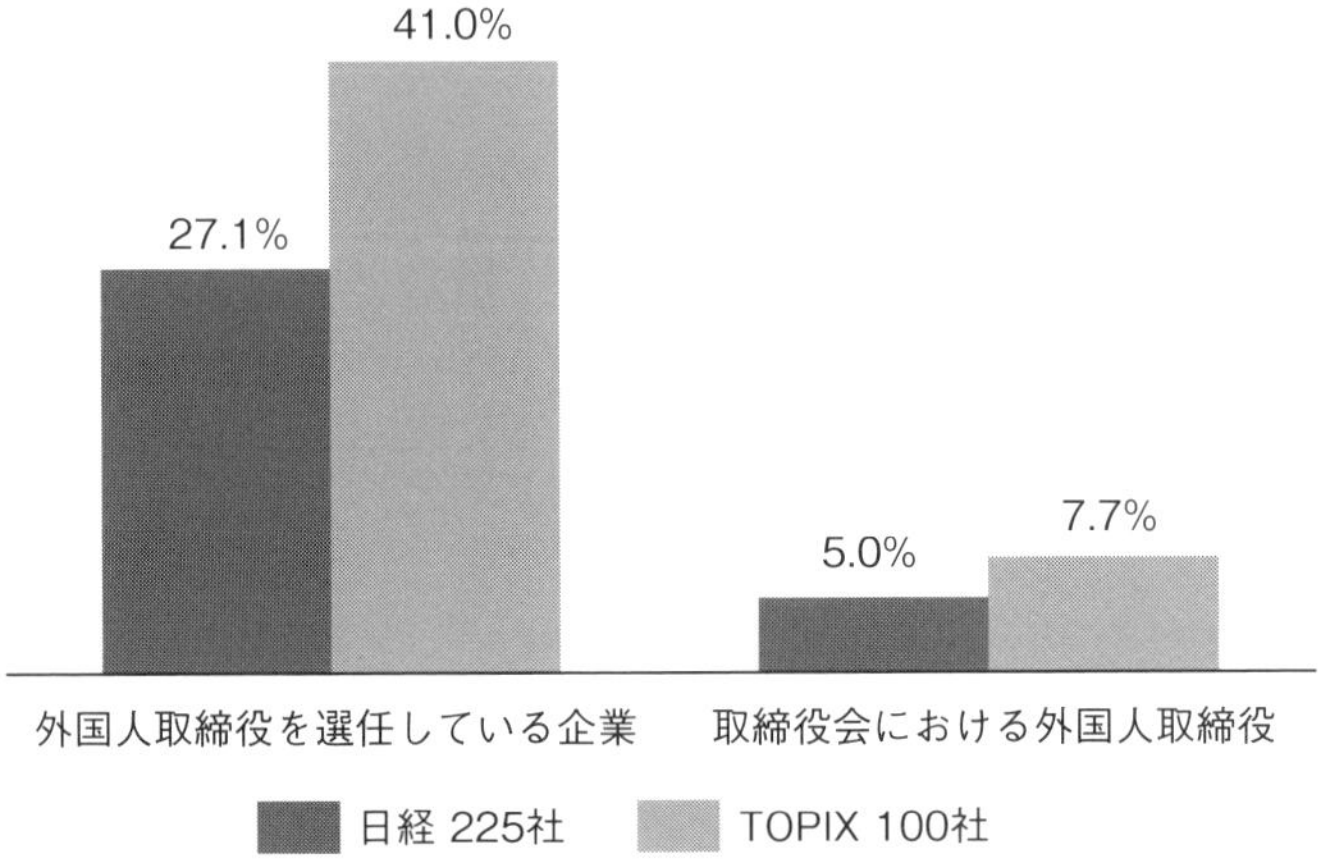

出所）https://www.spencerstuart.jp/research-and-insight/japan-board-index

本格的なグローバル経営を目指す上では、日本本社においてもグローバル仕様の人事制度を導入し、全社統一的な人材マネジメント体制を整備することが重要である。そして、ジョブ型人事制度がグローバルスタンダードとなっている現状では、日本本社においてもジョブ型人事制度を導入し、外国籍幹部や社員を柔軟に調達できる仕組みを整備するのが望ましい。

しかし、例えば各国の外国人取締役比率を見ても、日本の比率は諸外国と比べて低く、一部の企業を除いて外国籍幹部をグループ経営や日本本社の中枢に据えていく人材戦略にまでは踏み込んでいない（図表3－5）。

高度な専門人材を海外から獲得する場合も、グローバルな外部労働市場価値を勘案した報酬を設定しなければ、人材獲得競争に勝つことは難しい。そして市場価格に合わせて

図表3-6　国別デジタル人材の報酬水準

（単位：百万円）

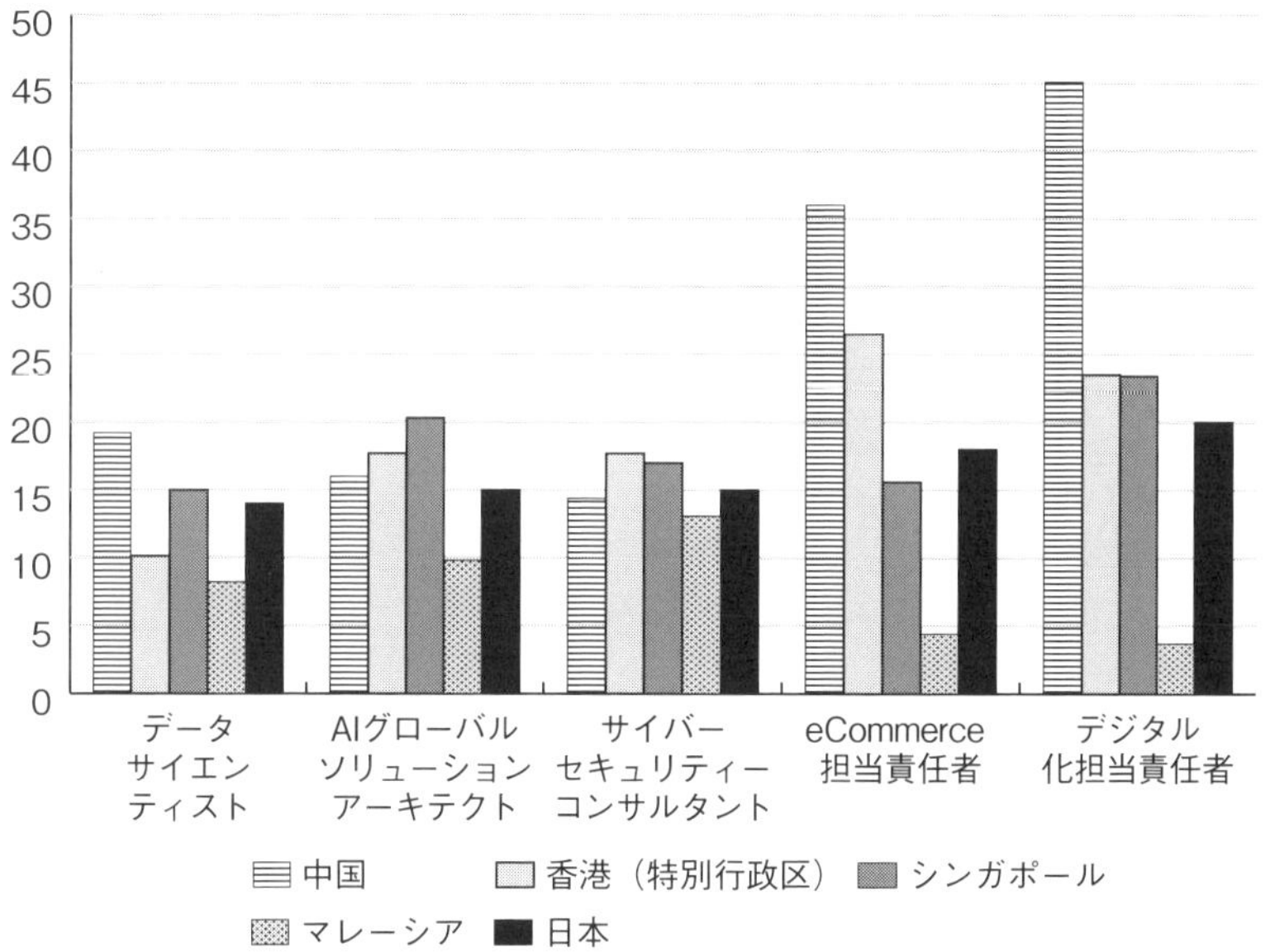

出所）ヘイズ　アジア給与ガイド　調査期間2022年10月～11月

報酬を柔軟に設定する上では、役割・職務やポストと報酬が直接的に紐づいているジョブ型人事制度が適しているといえる。しかし、多くの日本企業は、国内での人材確保に注力しているのが現状である。

国別のＩＴ人材の報酬水準を見ると、日本の年収は極めて低く、また他の国と比べて年収のばらつきも小さいことから、グローバルで活躍する優秀な専門人材を獲得するというよりは、日本国内で一定レベルの人材を獲得することに注力しているのが実態である（図表３－６）。

言語や文化の違いによる現場のマネジメント層への負荷増大は、日本企業がグローバルでの人材獲得に踏み出すことができない要因の1つである。例えば一般に、日本は聞き手側も言外の意図を察して判断することを前提とするハイコンテクスト文化であり、海外は伝える側がすべて言語化することを前提とするローコンテクスト文化であると対比されている。ハイコンテクスト文化に慣れた日本のマネジメント層にとって、逐一すべてを言語化して指示しなければならない状況は、大きな負担となりえるからである。

また、新卒採用を中心に採用活動を進める多くの日本企業にとっては、日本と海外における大学卒業タイミングの違い等が、人事部門のイレギュラーな対応・負担につながっており、これも国内での人材獲得に注力する要因の1つとなっている。なお、このタイミングの違いは、採用される海外人材にとっても、企業選定におけるマイナス要素となる。

企業のみならず個人としても、新卒採用や長期雇用といった日本独特の人材マネジメントの仕組みが念頭にあり、多少のリスクをとって、様々な会社を経験しながらステップアップしていくよりも、安定的な雇用の下、1つの会社の中でキャリアアップしていきたいと考える若者もまだまだ少なくない。結果として、日本独自の職能型人事制度を採用していても、現在のところは日本国内から質量ともに一定程度の人材を確保することができていることも、日本企業がグローバルな人材獲得競争に本格参入しない一因と考えられる。

しかし、国内市場が縮小し、経済のグローバル化が急激に進む中においては、今後も、優秀な専門人材を日本国内から安定して確保し続けられるとは限らないだろう。

また海外でビジネスを展開する上で、現地の商慣習やマーケットを理解する外国籍人材に、日本の本社で勤務してもらう状況も増えてくる。近年では、事業拡大や地政学リスクを踏まえた分散投資の観点から、進出する国・地域の数も増えてきており、日本企業がこれまでに蓄積したノウハウだけでは対応が難しくなっている。商慣習などを理解しないまま海外展開を進めた結果、事業が振るわないだけでなく、契約等にあたって法的なトラブルに発展する日本企業も少なくない。

以上のように、日本国内だけでは優秀な人材確保が難しくなるだけではなく、日本本社での外国籍人材の活躍が求められる中、ジョブ型人事制度導入の必要度が一層増すことが想定される。

・解雇規制に対する認識のズレ

日本においてジョブ型人事制度が定着しない要因として、日本の解雇規制に対する企業サイドからみた認識のズレがある。ジョブ型人事制度は、個人の担う役割・職務に応じて処遇する制度であるため、事業環境の変化に応じてある役割・職務がなくなった場合に、その役割・職務を担っている人材の処遇を変更しなければならない。

例えばアメリカでは、担当していた役割・職務がなくなった場合に、その役割・職務を担っていた労働者が翌月には解雇されるということは珍しいことではない。

こういったアメリカの事例を取り上げて、〝役割・職務の変化に応じて社員を解雇できない

図表3-7　OECD各国の解雇規制状況（雇用保護指標）

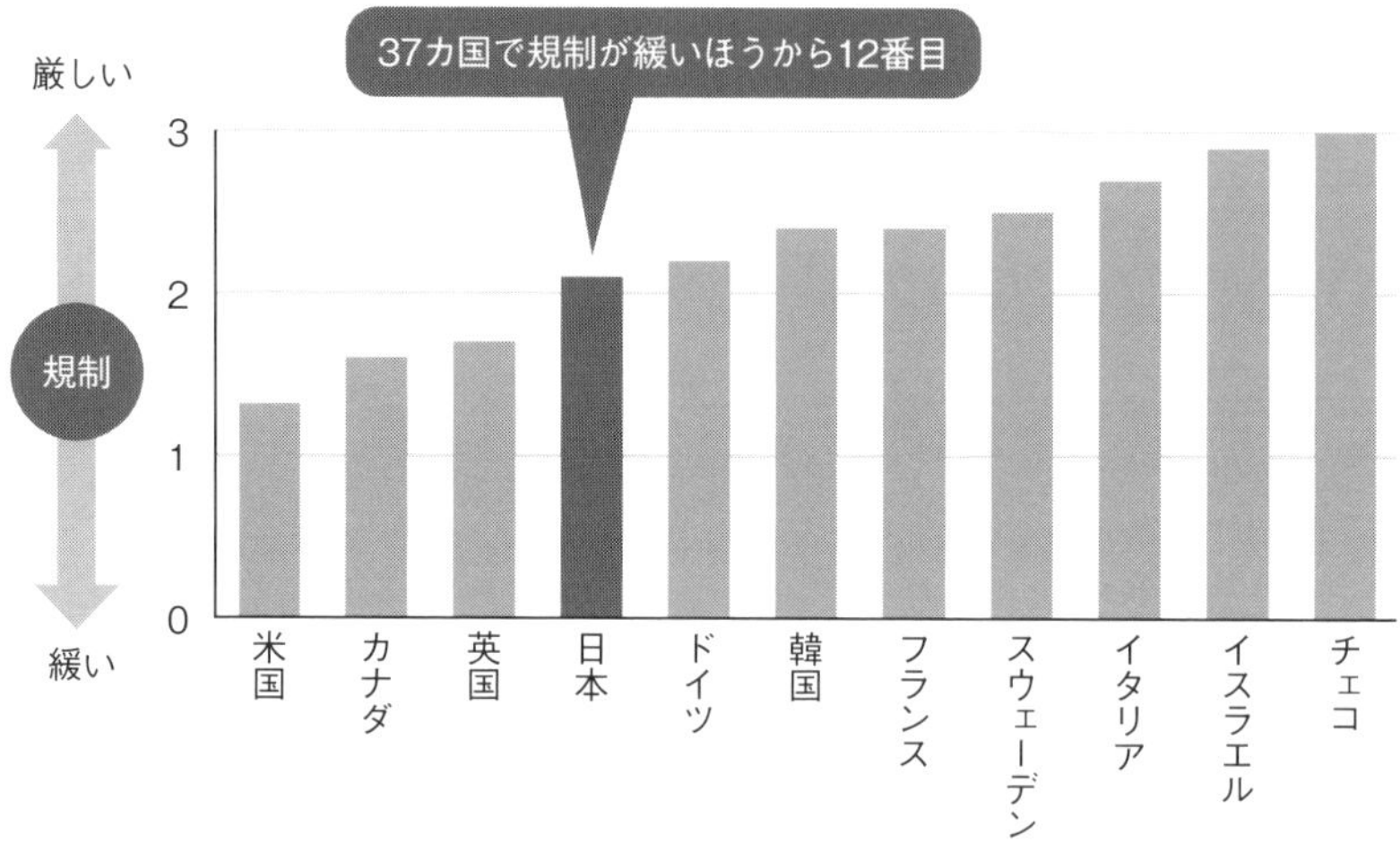

出所）「OECD雇用保護指標（2019年）」から野村総合研究所作成

日本の労働法制が、ジョブ型人事制度の導入を妨げている〟といった論調もあるが、厳密には正しくはない。ジョブ型人事制度が導入されている多くの欧州各国も日本と同じく、役割・職務がなくなった場合には解雇を回避するための最大限の取り組みが必要であり、アメリカのように役割・職務がなくなったからといって即座に解雇できるというのは、先進国の中でも稀有なケースである。

一方で実は日本の解雇規制は先進国の中では厳しい部類ではなく、むしろ緩いとの位置付けである。ＯＥＣＤの２０１９年度調査では、雇用保護指標でみると37カ国中緩い方から数えて12番目となっており、「日本の解雇規制は厳し過ぎる」という通説や経営者の認識とはズレが存在する（図表３－７）。

解雇の金銭的解決の法制化はいまだ実現の見込みが立っていないものの、実際には審議

3回で済む「労働審判」が金銭的解決実務として定着しているため新制度の必要性が低いというのが労働政策審議会の認識である。また企業サイドも新たな金銭解決法制を必要と考えていない。

しかし、ジョブ型人事制度が定着した流動的な労働市場を前提とするのであれば、実運用上認められている労働審判を法制化することが透明性、公正さの面からも必要である。また、海外の人材に対しては、不当解雇に対しても金銭補償がないという誤解を与えかねず、日本企業がグローバルな人材獲得競争に参入する上での弊害となる可能性もある。

(2) ジョブ型人事の定着を阻害する「内的要因」

本節では、「職能的な事業運営」「日本型人材マネジメント」「役割・職務明確化の限界」の観点から、ジョブ型人事制度定着を阻害する内的要因について整理していく。

・職能的な事業運営

多くの日本企業において新設組織や組織再編を行う際には、まずは大まかに事業や機能のミッションを決めた上で、配置や異動対象となる人を特定していき、その人の経験や過去の業務、スキルに応じてその組織内にある小組織のミッションや業務を明確化する。これを我々は「職能的な事業運営」と呼んでいる。

組織の新設や再編に限らず、異動・配置転換の検討にあたっては、異動先ポジションの職務内容に基づくだけではなく、任用される人の経験や能力、年齢に見合ったポジションという観点を重視して判断される傾向もまだ色濃く残っている。さらに言えば3年ごとといった定期異動を行う企業では専門的な知識・技能を有した人材よりもゼネラリスト的な幅広い経験やマネジメントスキルの方が重宝されるために、異動先の組織やポジションでどのような専門性やスキルが求められるかを明確にする必然性が低くなりやすい。

反対にまず業務の内容やそれに必要なスキルや経験を詳細化し、その要件を満たす人材を配置、社外も含めて労働市場から募集するのがジョブ型的な運用・考え方となる。ポジションごとの要件が職務記述書（ジョブディスクリプション）内に明確に規定されているため、職能型のような「人ありき」の判断は加わりにくく、業務アサインや異動・配置転換も本人の同意の下で行われる。

特に退職により社内で欠員等が発生した場合には、当該職務の職務記述書（ジョブディスクリプション）を明示し、社内公募制度や社外からの募集を通じて補充されるのがジョブ型人事における人材配置の考え方である。

このように多くの日本企業で行われている職能的な事業運営方法からジョブ型人事の考え方に変えていくのかといった議論を経ずにジョブ型人事制度導入を進めてしまった結果、事業運営は職能的のままなのに人事制度だけをジョブ型にするようなちぐはぐな取り組みによって現場が混乱し、人事部門との関係性もうまくいかなくなった例が広く一般的に存在する。

同様に「ジョブ型人事制度を導入すれば、人件費をコントロールできる」といったジョブ型人事制度の1つの側面にのみフォーカスして、制度導入を進めた会社にも同様の傾向が見られる。

・日本型人材マネジメント（年功的運用と温情主義）

ポストと資格等級が直接紐づくジョブ型人事制度においては、ポジションの数を超えて社員が昇格するということができない。そのため、常に各ポジションが社内外の競争の対象になり、個人の成果やスキルに応じて適切な任用がなされていることが、制度の健全性を保つために必要である。

優秀な社員を抜擢しつつ、成果が出ていない社員やスキルが不足している社員をポジションから外して適任者と交代させる適材適所をやり切らなければ、組織全体に不満が充満し組織としてのパフォーマンスが低下する。その結果、同じ組織内の高業績を上げている社員のモチベーション低下や退職リスクへとつながってしまう。

高度成長期のような右肩上がり賃金が当たり前の年功的な日本型人材マネジメントを運用してきた多くの日本企業においては、成果や発揮能力に基づく信賞必罰の風土が薄く、降格や減給につながる適材適所的な運用が避けられてしまう。さらに言えば、組織の責任者が自組織内にて適材適所を実行して成果を出さなくても、その責任者は「決して職を失う」ことにはならず、せいぜい次の異動で横滑り的な配置になる程度であるから好き好んで厳しい人材配置や任

図表3-8　給与の構成要素

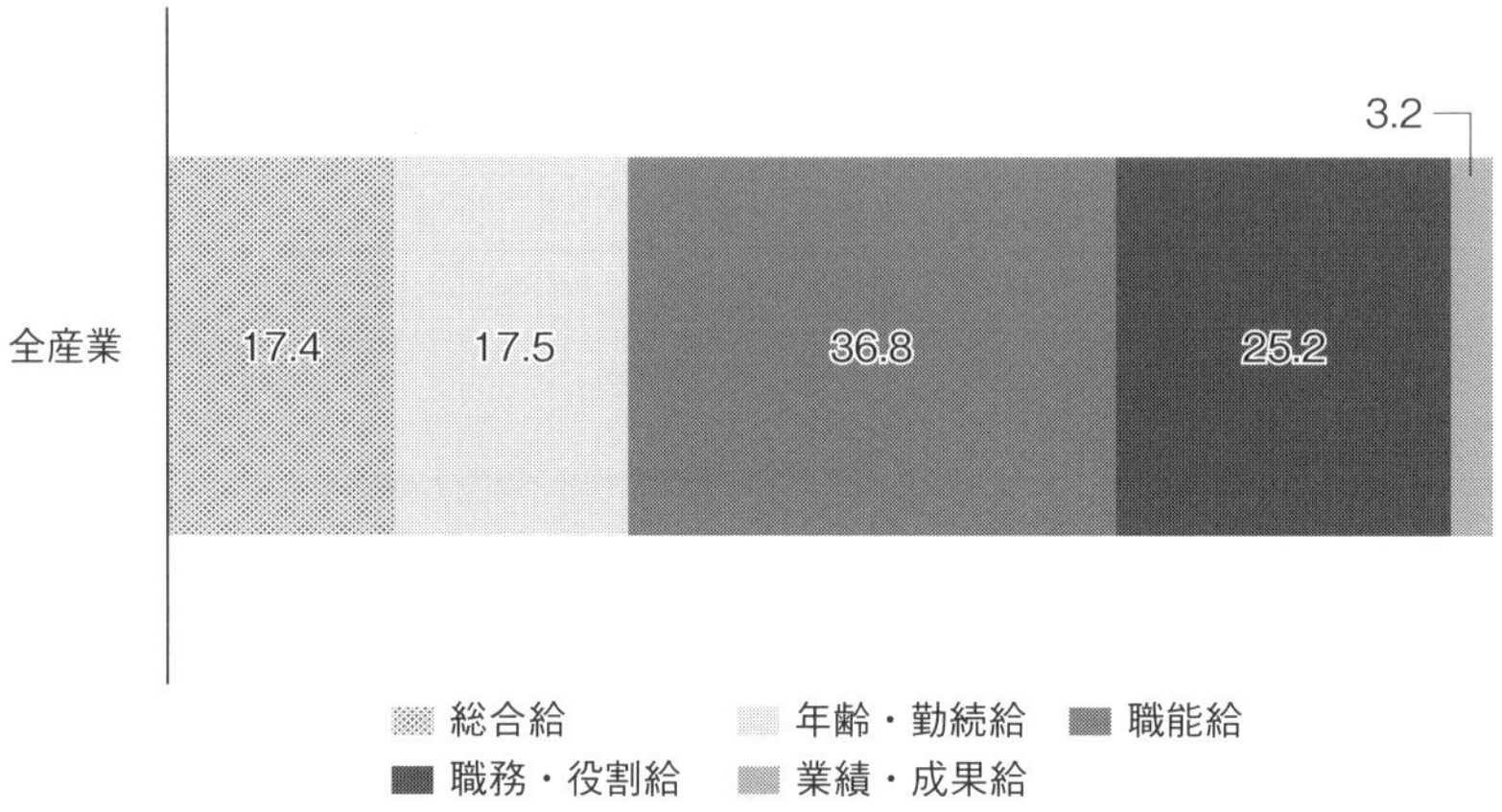

出所）労政時報第4066号（2023年11月）から野村総合研究所作成

用、ポストオフをやろうとしないのである。

外資系企業が日本企業と比べて厳格な評価や昇降格運用が可能な理由としては、第一には責任の所在・範囲が明確化されていること、そして責任を果たせなかった際には間違いなく自らの減給、降格にもつながるという危機感・緊張感があるため、組織内の優秀な社員をポジションに抜擢し、成果の振るわない社員をポジションから外して降格させるということに躊躇いがない。

昨今は、日本企業の中でも、職能型人事制度を採用しながら、評価によって大きく昇格ペースに差をつけるといったように、年功的要素の撤廃を試みる動きが増えている。その一方で、企業全体でみると年齢給・勤続給が給与の構成要素として一定の割合を占めており、また、制度上は降格を明記しながらも実際には運用できていない企業が一定数存在している。結局のところ、日本企業においては年功的要素や温情主義からいまだに脱却し切れていないのである（図表３－８）。

・役割・職務明確化の限界

ジョブ型人事制度においては、それぞれの役割・職務を明確化し、職務記述書（ジョブディスクリプション）に明記するという作業が必要となる。これはジョブ型人事制度の前提となる重要な作業であり、会社の業務実態が見える化できるという副次的なメリットもあるが、1つの役割・職務を定義し、それを等級基準と照らし合わせて評価し、格付けしていく作業は、かなり手間がかかる工程である。

また、役割・職務を一度定義すれば終わりではなく、事業環境の変化や会社組織の戦略の変化に合わせて、ポジションのミッションが変わりうることから人事部門や現場にて定期的・継続的に見直しが必要になる。

特に、職能型人事制度を長らく採用してきた日本企業においては、社内外への人材流動性が低く、業務の属人化が進んだ結果、より役割・職務が明確化しにくくなっている面もある。前掲のＮＲＩ調査（巻末資料7）でも51・6％と過半数の企業が、役割・職務の明確化や見直しが運用しきれていないことを課題として挙げており、ジョブ型人事制度を導入・運用する上で、大きな弊害となっていることが確認できる。

役割・職務の明確化は、人事部門がフォーマットを作成し、毎年のメンテナンスや管理を行っていくものの職務記述書の作成自体は現場で行う作業である。なぜならば正確に業務を理解し、戦略・ミッションに沿った役割・職務を定義できるのは、人事部門ではなく経営・事業側であるからだ。

(3) ジョブ型人事が「適合しやすい」職種と「適合しづらい」職種

多くの日本企業においては、社内には経営・事業を運営するために様々な職種が存在しており、同じ社内においてもジョブ型人事が適合しやすい職種と適合しづらい職種が共存している。

ジョブ型人事が適合しやすい職種とは、役割や成果のように責任範囲が明確にしやすい職種、社内だけではなく社外に対しても通用するような高度な専門性が求められる職種、そして高い市場流動性があり転職が容易な職種等である。

代表的な職種例としては、デジタル・IT系職種を筆頭に医薬・製薬関連、コーポレートファイナンス系の金融関連職種、そして財務・経理、法務・知財、人事といったコーポレート系職種である。

しかしながらスタートアップ系ではない限り、一定以上の従業員を抱えるようになった中堅から大企業においては同一社内すべてジョブ型人事が適合しやすい職種ばかりで構成されることはむしろ稀である。上記で例示した職種以外では、社内では通用するものの社外・他社では

図表3-9　デジタル・IT系人材区分とジョブ型人事への適合性

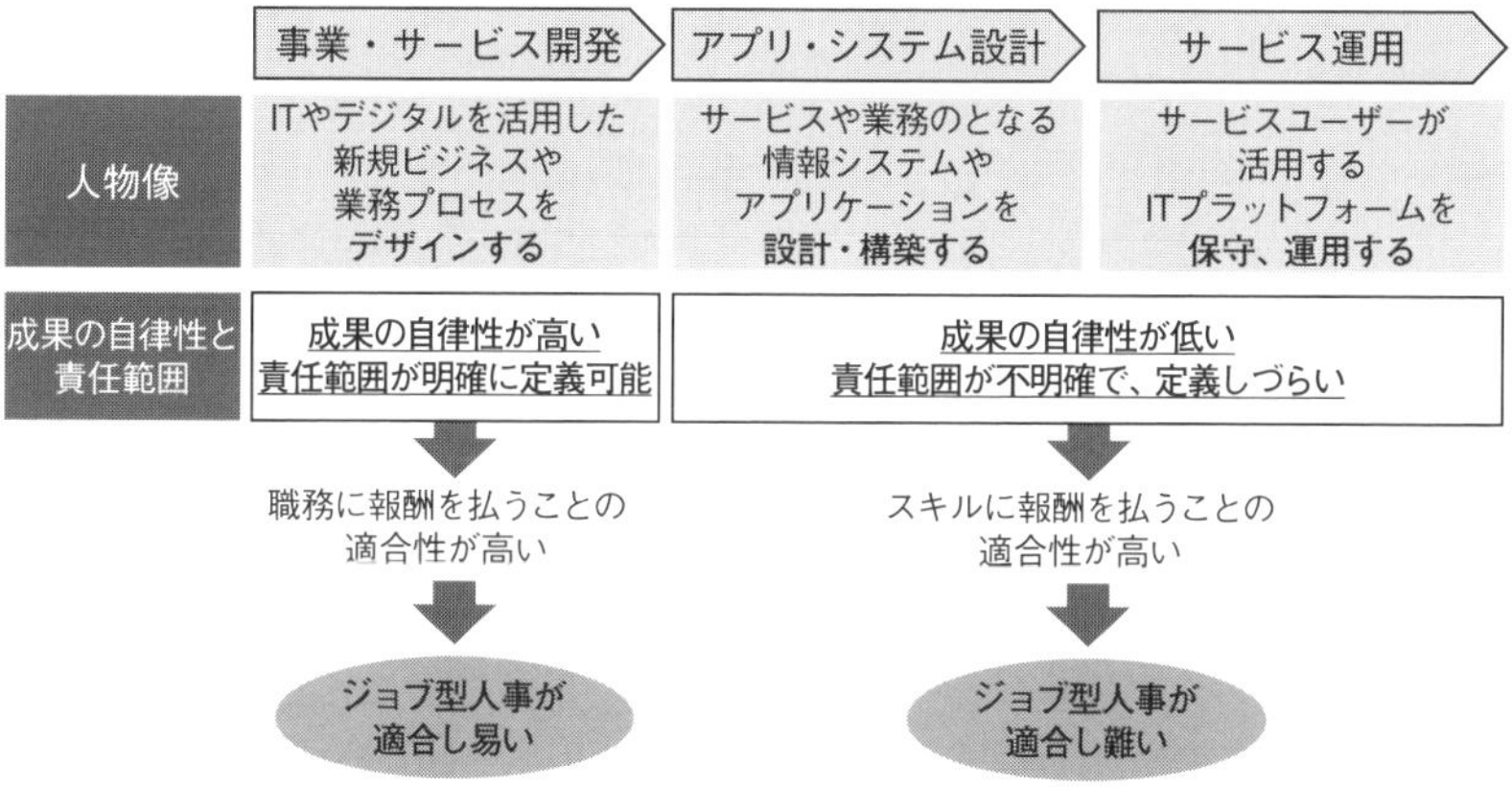

出所）『デジタル時代の人材マネジメント』東洋経済新報社　2020年　野村総合研究所

即戦力として活用できない社内固有のスキル・知識が関連する職種、例えば医療・製薬以外の営業・営業事務職や社内の定型業務を担当する職種である。

さらに言えば、同じデジタル・ＩＴ系職種の中でも実は一連の業務プロセスの中で担う役割によってジョブ型人事制度への適合性が異なる。

例えばデジタルを活用して新規事業を立ち上げるミッションを担う組織があったとしよう。世の中に存在する社会課題とそれをデジタル・ＩＴを活用して解決し、収益化するビジネスモデルを構想、その業務プロセスをデザインするのが「ビジネス系デジタル人材」の役割である。具体的にはビジネスデザイナーや、データサイエンティスト、ＩＴアーキテクトといった職種の人材がそうした役割を担うことが多いが、事業ネタや実際の事業化、新規事業による収益といった成果や責任範囲を明確に設定することが可能である。職務定義が容易であり、その専門性の高さから外部労働市場が存在し、ジョブ型人事制度を適用することで外部から即戦力的な専門人材確保がしやすくなる。

一方でビジネスモデル構想や業務プロセス改革の後工程としては、サービス基盤となるＩＴシステムやアプリケーションの設計・開発、実際のシステムを完成させた後、顧客・サービスユーザーが活用するＩＴシステムを保守・運用し顧客・ユーザーのリクエスト等に対応できるサービスの高度化といった工程があり、そこで活躍するのは「ＩＴ系デジタル人材」の役割である。具体的にはアプリケーションエンジニア、セキュリティーエンジニア、ＩＴプラットフォームエンジニア、サービスエンジニアといった職種の人材である。

こうした職種の人材が担う業務は上流でデザインされる事業構想、ビジネスモデルがどの程度の規模やボリュームであるかに左右されるだけでなく、サービス開始後に課題や問題がどの程度発生するかなどにも左右される。したがってどのような役割を担うかという職務定義は可能でも成果や責任の大きさをあらかじめ明確に定義することは難しい。

「ＩＴ系デジタル人材」は「ビジネス系人材」と比較すると、担う職務・役割といったジョブよりも当該人材が保有・発揮する「スキル」の大きさに対して処遇をする、職能型の方が適合性は高いと言える（図表３－９）。

このようにデジタル・ＩＴ系であってもジョブ型人事に適合性がある役割や職種もあれば、職能型人事制度に親和性のある役割・職種も存在するのであるから、社内のすべての役割・職種を俯瞰すれば人事制度をシンプルにジョブ型、職能型どちらかに寄せること自体がかなり難しいことであることが分かってくる。

(4) Oneプラットフォームの功罪

結局のところ、多くの日本企業（特に大企業）の社内に存在する多様な役割・職種に対してジョブ型人事という特定の役割・職種に対してより高い適合性を有する人事プラットフォームを適用させることの限界が見えてくる。

確かに日本国内企業においてはデジタルテクノロジーを活用した新事業の創出と拡大はどの企業も喫緊の課題である。そうした事業戦略を支えるためのデジタル・IT人材強化は経営や事業側から人事部門に要請される最優先の取り組み課題であり、その手段としてジョブ型人事制度の導入を検討するところまでは自然な流れであろう。

しかしそうしたデジタルトランスフォーメーションを牽引するデジタル・IT人材の中でも、ジョブ型人事制度に適合性の高い「ビジネス系デジタル人材」は実はほんの一握りしか社内には存在せず、今後においてもその割合の大勢は変わらないと考えられる。逆に保有するスキルを高めて社内の様々な業務に貢献していく人材が圧倒的に多数を占める状況は変わらない。もちろんそうした役割を担う人材も一定程度のデジタルリテラシーを身につけていくことは必要であるし、それぞれの専門スキルを高めていくことでキャリアアップを目指していくことは言うまでもない。

大切なことは「ビジネス系デジタル人材」に限らず、経営・事業戦略を実現するために不可欠で重点的な強化が必要な人材の存在とそれに対応できる人材戦略が欠かせない一方で、既存ビジネスや従来業務を効率化、高度化することで事業に貢献していく役割や人材が圧倒的多数派として存在するという事実である。

創業して間もないスタートアップ企業でない限り、一定以上の規模に拡大した企業においては「ジョブ型人事制度」といった単一のプラットフォームで人を処遇するには限界がある。そのような観点からすると制度面、運用面双方の面からジョブ型人事と職能型人事のハイブリッド型の人材戦略を検討せざるを得ない。

3 ハイブリッド型アプローチ

ここでは主にデジタル人材獲得、処遇を企図したジョブ型人事制度の活用アプローチとして、同一社内またはグループ内で複数の人事プラットフォームを適用するいわゆる「ハイブ

図表3-10　ハイブリッド型アプローチ

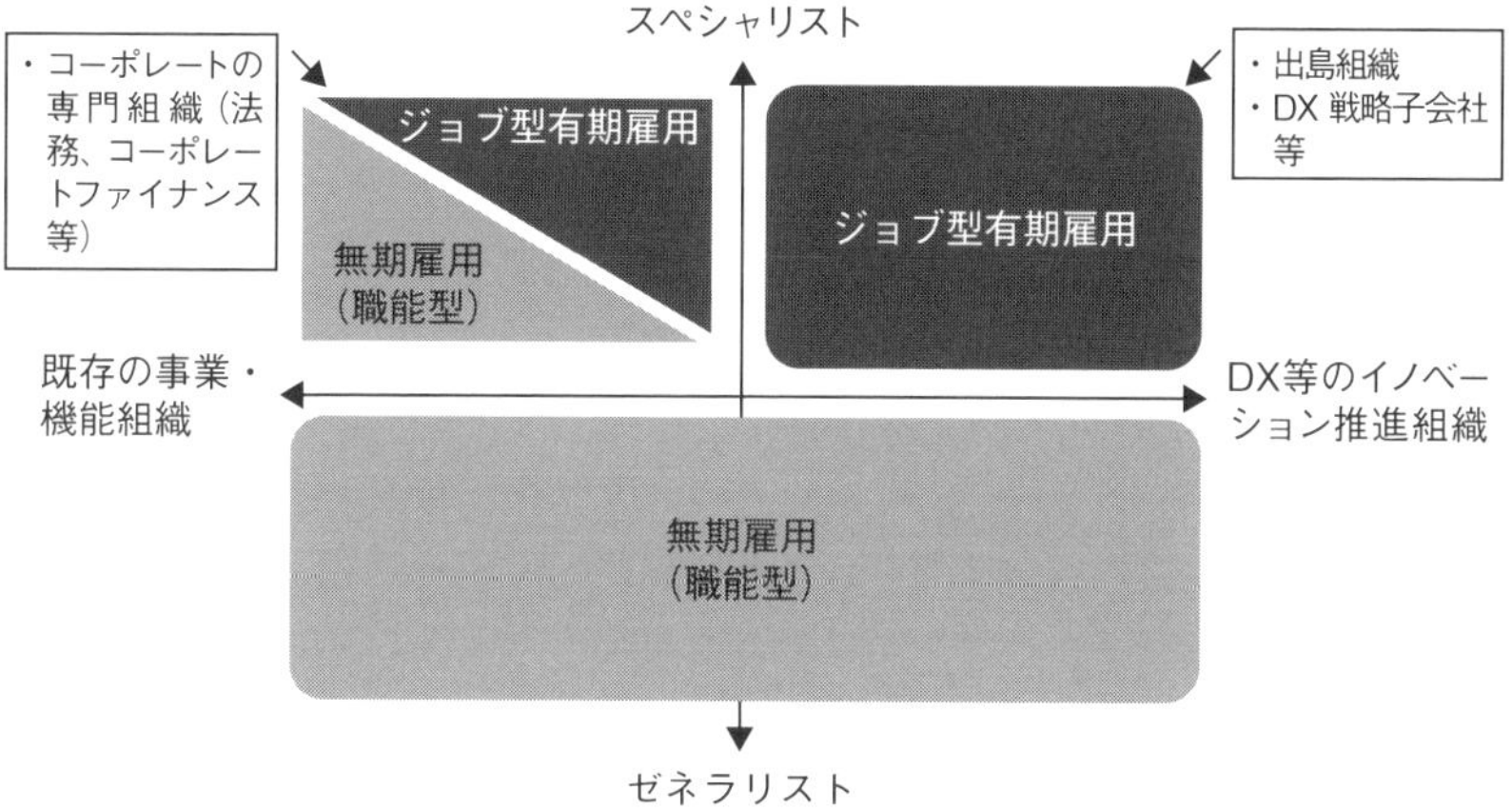

出所）『ジョブ型人事で人を育てる』中央経済社　2021年　野村総合研究所

リッド型」のアプローチについて考えてみたい。

現実的に取りうる方法としては、「出島組織によるジョブ型人事制度導入」「有期雇用」「複線型専門職制度」の３つのアプローチである（図表３－10）。

(1) 出島組織によるジョブ型人事制度導入

出島組織とは、自社内や自グループ内に特定ミッションを有する会社もしくは組織をつくり、旧来組織とは異なる組織運営ルールのもと当該ミッション達成にフォーカスする組織である。デジタルビジネスのほか、新規事業開発の推進や旧来より行われてきたグループシェアード会社もある意味出島組織の類型と言える。

デジタル人材、特にビジネス系デジタル人材の処遇や調達方法について本体とは異なる仕組みを適用するために出島的なグループ会社を設立するケースが見られる。

A社は大手製造業の戦略子会社であり、デジタル時代を見据えたモノづくりの会社の研究開発拠点的な位置づけとして設立された会社である。A社の特徴は、親会社と異なる制度基盤を実現するために子会社化した企業である点、報酬水準は外部労働市場価値と連動させつつも勤続加算を用意している点、そして会社目標を個人に落とし込むOKRの評価手法を採用している点である。

A社が分社化した背景としては、優秀なエンジニアやUXデザイナーを採用する際に、親会社の年功序列的な報酬の仕組みにとらわれない制度を導入したかったという点と、プロトタイプを作成したらすぐ見直しを行うようなアジャイルで開発が自由に行えることを重視した点、大企業の年功序列を離れ、海外のベンチャー組織のようなフラットな組織文化を構築することを目指した点などが挙げられる。

いずれにせよ本体では実現できないような制度というハード面にとどまらず、組織風土も親会社と切り離したところで作り上げていくことを重要視して〝出島化〟したといえる。裁量労働制を採用し、副業も認めるなど、伝統的な製造業とは異なる特徴を備えている点も、親会社とは異なるスペックやマインドを有した人材を採用・定着させたいという意図が見える。

同社の等級制度はジョブ型であり、6つのランクを設定している。同一の役割に対して同一の給与ではなく、一定の幅を設けたレンジ給を採用し、外部から人材を調達した際には、契約した報酬金額に見合う役割を、「採用した金額を参考に」で格付けしている。そのため採用時からディレクタークラスになる社員も存在する。また、ランク別の水準幅は、親会社の報酬制度の水準幅を参考に設定しており、A社の非管理職層の給与レンジが、おおよそ親会社の管理職層の初任格付け（管理職に昇格して最初のランク）のレンジに近い水準となるよう設定されており、非役職者であっても、親会社の管理職を上回りうる水準となっている。

A社に採用される社員の報酬はすべて年俸制であり、賞与は年2回である。入社時は前職の給与と市場価値を総合的に勘案して初年度の年俸を設定する。毎年の年俸更改があるが、その際には前年の評価の結果と、その時の市場水準に合わせて見直しを行っている。また、市場連動の年俸をベースにする一方で、勤続の経験値に基づく習熟や、〝長く勤めていること〟を一部処遇へ反映するという形で、長期勤続のインセンティブとなるような仕組みを導入している。

なお、同社の評価制度は一定のチームの中で同僚やチームリーダーからの評価を行う360度評価を採用し、OKR（Objectives and Key Results）の考え方を導入している。MBO（Management by Objectives）による評価は、自身の評価が下がらないよう、自身が達成できそうな得意な目標レベルを設定してしまうということがあるが、OKRでは、6～7割の達成度を求め、あえて本人による達成が難しいような野心的な目標を設定しやすい仕組みとなっている。

このように、A社は大規模で年功的な親会社の企業文化から一定の距離を置いた組織を構築しようとしている点が特徴である。ダイバーシティの面からも同様の姿勢が見られ、優秀社員は国籍を問わず、外国人社員も積極的に採用（新規採用者の50％は外国籍）している。一方で、勤続のインセンティブの設定等、日本企業的な福利厚生の充実など、親会社の日本型雇用の長所といえる施策を取り入れており、バランスを重視した人材戦略、ジョブ型人事制度となっている。

（2）有期雇用型による〝一国二制度〟

同一企業内においてジョブ型有期雇用と職能資格制度のような日本型人事制度の二制度を併存させる方法である。

デジタル化をリードする人材に対してジョブ型有期雇用を適用させて、外部労働市場から高度専門人材を機動的に調達できる仕組みを整備する一方で、既存の事業部門やコーポレート部門には無期雇用の人事制度を適用するといったアプローチである。当然のことながらジョブ型有期雇用の処遇水準は無期型と比較して有期プレミア分が上乗せされる分高くなるが、有期雇用という条件が付与されていることで社内の感情的なバランスをとることが可能である。

大日本印刷（以下、ＤＮＰ）のプロフェッショナルスタッフ職制度などはその取り組み事例であろう。

ＤＮＰの有期雇用形態による優秀人材確保のメインターゲットはＩＣＴ人材等の専門人材である。同社ではビジネスのプロセスとして、「事業・サービス開発」「アプリ・システム設計」「サービス運用」と切り分けた時に、ＤＮＰが求めるＩＣＴ人材はどの段階における人材のことも指すが、特に「事業をまず作れる人、そして大型で複雑なプロジェクトを回せるリーダーが不足している」（同社役員）といった事情から、社外から見ても魅力的な報酬水準を提示することができる仕組み作りとして、有期雇用形態にて高処遇で採用する「プロフェッショナルスタッフ」および「アソシエイトスタッフ」を、また同社のイノベーションの中核を担う人材を育成・採用するために、従来の職群の区分を再編・統合した無期雇用の「ＩＣＴ開発職」も新設している。

これらの仕組みは、副業・兼業の容認などとあわせ、社外の視点を積極的に取り入れる雇用関連制度と位置づけている。専門人材を獲得するのに、有期雇用制度を導入した理由としては、圧倒的な専門スキルを有した人材が特定のプロジェクトといった期間が限定される仕事を担うことが期待されるケースを対象としていることや前職の処遇水準が高い専門人材とのマッチングをより適切に行えるようにするためである。

有期雇用と無期雇用を使い分ける際のカギは、特に有期雇用契約社員に担わせるジョブ（役割）が事業戦略上不可欠なポジションであること、そして当該ジョブにて成果を出すために求められる専門スキルや経験が社内人材と比較して「明確に差別化が可能な」レベルであることと言えよう。

なお、同社では導入後の制度見直しとして、「プロフェッショナルスタッフ」も無期雇用に転換できる仕組みに改定している。

（3）複線型の専門職制度

有期雇用契約ではなく無期雇用契約の下でジョブ型人事と日本型人事制度の2制度を併存させる方法であり、複線型のコース制度と呼ばれる。

一言で複線型人事制度と言ってもその目的によって様々な形態があるが、共通項としては「職務の塊ごとにキャリアパス（育て方）や支払う報酬水準が異なるため、複数のルールを社内で有する人事制度と定義できる。

ジョブ型人事においては日本型雇用としてのメンバーシップ型とジョブ型雇用の違いが議論されるが、複線型の専門職制度は総合職と職務限定職が同じ人事制度上の併存している形とし

図表3-11　三井住友海上の等級体系

総合社員

	役割区分	職務グレード	
管理職		L1	E1
	部長職	L2	E2
		L3	E3
	課長職	L4	E4
		L5	E5
			E6

非管理職	課長代理職
	主任職
	担当職

スペシャリスト社員

呼称	グレード
フェロー	Ⅰ
主席スペシャリスト	Ⅱ
上席スペシャリスト	Ⅲ
主任スペシャリスト	Ⅳ

出所）「労政時報第3986号（2022年10月）」より野村総合研究所作成

て捉えられる。

有期雇用契約を活用した一国二制度との大きな違いは、総合職コースは専門職コースが同じ無期雇用契約社員であることと、有期雇用契約型ほど総合職と専門職で明確な報酬水準の格差を設定しないケースが多いことが挙げられる。

三井住友海上火災保険株式会社（以下、三井住友海上）では〝ハイブリッド型人事制度〟を構築し、専門人材としてスペシャリスト社員区分を新設し、将来的にはジョブ型要素を強化していくことを想定している。その狙いは多様性を高めチームワークを強化しながら一層の生産性向上と専門性強化を図り、仕事の変革を推進していくことである（図表３－11）。

スペシャリスト社員はデジタルや保険数理といった高度専門領域を担う専門人材であり、能力本位での登用、中途採用の強化を積極的に行うため、職務・能力・スキルを明確にし、それに応じて処遇を決定するものである。

社内ではジョブ型人事が「自社にマッチするか」「運用していけるか」など、侃々諤々の議論があったが最終的には総合社員（メンバーシップ型）とスペシャリスト社員（ジョブ型）が有機的に連携し協働する職場環境を創造し、イノベーション創出につなげていく、〝ハイブリッド型人事制度〟に帰着した。

スペシャリスト社員はグレードを4つに区分し、各グレードに応じた呼称「フェロー」「主席スペシャリスト」「上席スペシャリスト」「主任スペシャリスト」を付与するとともに、グレードを処遇の基礎としており、処遇水準は総合職社員の「同等以上の処遇」としている。

スペシャリスト社員への任用は、「総合社員からの転換」と「中途採用」による。この点も主に中途採用を主眼としている有期雇用型の一国二制度とは異なる点と言えよう。総合社員からの転換時も年齢にかかわらず、実力本位での登用を徹底していることで、ジョブ型人事的な運用となっている。

4 人を成長させるための人材マネジメントを変える

大企業にはジョブ型に適合しやすい役割・職務と適合しづらい役割・職務が存在することに対する打ち手としてハイブリッド型のアプローチを見てきたが、ハイブリッド型にせよジョブ型人事制度にせよその制度（手段）を使い、日常の業務を通じて人材強化を図るのは現場のマネジメントである。言い換えれば新制度を導入しても現場のマネジメントが変わらなければ何も進化がない。

（1）ジョブ型人事を活用した人材強化の考え方

ジョブ型人事制度においてキャリア形成は個人主導となる。例えば、社内の経理でキャリアをスタートさせるとすれば経理部門内での担当業務の幅を少しずつ広げていき、やがて資金調達、コーポレートファイナンス、あるいは本社、支社、海外拠点での経営・財務に自ら手を挙げてチャレンジし、キャリアアップしていく。

また自らの意思でキャリアを大きく発展させることもある。例えばコーポレートファイナン

図表3-12　ソニーグループの自律的キャリア形成支援の背景

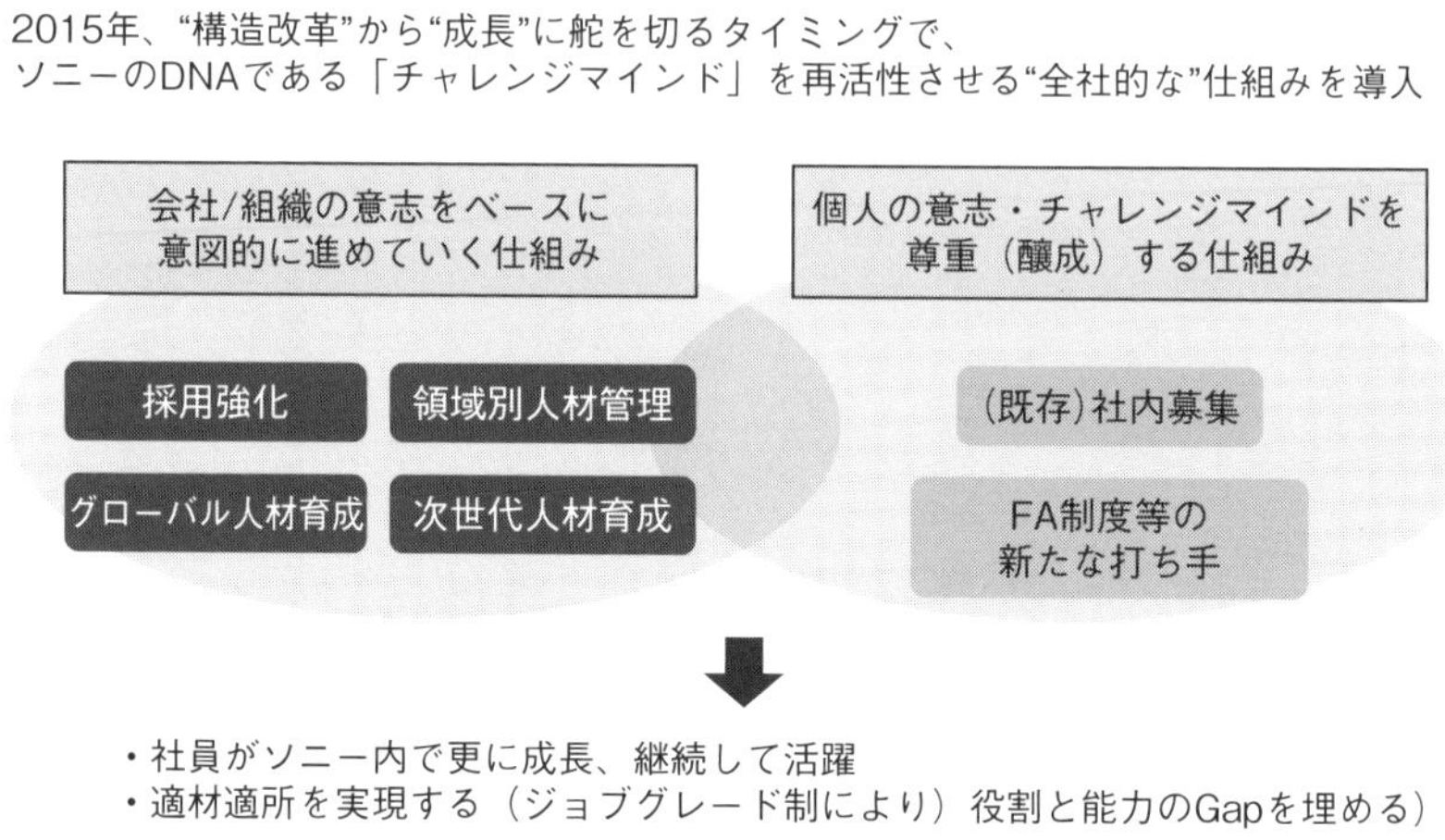
2015年、"構造改革"から"成長"に舵を切るタイミングで、
ソニーのDNAである「チャレンジマインド」を再活性させる"全社的な"仕組みを導入
会社/組織の意志をベースに
意図的に進めていく仕組み
個人の意志・チャレンジマインドを
尊重（醸成）する仕組み
採用強化
領域別人材管理
グローバル人材育成
次世代人材育成
(既存)社内募集
FA制度等の
新たな打ち手
・社員がソニー内で更に成長、継続して活躍
・適材適所を実現する（ジョブグレード制により）役割と能力のGapを埋める）

出所）ソニーグループ提供資料より野村総合研究所作成

スの業務から転じて、事業戦略やM&Aのような事業買収といった会社の事業成長そのものに対して興味関心が発展するかもしれない。

その場合、本社の経営企画部門での仕事や事業部門における買収戦略に関わる仕事への異動を希望するキャリアを志向する形もありうる。このように専門領域を広げ、あるいは興味関心がシフトしたために異なる職種にチャレンジする際、ジョブ型人事制度においては報酬が減少することもありえる。ジョブ型人事の人材強化の思想は「厳しい競争環境を通じて人を鍛えていく」ことなのであり、その主体は社員本人である。

ジョブ型人事は企業にとって人材マネジメントの在り方を様変わりさせるため、制度導入にあたっては様々な軋轢や乗り越えなければならない壁が生ずるが「処遇の変化に一喜

図表3-13　ソニーグループの公募制とジョブ型人事運用イメージ

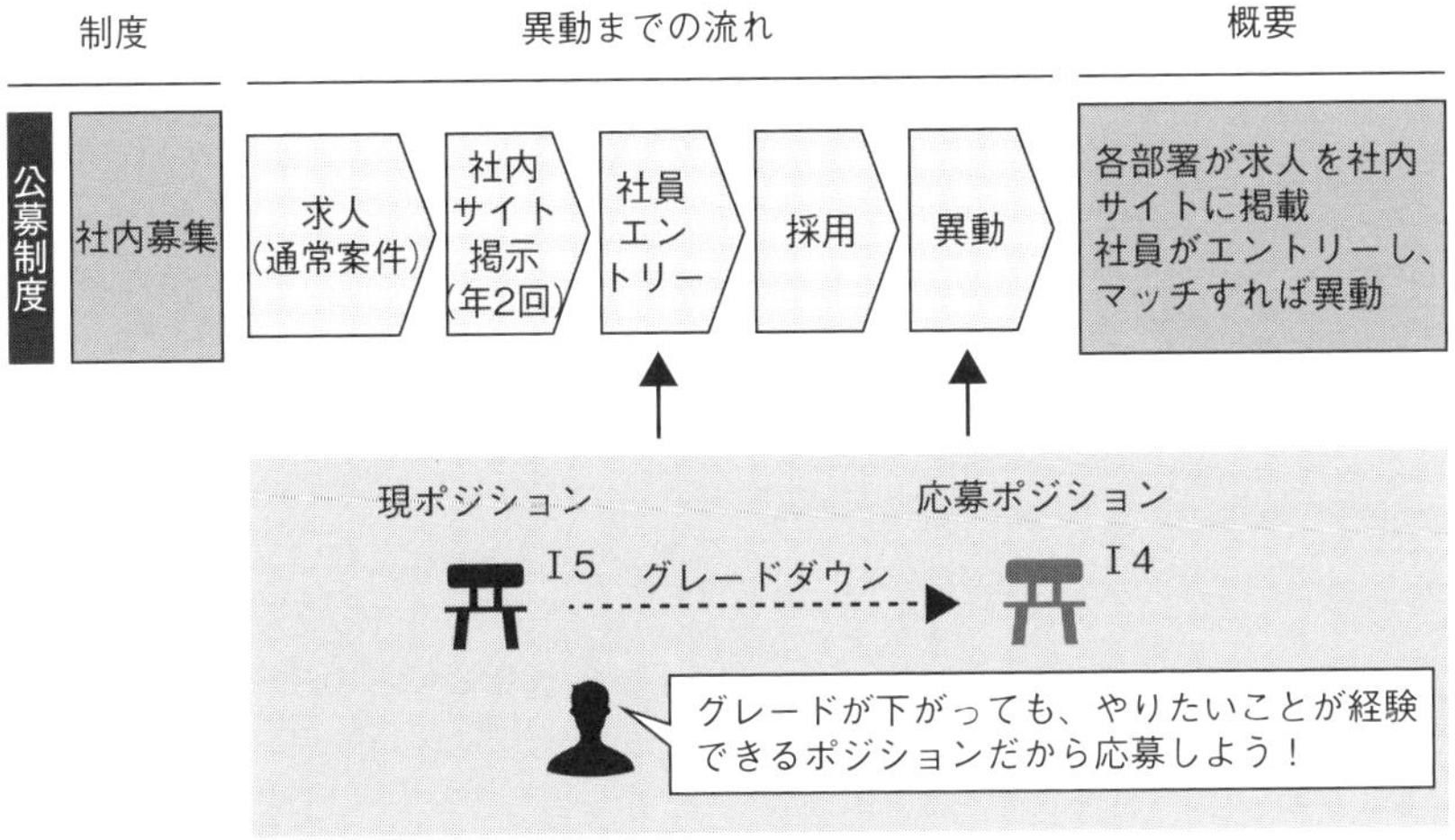

出所）ソニーグループへのヒアリングを元に野村総合研究所作成

一憂することなく、人を強く鍛えていく」といった骨太の思想を明確にすることが不可欠である。

例えばソニーグループではジョブグレード制と呼ばれる人事制度を２０１５年に導入し、同時期に社内募集など自律的キャリア形成支援の施策をリニューアルしたが、その目的はソニーのDNAである社員の「チャレンジマインド」を再活性化しグループ内でさらに成長し継続して活躍すると同時に適材適所を実現して役割と能力とのギャップを埋めることにあった（図表３－12）。

同社では多くの社員が公募制度を積極活用して自身のキャリアを自律的に形成している。そして非常に興味深いのが同社では公募による異動でジョブグレードが下がっても、何ができるポジションなのかということを考え、応募する社員も実際にいるという点である。ジョブグレード制導入当初では、各現場が公募制の運用において過度に高いジョブグレードを提示して人材募集を行うのではないかといった懸念もあったが、実際には応募サイドである社員側がジョブグレードの高さ（＝報酬水準の高さ）に着目するのではなく、「どんな経験ができるポジションか」「自分のスキルが存分に発揮できるポジションか」といった能力開発の視点で応募の是非を判断しているとのことである（図表3－13）。

（2）ジョブ型人事下における現場マネージャーの役割

人的資本経営において、組織を束ねるマネージャーには一段高い役割が求められるようになった。例えばビジネスユニットを束ねるマネージャーであれば中長期の事業領域に必要な専門性を先読みし、自組織メンバーの現状のスキルセットとのギャップを明らかにした上で自身を含めた自組織メンバーに新たなスキル獲得、すなわちリスキリングを促進していく、または社内公募や社外からの人材調達によるスキル獲得といった行動が求められる。

さらにジョブ型人事制度によってキャリア形成の主導が個人へと移っていく。たとえそうした中であっても、組織員のスキルアップやリスキリングに向けてどのような機会付与をしていくのかについては組織をマネジメントするマネージャーとして適切な距離感で関わる必要がある。

加えて部下のキャリア開発を支援し、ポテンシャル開花に向けた機会付与を行うことで、リ

図表3-14　りそなグループの19コース制と管理職の役割

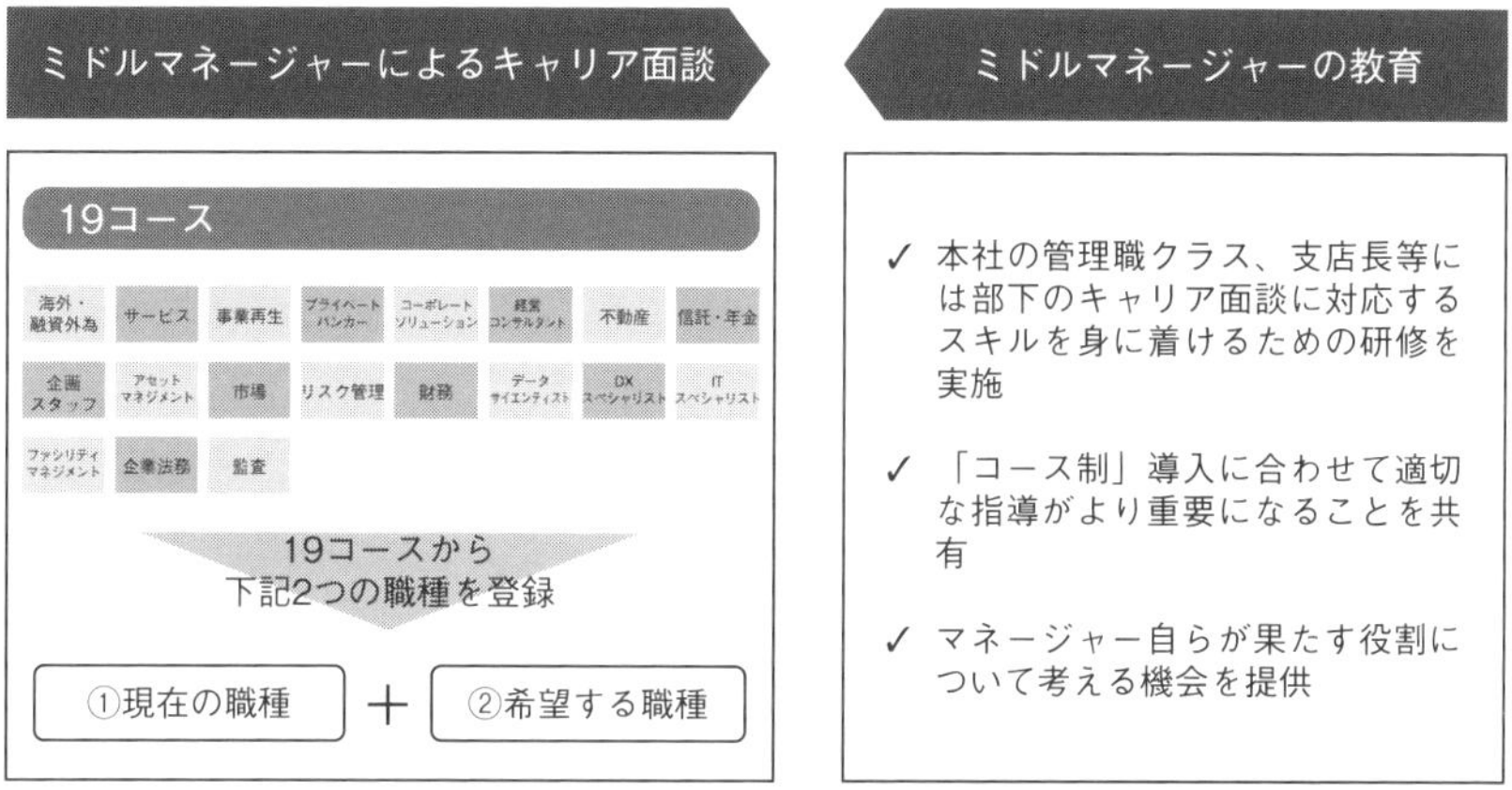
ミドルマネージャーによるキャリア面談
19コース
海外・融資外為
サービス
事業再生
プライベートバンカー
コーポレートソリューション
経営コンサルタント
不動産
信託・年金
企画スタッフ
アセットマネジメント
市場
リスク管理
財務
データサイエンティスト
DXスペシャリスト
ITスペシャリスト
ファシリティマネジメント
企業法務
監査
19コースから
下記2つの職種を登録
①現在の職種
＋
②希望する職種
ミドルマネージャーの教育
✓ 本社の管理職クラス、支店長等には部下のキャリア面談に対応するスキルを身に着けるための研修を実施
✓ 「コース制」導入に合わせて適切な指導がより重要になることを共有
✓ マネージャー自らが果たす役割について考える機会を提供

出所）ITmediaビジネスオンライン「NEC、りそな、パーソル―“息切れしない”企業改革、大手3社に共通する「ヒト投資」」(2021.06.11)、りそなグループ提供資料、およびヒアリングより野村総合研究所作成

スキリングに向けた異動・公募を支援するといった行動も求められる。

たとえ右腕の部下が主体的なキャリア形成を実現するために公募等で他部署に異動になっても、次なる後継人材を育成し、あるいは他部署からの異動や公募で新たな人材を引き受けて自組織に必要な専門性や能力をリスキリングしていかなくてはならない。

マネージャーはどのような状況においても、組織員一人一人の主体的なキャリア観に丁寧に向き合うと同時に、リスキリングに向けて時に厳しい競争環境を作り出すことで人材を強く鍛えていくことが求められる。

当然のことながらそうした役割を担う現場マネージャーに対するサポートを実施していかなくてはならない。

りそなグループでは２０２1年に19職種のコース制度を導入したが、社員ひとり一人が自らのキャリアを自律的に考えるようになるためのマネージャーの役割も進化が求められている。同社では本社の管理職クラス、支店長等には、部下のキャリア相談に対応するスキルを身につけるための研修を実施している。そして当該研修において、今回のコース制の導入に合わせて、適切な指導がより重要になるということを共有するとともに、自らが果たすべき役割について考える機会を提供している（図表３－14）。

19職種コース制導入にあたっても、上長が面談を行うに際して、事前に「職種登録研修」を実施して、部下が現在担っているジョブにとらわれることなく希望職種を申告できるような面談実施のやり方を徹底的に学ぶ機会を確保しているのである。

また支店長クラスよりも下のミドルマネージャーに対しても部下のキャリア相談に対応できるようになることを目指し、コーチング研修等を実施しコミュニケーションスタイルの引き出しを増やす取り組みを実施している。

（3）職能型人事制度における人材強化

日本型人材マネジメントである職能型人事制度においては、ジョブ型人事制度と比較すると社員のキャリア形成は会社に委ねられる。〝職務無限定〟のメンバーシップ型雇用という考えのもとで異動・配置転換は本人の希望も踏まえつつではあるが、基本は会社の指示によって行

図表3-15　職能型人事におけるOJTの考え方

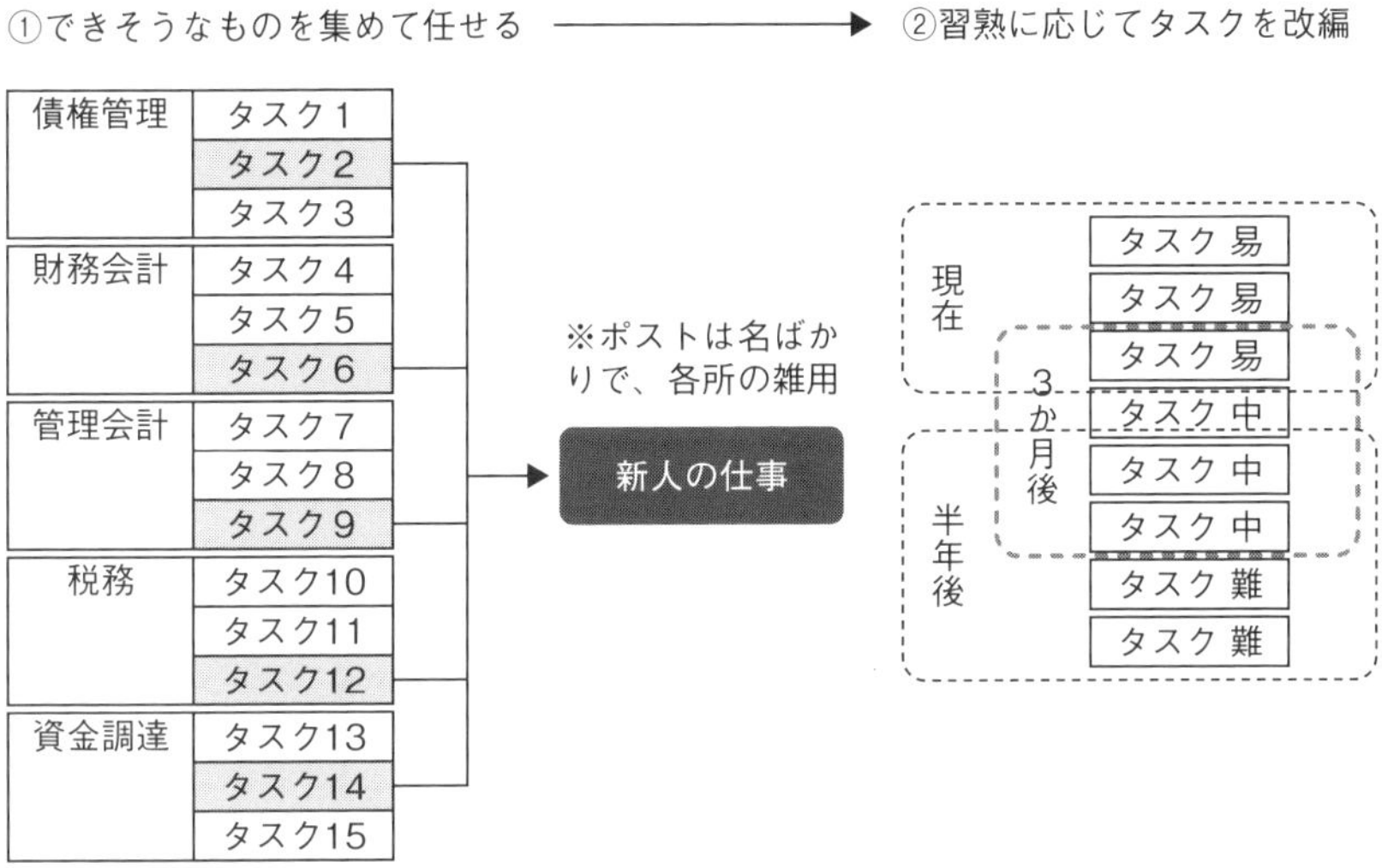

出所）『人事の成り立ち』海老原嗣生・荻野進介　白桃書房（2018年）より野村総合研究所作成

われる色合いが強い。様々な仕事を経験させ、中長期的な視点で職務遂行能力の開発を図っていく。

キャリア形成が個人の責任に委ねられるジョブ型人事制度と比べて専門性の追求というタテ方向のスキルアップという面ではやや成長速度が劣る点がある一方で職能型人事が有する人材育成の優位性も存在する。それは〝職務無限定〟であるために、「慣れたら少しずつ難しい仕事を与えて、強くしていける」という面、すなわちヨコ方向のスキル開発である。

人事の若手採用担当であれば、最初は新卒採用に関する大学・大学院への募集要項の作成や説明会の企画・準備・運営といった仕事からスタートする。そうした仕事に関連してＳＮＳによる会社の魅力の発信や学生からの認知状況の把握・分析、エントリーシートの回収状況の管理、さらには採用マーケティングによる母集団形成に向けた情報発信にも関わりを持っていくようになる。

こうした仕事をこなしているうちに自社の今後の事業戦略実現に向けて「求める人材要件」の見直しや再構築、それに伴う中途採用者も含めた選考基準の改定といった仕事に広がりが生まれてくる。もしジョブ型の欧米企業だったら、「それは自分の担当外の仕事」と言われて拒否されるかもしれない仕事でも「慣れたら少しずつ難しい仕事」を与えて人材強化をしていけるのが職能型人事制度の特徴である。

その次のキャリアとして採用マーケティングの仕事の経験を生かして、全社のブランディングを担う広報担当への異動もありうるだろう（図表3－15）。

（4）職能型人事下における現場マネージャーの役割

日本型人材マネジメントである職能型人事制度下における現場マネージャーの役割は多くの日本企業の管理職が果たしてきた役割そのものではあるが、人的資本経営下においてその実践の巧拙が問われている。

特にメンバー1人1人に対してスキルアップ、キャリアアップが前提となるストレッチした仕事を「業務目標」として設定すると同時に、目標達成のための教育機会を付与するといった取り組みである。

図表3-16　ストレッチ目標の３領域

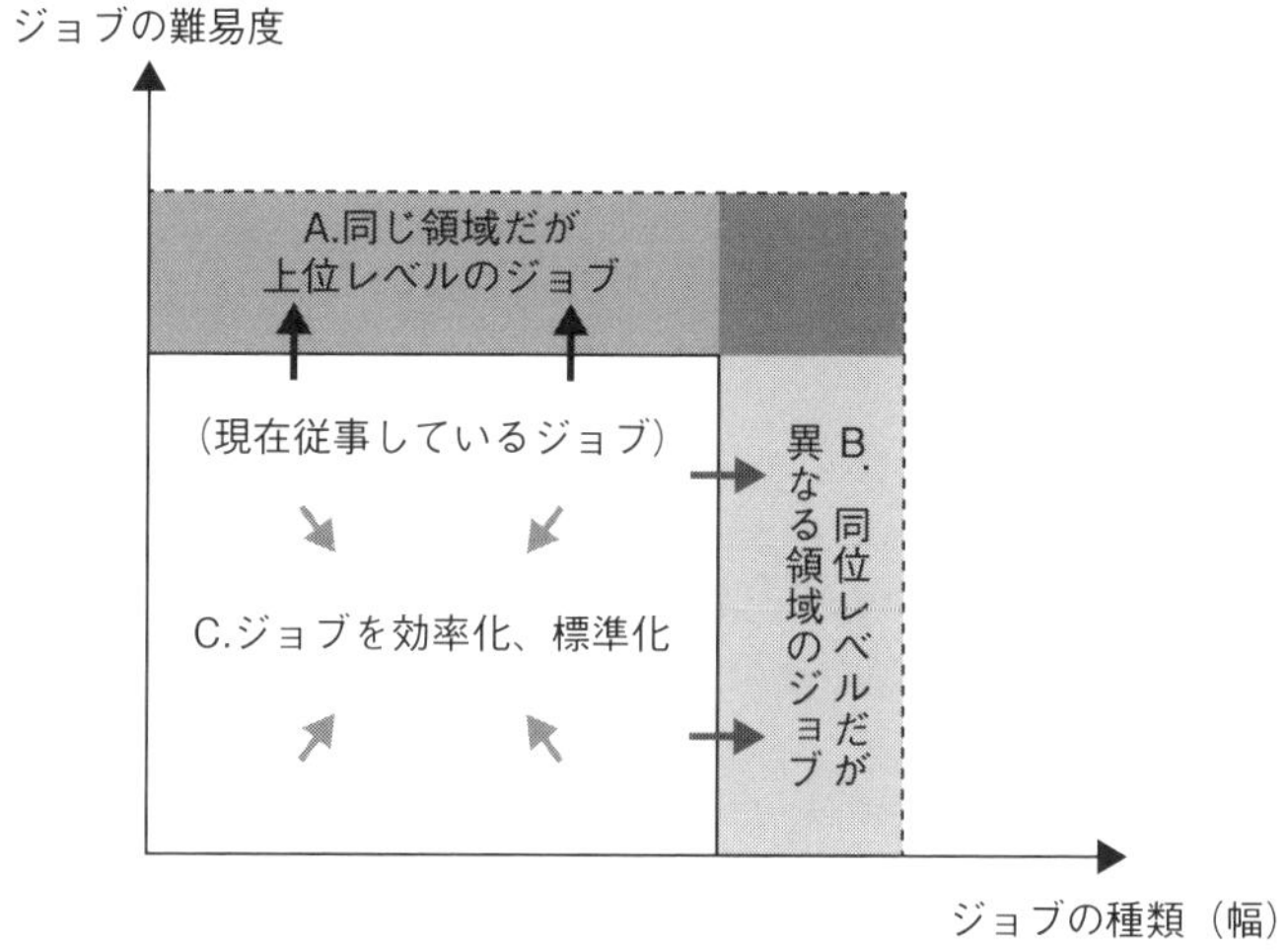

出所）『ジョブ型人事で人を育てる』中央経済社　2021年　野村総合研究所

〝職務無限定〟という職能型人事制度の特徴を最大限に生かして、いかにしてメンバーに対してスキルを高め、広げられるような業務目標を付与できるかがポイントとなる。

図表３－16はストレッチ目標の３領域を示すフレームワークだが、担当領域だが本来は上長が担う業務の一端を付与する上の広がり（A）、業務の難易度は同じだが少し種類の違う領域の業務を付与する幅の広がり（B）、そして業務自体は同じであるがデジタルやITを活用して業務プロセスを効率化する業務の効率化・高度化（C）といった３方向のストレッチを意識してメンバーのスキルアップを図るのである。

もちろんメンバー１人１人のキャリア観や興味関心、エンゲージメントの状況等を注意深く観察しながら、こうしたストレッチへの取り組みをサポートしていくべきであり、職能型人事だから、メンバーシップ型雇用だからといって以前のように「上司だから何でも命令できる」といったマインドセットにならないように注意が必要である。

Restructuring
Human
Resource
Management
in Japan

第4章

お金だけじゃない
人への投資

日本企業が取り組むべき2つめの人事アジェンダとして「人への投資」を取り上げる。低下し続ける日本の人材力に歯止めをかけ、再びグローバルをリードする人材を輩出していくためにはどうすればよいか。

１９９０年代後半から２０００年にかけてグローバルで展開されていた無形資産への投資競争に敗れた日本企業が行うこと、それは改めて言うまでもなく人的資本に対する投資の必要を再認識した上で再度人材投資を加速させ、「人に付加価値をつけていく」ことである。

では人に対してどんな投資をどのようにして行っていくべきか、他の人事アジェンダと同様に手段が目的化しないようにするためにはどんなことに留意すべきか意識の中心に据えながら考えていきたい。

1 人的資本開示で誤解が加速する「人への投資」

人的資本開示がクローズアップされたおかげで、人材戦略のＫＰＩ（Key Performance Indicator）に対する注目度が高まってきている。

図表4-1　人的資本可視化指針（内閣官房）の人材育成関連指標

	開示項目（例）
人材育成関連指標	研修時間
	研修費用
	研修参加率
	複数分野の研修受講率
	リーダーシップの育成
	研修と人材開発の効果
	人材確保・定着の取組の説明
	スキル育成プログラムの種類・対象等
	キャリア開発に関する定期的なレビュー

出所）2022年８月30日「人的資本可視化指針」内閣官房　非財務情報可視化研究会より野村総合研究所作成

２０２２年11月に金融庁が示した有価証券報告書等での人的資本、多様性に関する開示項目は「女性管理職比率」「男性の育児休暇取得率」「男女間賃金格差」であるが、同年８月に非財務情報可視化研究会にて示された人的資本開示例における人材育成関連の開示項目（例）はその分かりやすさも相まって自社の人的資本開示対象として取り組んでいる企業も増加しつつある（図表４－1）。

（1）開示方法に終始する人事部門

筆者がオブザーバーとして同席し、大変印象深かった某クライアントの人事部門内会議がある。

当該会議は次年度の人材育成・教育関連施策の方向性を検討する重要な会議であったが、会議冒頭から社員一人当たり教育投資金額をどうやったら増加しているように開示できるかという議論に終始した。

実は同社は公表している中期経営計画において、「事業構造改革を実現する人材の育成」というテーマを掲げており、人的資本投資を経営戦略に位置づけ、ＫＰＩを設定の上、進捗管理することを行っている。そのＫＰＩのうちの一つが「従業員一人当たり教育投資額年間１００千円以上」であり、年間１００千円以上という水準の根拠は「国内トップクラス水準だから」を理由としている。

どの企業であっても昨今の厳しい経営環境変化やデジタルがもたらすゲームチェンジに対応すべく既存の事業ポートフォリオを見直しするために事業構造転換を経営戦略に掲げているがそれを実現するために既存人材のリスキリングや高度専門人材獲得、グループ経営のかじ取りができる経営人材の早期育成といった取り組みを行っている。人材版伊藤レポートでも言及があるように、そうした課題ごとのあるべき（To-Be）姿と現状（As-Is）とのギャップを適切に認識し、そのギャップをどのような時間軸でどのような施策を活用して埋めていくかが人材戦略のコア部分である。ギャップを埋めるための打ち手の一つが人材教育・人材投資となるわけで、そのような流れで検討を行わないとどんな施策にどの程度の投資を行うかが議論できないはずである。

ところが会議がスタートすると前述したように「いかにして社員一人当たり教育投資を100千円となるような予算が組めるか」が冒頭から議論の中心テーマになってしまった。その議論の中に事業構造改革を実現するために必要な人材の質量、現在社内、グループ内に存在している人材の質量といった目線での議論は一切出てこなかった。

（2）KPI至上主義がもたらす弊害と誤解

10年前の日本企業で人材教育投資額を開示する企業はほぼ皆無だったことを考えると、こうした指標を開示する企業が増えてきていることは歓迎すべき状況である。しかも従業員一人当たりの教育投資額という指標は各社間で横比較しやすいことから投資家を始めとした外部ステークホルダーにも説明がしやすい。

一方でこうしたKPIによる誤解やミスリードが生ずることがあることも考慮しておく必要はある。同じ業種・業界で同様に事業構造改革を計画している2社があるとしよう。A社は一人当たり教育投資額が30千円で、B社が100千円だったとすると、この数値比較だけであれば人材教育に対する姿勢に大きな差があるように見える。

しかしながらA社は教育投資を将来の成長事業となりうる領域のリーダー候補人材20人に対して、専門スキルや社外人材との交流に重点投資しているのに対し、B社は社員全員を対象としたコミュニケーション研修や語学、管理職のマネジメント力向上といった研修に対してお金を使っているために一人当たり教育投資額が高額となっているとする。

こうした情報がインプットされると一概にB社がA社よりも適切な教育投資を行っているとは言えなくなってくる。もちろんA社が事業戦略、事業構造改革の実現によりフォーカスした人材戦略を行っていることは明らかであるが、一方でB社ではそうした構造改革を実現するために社内における人材交流や海外も含めた配置転換に備えて組織力全体を底上げするという人材戦略を採用しているのかもしれない。

要はKPIという数値の裏にどのようなストーリーや人材戦略があるか、今回の教育投資であればお金の使い方に対する説明こそが開示すべき重要なコンテンツなのである。

(3) 政府指針が誤解を加速?!

2022年8月末に発出された「人的資本可視化指針」においては人材戦略導出のために参考とすべき様々な有益なフレームワークが提供されたが、経営・事業戦略が各企業において個別性の高い事柄である以上、当然のことながら人材戦略も「各社にて考えよ」というメッセー

図表4-2　自社独自性と他社比較可能性の連動

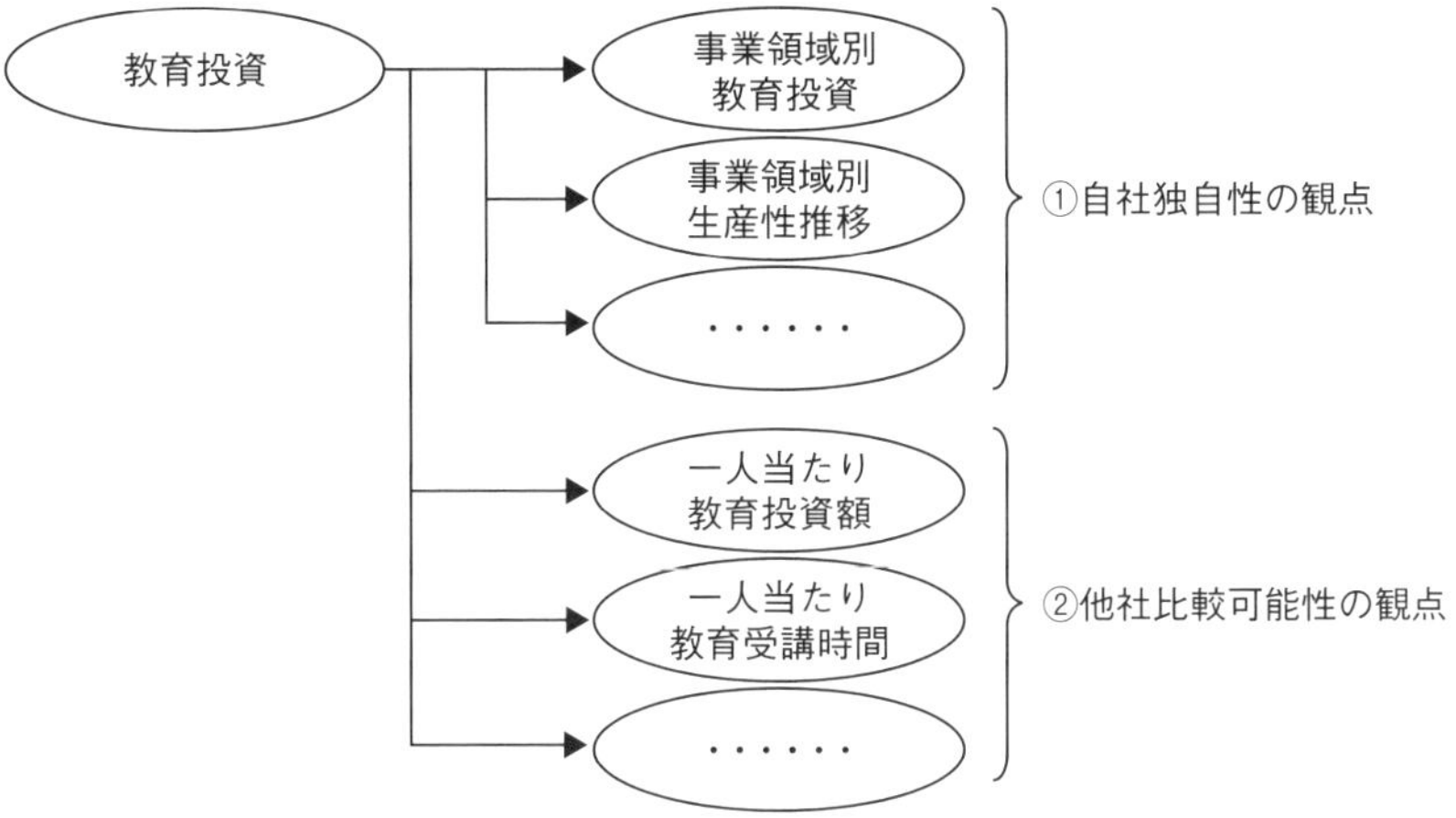

出所）野村総合研究所作成

ジに帰着している。

一方で人的資本開示に関しては、数十項目に及ぶテーマ別の開示項目例が示されると同時に「開示事項の2類型」として①自社固有の戦略やビジネスモデルに沿った独自性のある取り組み・指標・目標の開示と②比較可能性の観点から開示が期待される事項の2視点が提供された。

こうした指針を受けた各企業内では、特に②の「比較可能性の観点から開示が期待される事項」、すなわちＫＰＩとして他社比較が可能で開示がしやすい項目を模索する動きにつながっていったのである。

本来は①と②は別の視点ではなく連動すべきであろう。例えば教育投資金額に関して言えば、他社との比較可能性が高い項目である（＝②）ものの、自社固有のビジネスモデルやあるべき事業戦略に基づいてどのような人

図表4-3　投資家の人的資本開示に対する評価スタンス

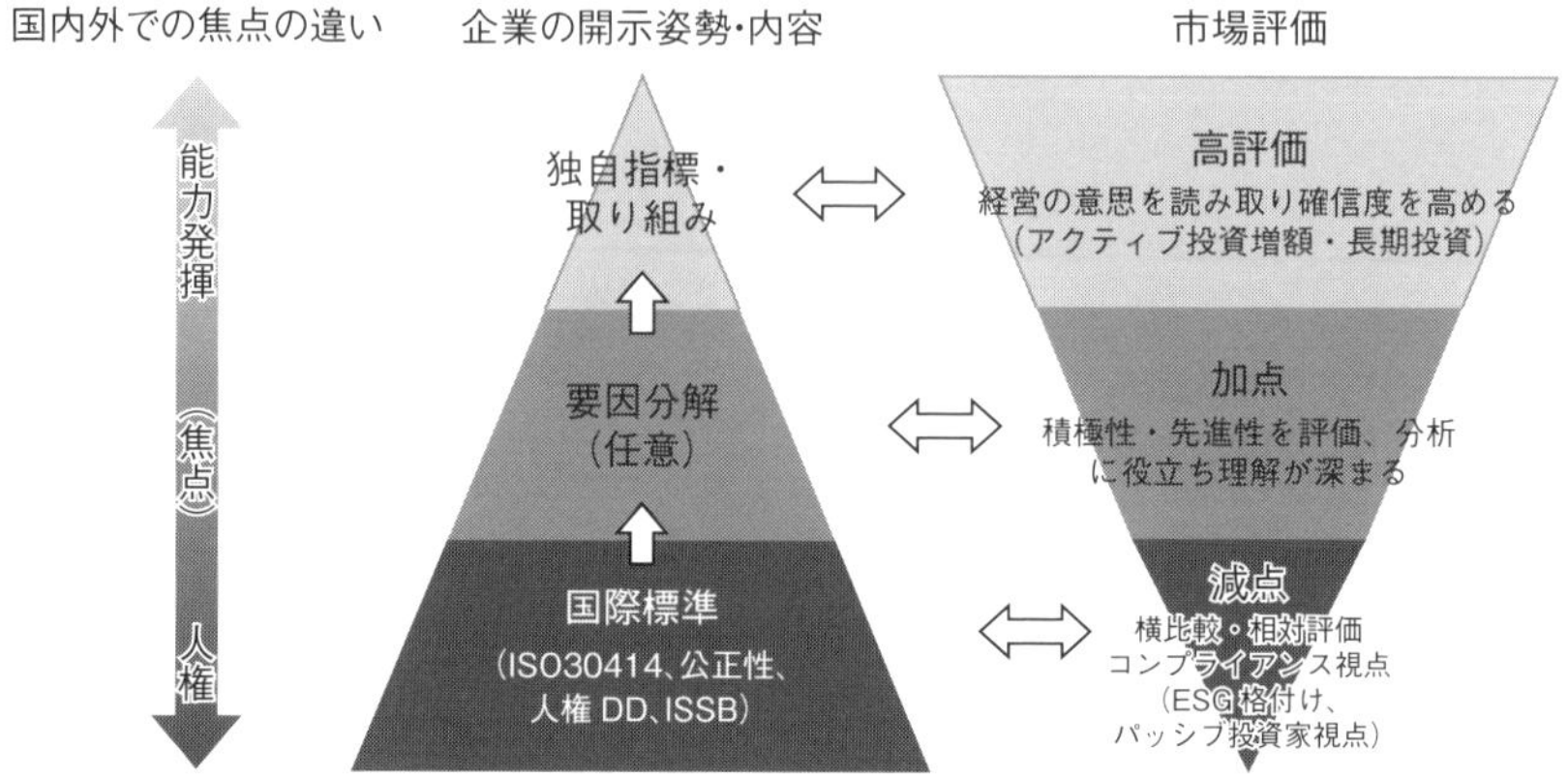

出所）アストナリング・アドバイザーLLC代表　三瓶裕喜氏講演資料より

材戦略、すなわち対象となる人材に対してどのような教育を実施しているかといった独自性のある取り組みの開示（＝①）とセットで開示を行うことが求められている。が、残念ながら企業側は独自性のある指標と比較可能性のある指標はそれぞれ別の独立した指標との受け止め方をしてしまったようである（図表4－2）。

一方で、外部ステークホルダーである投資家は独自性のある開示項目を高く評価するという見解を示す例もあるため、こうしたステークホルダーとの対話にはより適切なストーリーで人的資本に対する考え方を説明できることが必要であろう（図表4－3）。

（４）開示の前に考えること、やるべきこと

結局のところ、教育投資に関しても開示が先走り、開示の前提となる「人的資本経営」を考えることが置き去りにされてしまいがちになりやすい。

少なくとも人的資本開示によって、人材戦略が経営課題として格上げされ社外取締役も含めた取締役会や社内役員がメンバーである経営会議といった経営の最高機関において検討を行う対象となったことは人材力低下の一途を辿ってきた日本企業にとって大きな意味を持つ。そのせいか、ここ１～２年は経営トップとＣＨＲＯ、人事部長とコミュニケーションをとる機会が以前と比較して大幅に増えてきている。

だがそうしたコミュニケーションも、「教育投資額をどのような数字を集計して開示すべきか」といった開示が目的化したかのような内容になってしまうと元も子もない。

大切なことは、今一度現状の人材教育・人材育成の実態を客観的に把握すると同時に、経営・事業戦略が目指す将来の姿（To-Be）に向けて、

－どういった対象の人材に対して
－どんな人材育成をしていかなくてはならないのか
－現状から変える点はどういう点か

―そのために必要な投資（金銭・非金銭）は何か

という点を順序立てて検討をしていくことである。必要な教育投資の話は検討プロセスの最後のところで議論していけばよいのであって、最初に議論すべきことではないことは明らかである。

2 目的を見据えた意図的な機会付与

ここで〝人の成長〟という面で、企業においてどのような人材育成をしていくことで人的資本を引き上げることができるかを考えていきたい。

（1）様々な成長機会

実は教育研修で職務遂行能力そのものが向上する比率は、「それほど高くない」という研究

図表4-4　リーダーへの成長を促す経験

カテゴリー	成長を促す経験
人とのつながり	ロールモデル
	価値観を示す上司・周囲の行動
課題対応	最初の管理経験
	ゼロからのスタート
	立て直し
	視野の変化
	プロジェクト／タスクフォース
	ラインからスタッフへの異動
修羅場体験	失敗・ミスからの内省
	パフォーマンスに問題のある部下
	昇格を逃す／降格／惨めな仕事
	既定路線からの逸脱
	個人的なトラウマ
その他	初期の仕事経験
	コースワーク
	個人的な問題

（※）CCL（Center for Creative Leadership）調査
出所）『ハイ・フライヤー』モーガン・マッコール著、金井壽宏監訳、プレジデント社（2002年）より野村総合研究所作成

もあり、また読者の実感値としても自己啓発や教育研修は基礎的な知識やスキルの体系的なインプットとしては有効であるものの、人材のキャリアアップそのものに直結するものではないという点でそれほど大きな認識相違はないだろう。

米国の調査機関であるロミンガー社の調査によれば、経営幹部としてリーダーシップを発揮している人たちに「どのようなできごとが役立ったか」について聞いたところ、「70%が業務経験、20%が上司・同僚、10%が研修」という結果となっている。

つまり、人が成長する上でもっとも影響を受けるのが「日々の仕事経験」を通じた学習であり、その次に

「様々な人からの指導・助言」、そして研修や自己啓発を中心とした「能力開発」がそれに続くというものである。

では経験とはどのような内容なのだろうか。

モーガン・マッコールによる著書『ハイ・フライヤー』(2002年、プレジデント社)によれば、リーダーへの成長を促す経験として、いわゆる修羅場体験のような困難なテーマに対処する機会や最初の管理職経験、プロジェクト・タスクフォースへの参加といった課題に直面する機会が挙げられている(図表4-4)。

もちろん社内のすべての人材をリーダーへ育成しようとしているわけではない点は留意して、これらの研究内容を参考にする必要がある。一方で育成対象となる人材に対して、従来から有している知識やスキルを総動員しても取り組めないような「ストレッチした課題」を適切なタイミングで付与し、大小様々な失敗を経験させながらその課題に取り組ませることが大切であることには疑いの余地はない。

(2) ジョブ型と職能型における機会付与の違い

ストレッチした課題を取り組ませることで人を成長させるために、整理しておくべきことがある。自分自身で設定した専門領域を突き詰めていく中でそのキャリアパスを社員が自律的にデザインするジョブ型人事と、社内の様々な職務を主に会社が指示する異動・配置に沿って経

図表4-5　ジョブ型と職能型の機会獲得の違い

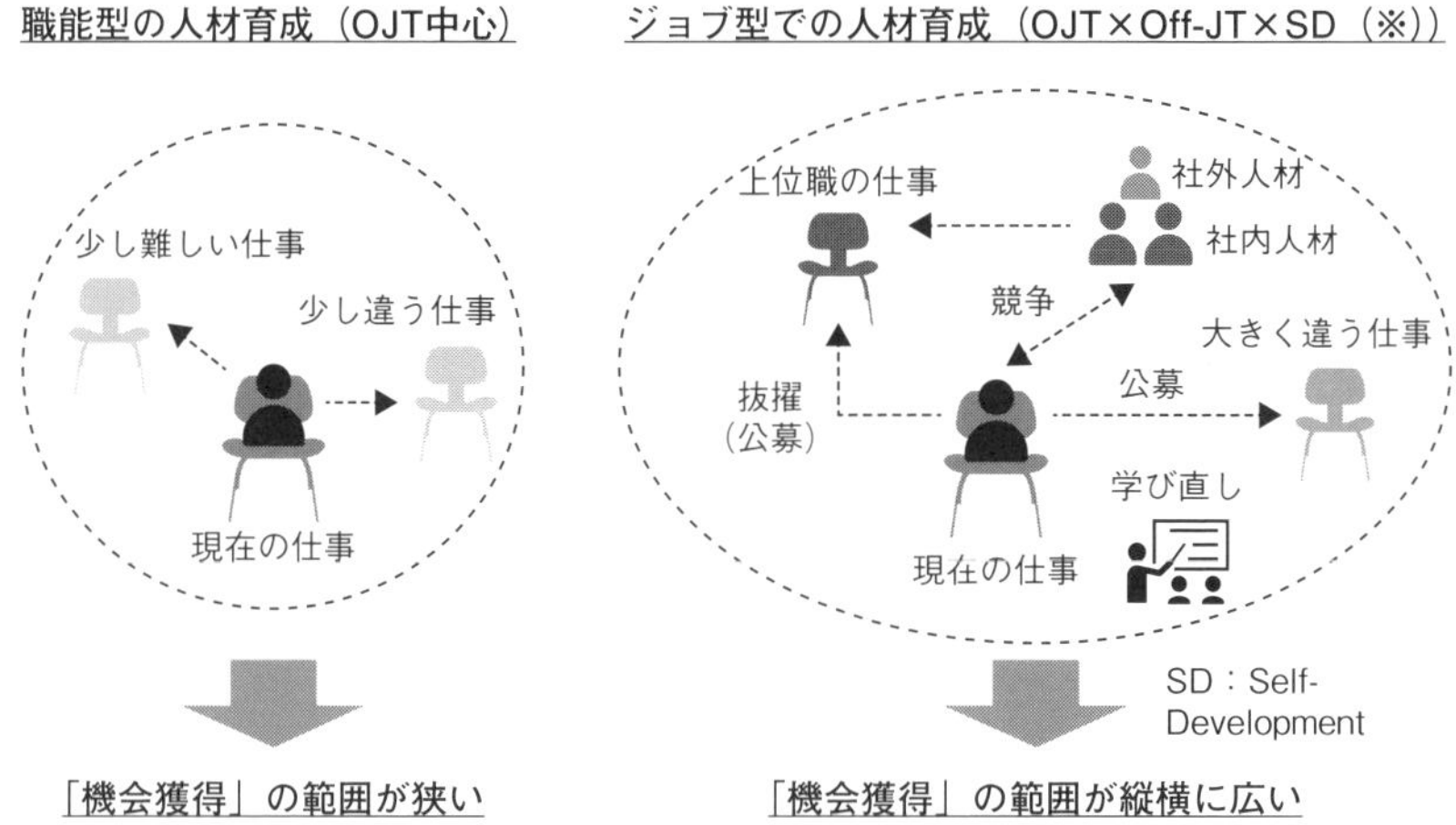

出所）『ジョブ型人事で人を育てる』中央経済社　2021年　野村総合研究所

験していくことで総合的な職務遂行能力を高めていく職能型人事とでは機会付与の発想ややり方に違いがあるという点である。

極論すれば、「社員自らが厳しい競争環境を通じて自分自身を強く鍛えていく」ことがジョブ型人事における人の育て方の基本思想であるから、組織としては可能な限りストレッチできるような機会を幅広く準備しておくことが前提となる。通常の社内公募制はもちろんのこと、上位職へのチャレンジを自らの意思でエントリーできる仕組み、そうしたチャレンジに向けて社外の研究会や他社との協働プロジェクトに参加できるといった仕組みが必要になる（図表4－5）。

ポジションに登用される人材がいる一方で、手を挙げながらも登用が叶わなかった人や現在のポジションを他者に譲ることで自らはポストオフされる人が発生するのもジョブ型人事の特徴である。

一般論としてはそうした人材に対する丁寧な説明といったケアが求められるところだが、実務面ではなかなか難しい面も出てくる。可能な限りそうしたケースの当事者には理由のフィードバックを行うとしても、ベースになるのは現在のポジションにおけるパフォーマンスや当該ポジションの登用に関連するような行動・スキル面の発揮状況を運用している人事・評価制度内で適切かつ地道にフィードバックすることであろう。他者との競争であるが故に任用に関する絶対的な基準やバーは存在しないからである。

ジョブ型人事制度は、OJT中心の職能型人事制度における人材育成と比較すると、自らの意思さえあれば「成長機会獲得の範囲が格段に広い」と言える。もちろん社外の労働市場にいる転職希望者も社内の登用候補者と同じ土俵で当該ポジションを勝ち取るための応募ができる仕組みが整備されることが望ましい。

一方で職能型人事においては会社・組織として一人一人のキャリアの方向性に関しての仮説が必要になる。ここで言う仮説とは個々人の「育成方針」であり、本人の意向を踏まえつつ、適性やポテンシャルを見極めて「歩ませたいキャリア」をその都度見直していく作業である。

今後の育成方針や歩ませたいキャリアが明確であれば、日常的にどのようなストレッチ業務を付与していくかが明確になってくる。また負荷の高い業務を付与する際にも、「将来こういうキャリアを目指してほしいので○○の仕事にチャレンジしてほしい」といった説明が可能になる。

また定期ローテーション、配置転換においても育成方針に沿った異動となるように上司は考えていかなければならないし、もしも育成方針に沿った異動が叶わないようであればその理由を本人にも共有する必要がある。メンバーシップ型の雇用である職能型人事制度において、あくまで異動の差配権限は企業サイドにあるから個人のキャリア実現に沿った人材配置を100％実現することは不可能であることは丁寧に説明をすべきである。

(3) デジタルトランスフォーメーションがもたらす機会付与の変化

意図的な機会付与に関して昨今のデジタルトランスフォーメーションの動向を踏まえたありの変化について述べておきたい。

特に経営リーダーのように経営や事業を牽引し、大所高所から意思決定を行うためには幅広い経験やその会社特有の組織風土や社員との対話能力が不可欠である。ジョブ型人事であろうが職能型人事であろうが、様々な職務をローテーションさせながら職務遂行能力を開発し、社内ネットワークも構築させながら行うキャリア形成はリーダー人材に必要な能力を身につけさせる方法とマッチしている。

第1章でも前述したように現在日本企業で取り組まれているタレントマネジメントは程度の差はあるものの、ゼネラル・エレクトリック社（GE）の経営者育成モデルを日本流にアレンジしながら各社工夫されてきたと言っても過言ではないが、そのポイントは概ね以下のような内容であろう。

－複数の事業領域を経験させる

－優れた経営者の下で高い視座を身につけさせる

－コーポレート（経営企画）で企画の仕事をさせる

－M&A、グローバルでの折衝や業務提携を経験させる

GEとの違いをあえて指摘するなら、「経営トップの選抜プロセスへの関与度合いが低い」「選抜のスタートはそれほど早期ではない」「ふるいにかけて入れ替えというよりもプール化中心」と言ったところであろう。

そしてデジタル時代に向けてこうしたタレントマネジメントの在り方も大きな転換点を迎えている。

NRIの調査によれば、「経営・事業のデジタル化において足かせとなっているのは、リーダーシップの欠如、執行役員を含む役員層の経験値の低さである」との回答が、全体の6割を超える結果であった（巻末資料8　DXに向けた課題　参照）。

多くの日本企業では各社なりのタレントマネジメントを運用して経営者育成に取り組んでいるが、現行のやり方ではデジタル時代に相応しい経営者は育成できないとの疑念が生じている。

経営者や事業リーダーは、デジタル化による自社の企業ビジョンを描き、デジタルトランスフォーメーションを牽引するリーダーシップを発揮することが責務だが、それはＩＴ部門やデジタル推進部門、またはＩＴエンジニアの仕事であって、自分自身の仕事は「デジタル化を進めよう」という掛け声を発していればよいと誤解している日本の経営層も多い。経営層には自らデジタルを活用して新しい事業を生み出した経験や、業務プロセスを劇的に変えたといった経験が不可欠であり、経験がないなら実際にデジタルでビジネスモデルを大きく変えた企業や海外の国や地域のケースを自身の目で見て感じ取る疑似体験機会を持つしかない。

そういった意味で、現在のタレントマネジメントにおいて将来のリーダー候補人材に必要不可欠な経験とは、従来必要と言われている経験に加えて以下のような機会付与が必要と言えよう。

－ベンチャー企業のスピードを実体験させる
－事業を立ち上げる経験をさせる
－デジタルで業務を変革する仕事をさせる
－自社のカルチャーとは異なる多様な価値観で揉まれる経験をさせる

経営や事業リーダーの視座がしっかりと定まれば、デジタル化を進める上で必要なデジタル人材の勘所やその獲得・リテンションのための人材戦略を構築しやすくなるし、既存ビジネスを担う組織や人に対して真摯《しんし》に向き合いどのように対処していくべきかの方針を明確に打ち出しやすくなる。

(4) 新たな機会付与の形

機会付与の形態も進化を遂げている。独立行政法人情報処理推進機構(以下、IPA)が2021年に実施した調査によればIT・デジタル職種人材がスキル向上・新たなスキル獲得に有効な方法として、越境学習、コミュニティー参加、コンテンツ学習をあげている(図表4-6)。

ここでは機会付与の形態として越境学習とコミュニティー参加を取り上げてみたい。

・越境

自らが所属する企業内部署での業務とは異なる業務を他社、自社内他部署のリアルな現場で経験をする機会の総称である。自社内であっても異動を伴わないで例えば週2日だけ他部署の業務を実施するような社内兼業・副業や期間限定の社内インターンシップの場合、社内やグループ内なので同じ業務インフラやカルチャーの中で異なる業務経験が得られる上に、他社での経験と違って守秘義務契約や勤務規程・規則の調整といった面倒が少なく運用がしやすい。本人のスキルアップにつながる以外にも社内・グループ内での人脈形成や社内における将来の

図表4-6　スキル向上・新たなスキル獲得に有効な方法

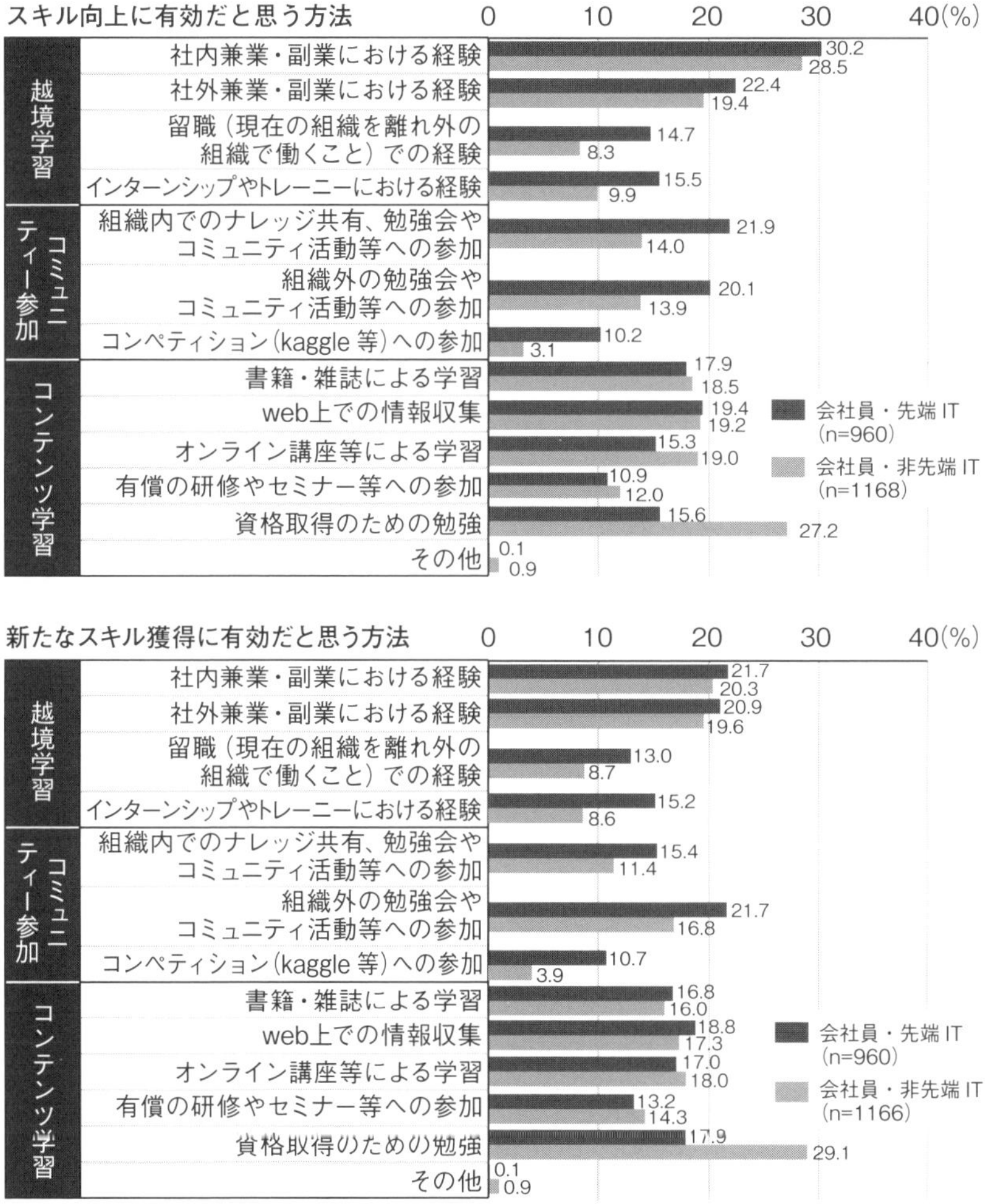

※本設問については、マルチアンサー形式で該当するものを3つまで選択

出所）（独）情報処理推進機構　デジタル時代のスキル変革等に関する調査（2021年度）　個人調査実施報告書より野村総合研究所作成

図表4-7　キリングループの越境学習

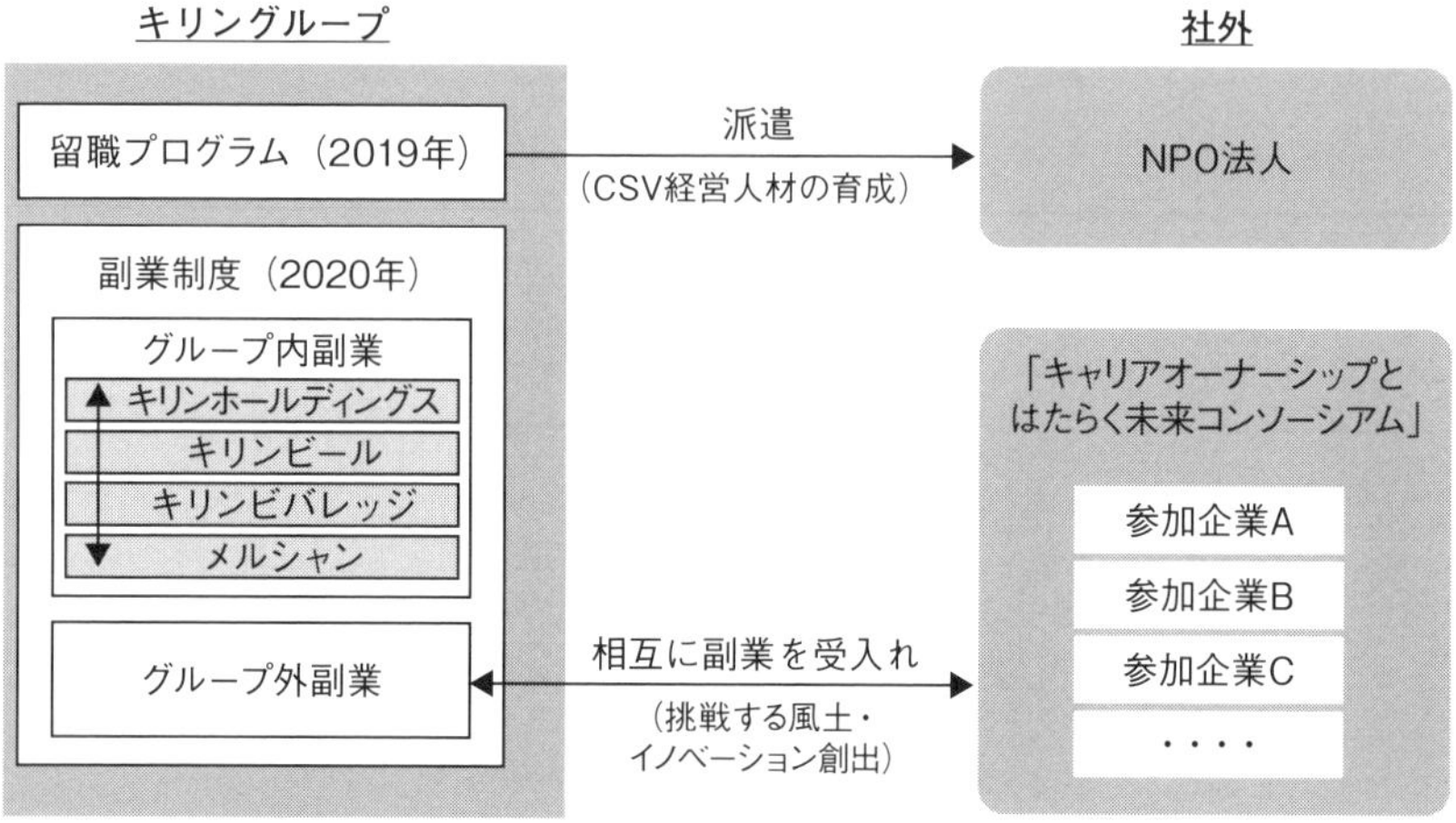

出所）キリンHD「統合レポート2023」より野村総合研究所作成

キャリアデザインを考える上で少しでも業務経験を積めることのメリットは大きい。また異なる部署での経験・ノウハウを自部署に共有することで組織としてのナレッジ共有にもつなげられやすい。多くの企業が導入しやすい形態と言える。

同じ越境でも社外の企業での勤務を並行して実施する社外兼業・副業は社内での経験とは異なるよりダイナミックな経験によるスキルアップ、スキルチェンジに効果的である。まったく異なるカルチャーで仕事をする経験自体が、多様性に対する耐性を身につける経験にもつながるだろう。

キリンホールディングスは副業を通じて組織に変革をもたらそうとしている。２０２０年に副業を解禁し、外部の副業人材の受け入れも始めた。企業間で相互に人材を受け入れる副業のコンソーシアムにも参加し、キリングループ内他部署で働く「グループ内副業」も試行するなど組織の壁を越える仕組みを整備し、社員の挑戦を後押ししている（図表4－7）。

兼業・副業ではなく社外の仕事を専任で行うための越境の仕組みとしては社外留職や社外トレーニー制度がある。両者はほぼ同じ概念だが、留職は留職あっせん機関の仲介を経て自社とつながりのない（薄い）企業への期間限定的な派遣である一方、トレーニー制度は会社間で社員育成のための契約を取り交わした上で、同じく期間限定的に派遣を行う仕組みである。兼業・副業と異なり例えば2年間は派遣先企業の業務に専念できるため学びの濃度が濃いと言える。

・コミュニティー参加

デジタル領域に限らず社内外での勉強会や研究会といったコミュニティー活動参加への配慮を行うことも機会付与の一環と捉えることが自然となってきた。

ＣｈａｔＧＰＴといった新たなテクノロジーについての研究や事例、悩み事の共有、あるいはKaggle（カグル）といったテクノロジー活用を題材とした社外のオープンなコンペティションへの参加によるスキルアップもある。

従来こうした活動は明確に業務外活動として、勤務時間外、休日休暇での活動に限定していた企業も多かったが昨今は業務の一環としてこうした活動を認めている企業も多い。こうした機会付与のメリットはテーマ、領域が明確になっていることでスキルアップしたいと考えている内容に直接的に合致した経験ができる点に加えて社外の同じ問題意識を持った人材との交流による視野の広がりであろう。

さらにはKaggleのようなコンペティションに限らず、こうしたコミュニティー参加によって参加者本人のスキルレベルがどの程度なのかといった客観的な認識が行えることも大きい。研究会であってもちょっとした他流試合的な目線で、社内では分からない自分自身の専門スキルを評価し直す機会にもつながるであろう。

3 なぜ機会付与ができないのか

ストレッチした機会付与が人の成長、スキルアップにつながることは新たな問題提起ではなく日本企業においても広く、一般論として認識されていることである。

にもかかわらず日本の人材力が低迷の一途をたどっているのは、これまで効果的な機会付与ができていなかったためである。その本当の理由と克服方法を考えていかなければ同じ過ちを再び繰り返すことになる。

（1）機会付与すると組織の業績が下がる?!

ＮＲＩの調査によると機会付与する側の最も大きな心理的抵抗は、「部下の業務が多忙でチャレンジさせられないと上司が感じる」ことが最も多数の回答（32・5％）となった。有能な人材ほど任される仕事の量は多く、また難易度も高いことから多忙であることは疑いようがない。

本来的にはチャレンジをさせたい部下が担当する業務を他のメンバーと調整する等のプロセスが必要となるが、そうした調整自体に手間暇がかかるだけでなく、確実・着実に成果を出せる手慣れた業務や役割ではなく本人にとって未知でありチャレンジングなストレッチ目標に挑戦させることも上司側の抵抗を後押ししているのかもしれない。

なぜならば自組織における確実な業績の手札を一枚失ってしまうかもしれないからである（巻末資料9　人材に対する機会付与の障害：上司側の視点　参照）。

またその人材が従来から担ってきた業務を誰か他のメンバーに担当させることになる場合でも、前任者と異なり安心して任せられる状況ではないかもしれない。当然のことながら機会付与する側（上司）のフォローが必要となるため、これも自分自身の負荷となることに対する忌避感も生じる。

もう一つ、機会付与する側の障害となるのはそのストレッチ目標に対するチャレンジの意味づけや意義の説明を人材に適切に行うことへの抵抗である。その目標にチャレンジすることは本人にとってどのような意義があるのか、具体的には将来のキャリアに向けてその業務の経験がどのように生かされるのかを付与する側（上司）が適切に説明できる必要がある。前述した当人の人材育成方針や将来のキャリアに向けた仮説を有していないと納得が得られる説明を行うことは難しい。

もちろん、会社・組織の経営・事業戦略に基づいて業務が決まることから必ずしも本人の育成方針やキャリアの意向には沿わない業務を任せなければならない場面は会社組織である以上、日常的に生ずる。

いずれにしても機会付与とは付与する側（上司）にとっては、組織業績面への不安や本人の理解・納得を得られるためのコミュニケーションといった様々な不安要素が入り込んでくる「できれば避けて通りたいこと」なのである。

(2) チャレンジに対する本人の心理的抵抗

実は機会付与ができていない理由は付与する上司側だけではなく、本人側にもある。それは本人によるチャレンジそのものに対する抵抗である。ジョブ型人事制度下であれ、職能型人事下であれ本人が願い、希望している職務や業務そのものへのアサインなら誰も抵抗しない。

しかしながらその経験が本人の成長にはつながるものの、必ずしも希望していない機会付与にも遭遇する。特にそうした場合には失敗した際に組織に迷惑を掛けてしまうのではないか、他の通常業務においてパフォーマンスが出せなくなってしまうのではないかといった疑念が生ずるのである（巻末資料10　人材に対する機会付与の障害：部下側の視点　参照）。

特に異動や配置転換、社外留職・インターンのように専業での機会付与ではなく業務の塊やプロジェクトといった形での機会付与の場合、物理的にそうした新規業務に対して投入できる工数（時間）が限られていることで、責任感の強い人材ほど「自身のキャリアやスキルアップのためには是非チャレンジしたいが、他の業務が忙しくて中途半端な関わり方になってしまう」と考えてしまうのは仕方のないことである。

このように見てくると機会付与が人の成長につながることは頭で理解しつつも、実際には付与する側にも、付与される側にも心理的な抵抗が存在していることが分かる。ではどうやってこうした状況を克服していけばよいのだろうか。

（3）会社全体で人の成長にフォーカスする

第一に必要なことは会社として人材育成に対する投資を行うこと、投資は教育体系といったお金で整備できる投資と機会付与の2つのアプローチで行うことを人事部門からではなく、経営トップより宣言することである。経営トップからの宣言が必要な理由は業績と人材育成の両方を追求していくことの重要性やストレッチした目標にチャレンジすることを会社として奨励し、最大限のサポートを行うことを経営の意思として表明するためである。

ある既存事業を担う組織の次期エースとなりうるような中堅人材に対して、将来の幹部登用に向けた経験の蓄積とストレッチの場として、デジタルを活用した新規事業を担当させたいと人事部門が考えても、そのような人材は事業責任者が手放したがらない、いわゆる「囲い込み」が生ずることはよくある話である。

こうした場合でも経営トップからの明確な指針として機会付与に積極的に取り組んでいくことや、囲い込みを行っている幹部に対しては厳しい評価を与えることを周知させることが考えられる。

またアンケートの結果から考察できるように上司・部下双方でチャレンジに対する第一の障害は「通常の業務が多忙でチャレンジさせられない／できない」であったことからも、機会付与を行う際には担当業務の調整や組織としての業務削減・効率化を同時並行または先行的に取り組むことが不可欠であろう。

ソニーグループは早くからグループ社員が自らの意思でキャリアをデザインし社内公募等を活用した異動が盛んに行われている企業の一つであるが、優秀な部下が抜けることは組織のパフォーマンス面からは望ましくないという思いはあるものの「自ら主体的なキャリアを歩もうとする部下を支援できてこそ、ソニーのマネージャーである」という共通理解が存在する。

もう一つはチャレンジに対する失敗許容の風土づくりであろう。ストレッチ目標というからには、本人の経験や能力、ポテンシャルをもってしても手が届くか届かないかギリギリの難易度へのチャレンジとなる。当然のことながらすべてが成功裏に終わることはあり得ず、どちらかというとすぐに成果に結びつけられないケースの方が多いのかもしれない。

この点に関しては、たとえ短期的な成果が出なくてもそうした課題に取り組んだ経験値が関わった人材や組織には蓄積され、振り返り・内省を行うことで今後の仕事への取り組みに役立つような知見、すなわち中期的な視点での成果が残されたと考えるべきである。

そういった意味ではストレッチした業務や目標にチャレンジした人材に対して、その結果を目標達成した、しないといった近視眼的要素で判断するのではない、人材や組織にもたらした経験値も含めて評価を行い、当該人材に対してはその後の業務アサインや任用等で報いることを怠ってはならない。

特に社内やグループ内においてシンボリックな取り組みやプロジェクトに対してそれにチャレンジした当事者がどのように処遇されるかは全社員が注目しているところとなる。チャレンジを愛でる組織風土ができれば、積極的に成長できる機会やストレッチした業務に対して挑戦して自らを高めようとする人材も育ってくる。

4 様々な機会付与のジレンマを乗り越える

経営トップ主導のもと人材への投資や機会付与にフォーカスした取り組みを始めていっても、常に企業価値最大化や業績向上といったステークホルダーの圧力にさらされている経営層は時に迷いが生じたり、ジレンマを抱えてしまうことが多い。そういった中でも人材成長の旗を降ろすことなく前に進んでいく必要がある。本章を締めくくるにあたってそうしたジレンマをどのように乗り越えていくかについて考えていきたい。

(1) 教育投資しても辞めてしまうZ世代

企業はこれまでのような社内で必要とされる固有スキルだけでなく、中長期的なキャリア発展につながる専門スキル強化のための機会付与を提供していくようになりつつある。オンラインによる教育プログラム配信などの教育コンテンツはその典型的なケースであろう。有能な人材ほど、「自分が成長できる企業・職場はどこか」という目線で企業を値踏みするからである（図表4－8）。

図表4-8　新卒入社後の離職状況

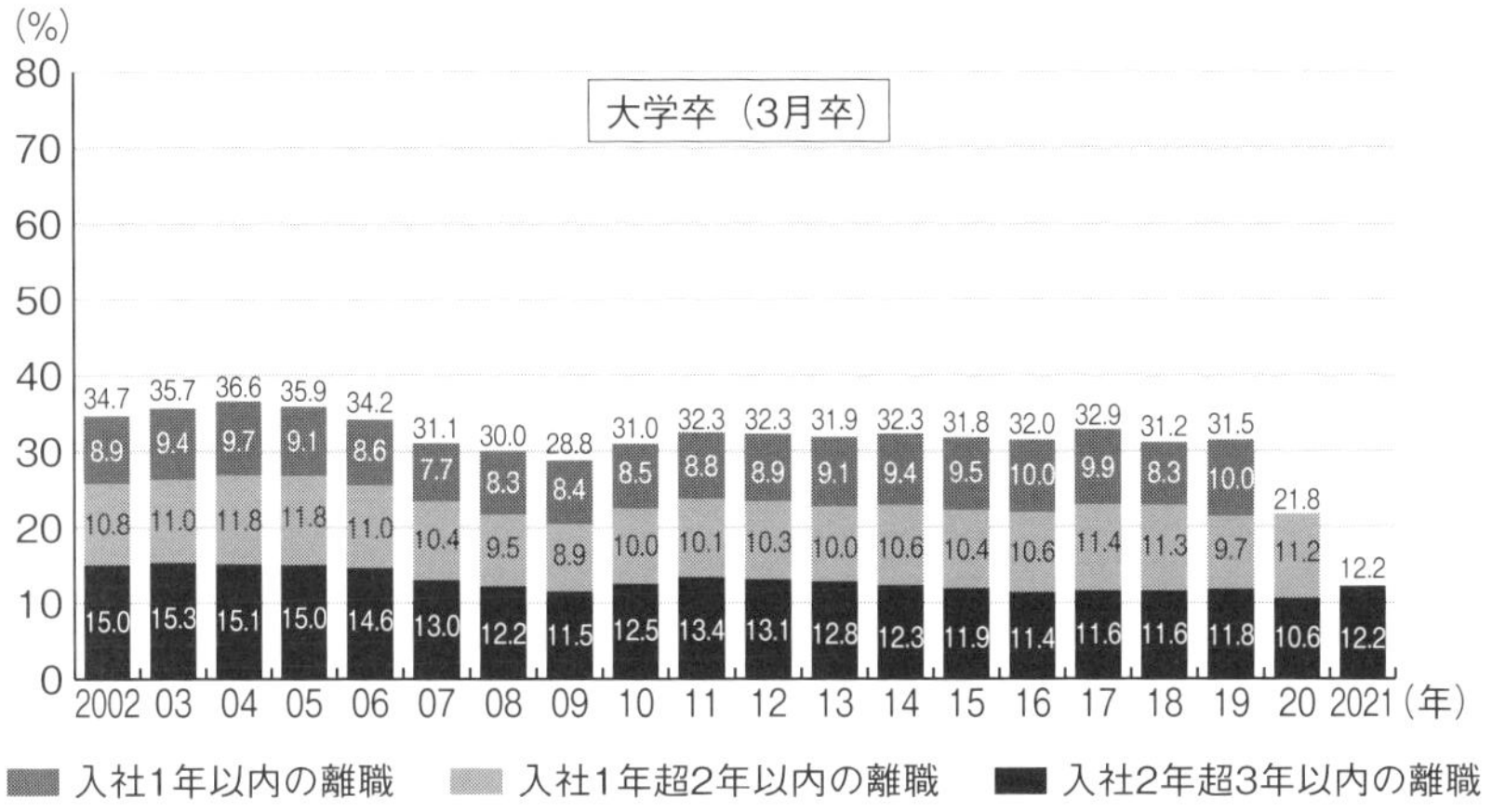

出所）厚生労働省「新規学卒就職者の離職状況（平成31年３月卒業者）」より野村総合研究所作成

一方でバブル崩壊後、多くの日本企業が人件費や人材への教育投資を縮小させる中で真っ先にやり玉に挙がったのは海外へのMBA留学派遣である。その理由は、留学帰国後何年かするとMBAホルダーとして転職してしまう傾向が高く、「会社としての投資対効果に見合わない」というものであった。確かに短期的に見れば留学組が帰国後、数年勤務して退職した場合莫大な留学費用を回収できるほど会社に貢献できているかと言えば短期間では必ずしもそうではないかもしれない。しかしながら海外留学に限らず企業が本気になって人的資本に投資をしている姿勢は間違いなくこれから当該企業への入社を検討する学生や中途採用人材に対して訴求をする。

また仮にそうした人材が転出をして他社や他業界で活躍していれば、そうした人材がどこでどんなキャリアを歩んできたか、どこでどんな成長をしてきたのか、どの企業でどんな機会付与を受けてきたのかは必然的に伝播するものである。それが企業としての採用ブランドにもつながり、中期的には次なる優秀人材獲得への布石となる。

プロ野球の世界では、現在は大リーグで活躍する大谷翔平選手に対する日本ハムファイターズの獲得・育成スタンスが、これからの企業に求められる人材に対する向き合い方の参考になる。同球団では、入団当初から大リーグ挑戦を公言していた大谷選手を「二刀流に挑戦させせる」との育成方針を前面にアピールし、獲得した。そしてその言葉どおりの方針を貫き、日本球界を代表する選手へと育て上げた。そして大リーグへの移籍が現実となりチームとしては大きく戦力ダウンすることは避けられなかったが、将来有望な選手ほどそうした人材育成スタンスに共感するため、日本ハムファイターズにはその後も有望選手が入団を希望する好循環を生み出したと言える。

教育投資してもZ世代は辞めてしまうのかもしれない。たとえそれが事実であったとしても企業は人材に対する投資をやめてはならないのである。

(2) キャリア自律と会社が主導する機会付与との間のジレンマ

経営候補者育成の仕組みとしての機会付与（タレントマネジメント）とジョブ型人事を契機に広がりを見せるキャリア自律の間にもジレンマを抱えている。

将来の経営候補者の計画的な育成は重要な経営テーマでありこれは「経営ニーズ」基点で取り組むものである。

一方でジョブ型人事においてキャリアデザインの検討主体は個人にシフトしている。経営ニーズとして取り組みが必要なタレントマネジメントだが、ジョブ型人事によって人材育成は会社の意思のみでこれまでと同じような人材配置ができなくなりつつあり、人事部門は経営層と主にこの対立する概念や取り組みに関しての合意点を見出していかなくてはならない。

具体的にはキャリアは個人が自律的にデザインするという基軸は維持しつつ、将来の経営候補者に該当する人材にはより上位のマネジメントポジションに向けた意図的な機会付与を仕掛けていくこと（ソフトアプローチ）が必要になる。

例えば経営としての重要テーマに近しい社内横断プロジェクトへの参画や優れたリーダーの下で高い視座を身につけられるような経営全体を俯瞰できる役割・職務への任用といった機会付与が想定される。そうした経営からの意図的な機会付与によって本人が自律的に考えるキャリアデザインにおいてスペシャリストの道かマネジメントへの道かといった自己選択が行われていくことになる。

また、経営候補者育成としてのタレントマネジメントを実施する対象を明確に区分するというやり方（ハードアプローチ）も想定される。

某人材関連サービス業においては、社内公募等、キャリアを主体的にデザインすることを求められる職階を「初級管理職以下」としている。一方、「ミドルマネジメント以上」のキャリアデザイン、具体的には異動・配置・ローテーションはすべて会社の辞令や組織改編のみで決定するという運用を行っている。これは意図的に経営全体を俯瞰できるジョブアサインを行って経営層へのキャリアを誘導するソフトアプローチのやり方と比較するとよりルールに基づいたアプローチである。

ただし、たとえハードアプローチであっても、経営層のサクセションプランを検討するような経営レベルでの会議体においては本人がどのようなキャリア観や志向性を有しているかを十分に理解しながら討議を進めなければならない。

ハード・ソフトに共通して言えることはより深く個人にフォーカスしていくことであり、常に本人の「キャリアビジョンやパーパス（成し遂げたいこと）」を再確認することが不可欠なのである。

人材を含めた経営リソースの差配権限があくまで会社に帰属するものであることには何ら変わりはない。しかしながら個人のキャリア観を十分に理解し大切にしたうえでそうした差配を行っていくことを再認識すべきである。

(3) 会社と個人のパーパスの接点を広げる

個人主導のキャリアと会社が主導する機会付与との間のジレンマを解決するもう一つの方法として、会社と個人のパーパス（存在意義）の接点を広げるというアプローチがある。

図表4-9　SOMPOのMYパーパス

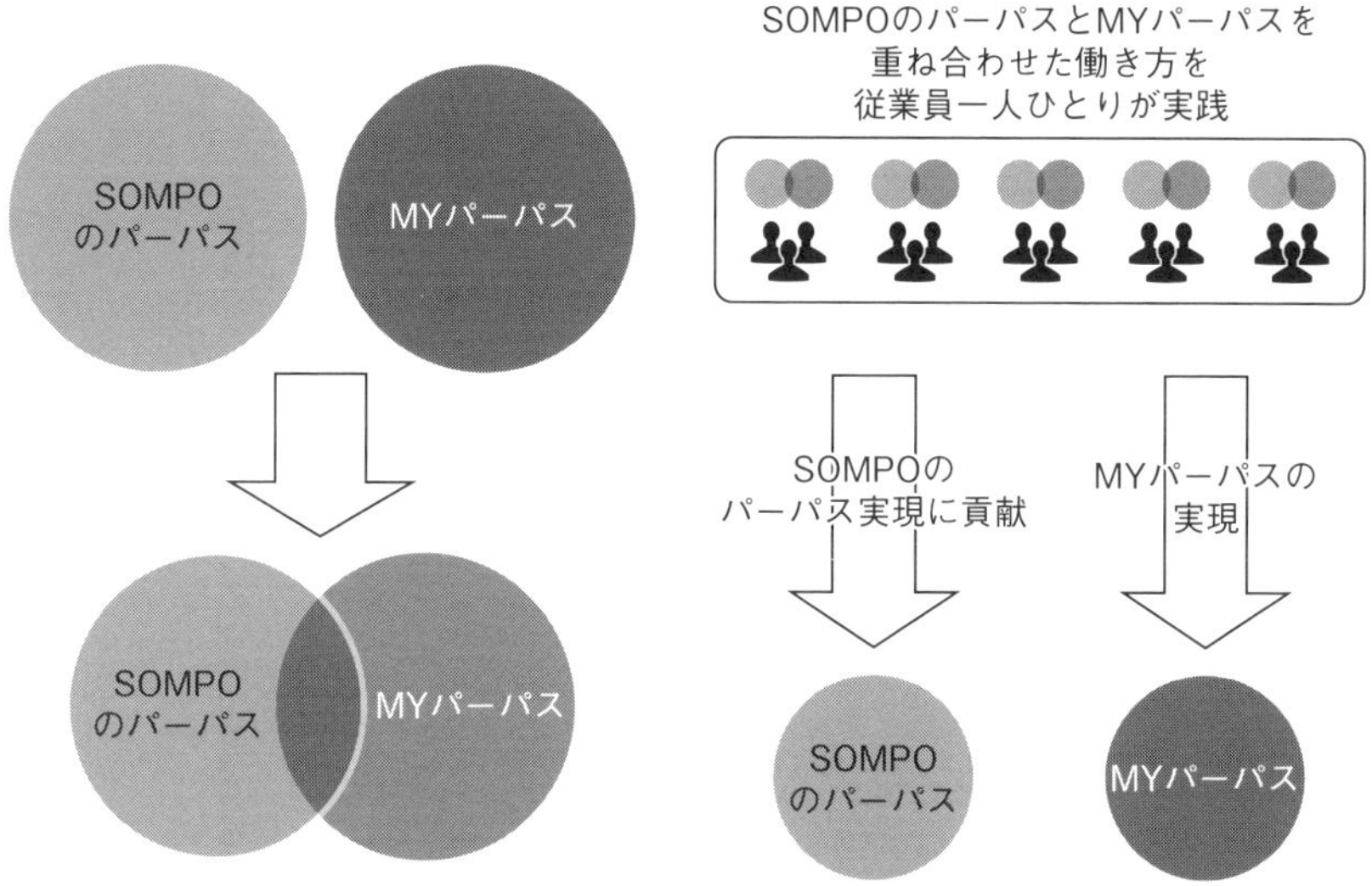

出所）SOMPOホールディングスHPより野村総合研究所作成

例えば損害保険大手ＳＯＭＰＯグループでは、社員ひとり一人に「あなたの使命は何ですか？」と人生観（ＳＯＭＰＯではＭＹパーパスと呼称）を正面から問いかけるユニークな取り組みを実施している（図表４－９）。

ＭＹパーパスはいわゆる業務上の目標ではなく、あくまでその人が生涯かけて目指す何かを指す。「日本社会や企業に新しい価値やインパクトを与えていく」など、仕事の枠を超えて自分を突き動かすものを明確にしていこうと会社が社員に呼び掛けたのである。

まずは部長層が外部講師の助けを借りて自分の人生を見つめ直し、ＭＹパーパスを作ってみる。心が動かされるＷＡＮＴ、社会で果たすべき責務のＭＵＳＴ、運命が与えた能力のＣＡＮ

の3つの切り口から自分を洗い出し、人生の使命を定義していく。

こうした作業と思考を繰り返すことで社員は組織に属する意味も改めて考えさせられる。自分の人生と会社の関係は今までの発想とは逆になる。従来は会社の中に自分の人生があったが、これからは自分の人生と会社を適切に重ね合わせようとする発想に転換する。

こうした取り組みは自分自身のパーパスに駆り立てられる力で会社のパーパスとの接点を広げることで、機会付与される業務にも自律的な取り組みにつなげていこうとするものである。こうした取り組みもキャリア自律と会社が主導する機会付与との間に生ずるジレンマを乗り越えるアプローチの一つと位置づけることができる。

(4) 機会付与をやりっぱなしにしない

人を強くし成長させるための機会付与は教育投資行為そのものであるから、当然のことながらその後の成長状況をモニタリングしなければならない。

ところがＮＲＩ調査（巻末資料11　機会付与後のモニタリング実施状況　参照）を確認するまでもなく、多くの日本企業では育成のための機会付与を実施したのちにモニタリングができていないのが現状である。

もちろん一言で機会付与といっても上司と部下の間で行われる日常的な業務指示もあれば、異動やプロジェクトへのアサインといった所属異動が伴う形態もある。よってすべての機会付与を管理することは現実的ではないが、少なくとも本人の職階上の役割や能力要件を超えた大きなチャレンジを伴っているようなストレッチされた機会付与については現場レベルでは上司が、全社の人材委員会のような場で決定された機会付与については当該委員会が人の成長状況をモニタリングし、人材のステータスやコンディション、能力やスキルの進展状況について確認をしていかなくてはならない。

異動やプロジェクトアサインは目に見える形でお金（コスト）がかかっているわけではないものの、他の業務から切り離したり一定程度の工数を投入することから実際には相当の投資であると考えられる。ましてや現所属で成果を出して組織に大きく貢献しているような人材であれば、従来組織から異動させることは短期的・局所的に見れば大きな痛手である。

短期的には痛みが伴っていても当該人材が成長し、スキルアップすることで中長期的には組織や全社に対して大きな貢献をもたらすはずである。経営レベルだけではなく現場においても機会付与のモニタリングサイクルを回すことでそうした効果をいち早く実感し、組織全体に人材育成風土を根付かせていくことができる。

Restructuring
Human
Resource
Management
in Japan

第5章

単なる報酬の引き上げはムダ金?!

日本企業が取り組むべき3つめの人事アジェンダとして「報酬の引き上げ」を取り上げる。

2023年3月期の上場企業の従業員の平均給与は前の期比3％増の732万円と過去10年間で最大の伸びとなった。多くの日本の大企業は賃上げラッシュとも言える様相を呈している。低迷する日本の人材力は海外に比して魅力的な報酬水準が支払われていないことにも要因の一端があるため、こうした動きは低賃金→購買力低下→低付加価値商品販売→利益水準低下→さらなる低賃金といったバッドサイクルを断ち切るために望ましい動きであることは間違いない。

一方で報酬を引き上げただけでは必ずしも人の仕事に対する満足度ややりがいは高まらず、それは企業業績にもつながりにくいといった問題も存在する。

本章では同じ報酬引き上げでもどのようにすれば企業としての生産性や付加価値増加につなげることができるかについて検討をしていく。

1　報酬というインセンティブの落とし穴

(1) 相次ぐ賃上げ

30年以上にわたって賃金が伸び悩んできた日本企業の報酬が今まさに転機を迎えようとしている。女性やシニア人材からの労働力供給が頭打ちを迎えると同時にタイやフィリピン、インドネシアといったアジア発展途上国諸国との賃金格差の縮小によって外国人労働力の共有も先細りとなりつつある。

２０２３年春闘において、１９９３年以来の３％台後半という高い賃上げが実現されたのは、資源高や円安による物価上昇（インフレ）といった要因もあるが、やはり構造的な人手不足が企業に待ったなしの賃上げ圧力をかけているからであろう。

これまで日本企業は将来の景気後退時の過剰雇用を恐れて賃上げに慎重な姿勢を通してきたが、労働者・労働組合側も賃上げより雇用維持を優先する傾向が強かった。

しかしながら人手不足が深刻化する中、デジタルやＩＴといったデジタルトランスフォーメーションを牽引する人材のみならず、新卒採用も含めて人材確保のために賃上げをしなければ経営が成り立たなくなってきつつある。

(2) 報酬水準引き上げの方法

ここで使っている「賃上げ」という言葉は一般的には、月例給与のうちベースとなる基本給を一律、または特に重点的にテコ入れを図りたい対象層に対して傾斜をかけて水準引き上げを行うことを示す言葉であるが報酬水準を引き上げるアプローチはこうした基本給水準の引き上げにとどまらず様々な手法がある。

・職種別手当による水準引き上げ

営業職や研究開発職といった職種別に手当が設定されている企業において、特定職種の採用競争力強化や退職リスク軽減を目的として職種別手当の見直しを行い、報酬水準引き上げを図る方法である。企業における経営・事業戦略において達成に向けて特に強化が必要な職種が明確になっているケースにて採用されやすい。

・役職手当による水準引き上げ

特に組織階層に基づいて特定の組織を束ねる管理職、またはそれに準ずる役職に対して報いるために手当を支給する企業において、報酬水準引き上げを図る手法である。人材の価値観が多様化する中で所属員のエンゲージメントやモチベーションをコントロールしながら組織としての成果を上げることの難易度が高まっている昨今、その負荷増大に応えていこうとするものである。

また若手・中堅層を中心に賃上げ・ベースアップといった報酬水準の見直しが継続されてきた結果、管理職層の報酬と残業手当の支給対象である非管理職との間で逆転現象が生じてしまうケースが出てきている企業も多い。そうしたケースにおいて管理職手当を増額することで社内序列の適正化を図るものである。

・役割給・職務給による水準引き上げ

上記「職種手当の引き上げ」と意味づけとしてはやや近しいが、社員が担う役割・職務の大きさに基づいて支給される役割給・職務給の水準見直しを図ることで役割・職務ごとによりきめ細かい処遇の格差設定を行う手法である。

昨今であればデジタルやIT系の役割・職務に対する支給水準を見直すことでより経営・事業戦略との整合性をとることができる。

・賞与による水準引き上げ

月例給ではなく賞与金額を引き上げることによって年額ベースでの報酬引き上げを図る方法

である。賞与金額の決定プロセスや支給算式はもちろん企業によって千差万別であることと、賞与という報酬の性格上、会社や個人の査定期間における業績による変動が前提であるため一度引き上げたからと言ってその水準が翌年度も前提となるわけではないことから月給引き上げの方法と比較すると人材採用力強化や人材のリテンションに対する効果は限定的と言える。

一方で例えば成績優秀者に重点的に報酬水準引き上げを図りたいといった要望がある場合には、上位評価者に対する配分を重点的に実施できるなどの操作性が高い手法と言うことも可能である。

・**昇格運用見直しによる水準引き上げ**

月例給の給与項目や賞与の水準引き上げではなく、昇格運用ルールを見直しして従来よりも社員を早期に昇格させることで実質的な報酬水準引き上げにつなげる手法である。

この手法は社員全員が対象というよりも早期昇格に資する優秀層にフォーカスして実施される施策であり、特に日本的な人材マネジメントを長年運用して昇格年次や年齢の運用を厳格に守ってきた企業において年功的な人事運用からの脱却を図ることでより社員に対してチャレンジや高いパフォーマンス発揮を促す仕掛けとなる。一方で納得感のある早期昇格対象人材をどのように選抜していくか、早期登用後のポジションをどのように確保するのかなど、日本的人材マネジメント慣習に浸ってきた企業ならではの悩みにも直面することとなる。

(3) 報酬のインセンティブ特性

このように現在日本企業は賃上げ競争といった様相を呈していると同時に様々な報酬水準スキームを活用している。

一方でそうした報酬水準引き上げが人材に対してどのような影響を及ぼすのかを十分に理解しないまま、単に横並びの観点から賃上げ競争に後れを取らないように賃上げの対応を行っている企業も多いのではないだろうか。

そして他の重要人事アジェンダと同様に報酬水準引き上げという手段が目的化してしまっていないか、今一度立ち止まって考える必要がある。

米国の臨床心理学者であるハーズバーグは「人は仕事においてどのようなことで満足し、逆にどのようなことで不満足を引き起こすのか」、その要因を「二要因理論」として分析した(図表5－1)。二要因理論においては人のモチベーション要因は

－動機付け要因(モチベーター)

－衛生要因(ハイジーンファクター)

の2つに分けて考えるべきとしている。

図表5-1　二要因理論

F・ハーズバーグにおける報酬の位置づけ

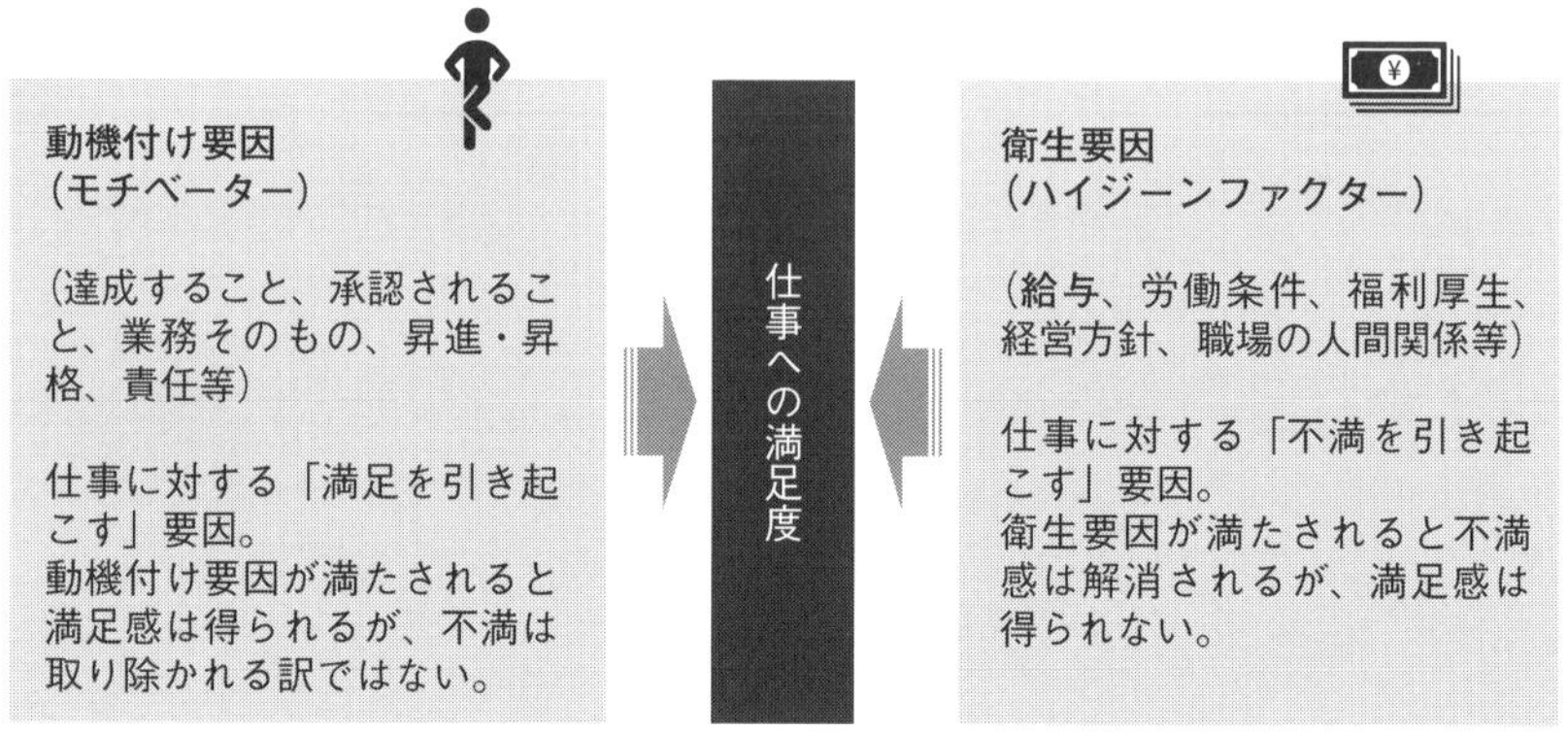

動機付け要因
（モチベーター）
（達成すること、承認されること、業務そのもの、昇進・昇格、責任等）
仕事に対する「満足を引き起こす」要因。
動機付け要因が満たされると満足感は得られるが、不満は取り除かれる訳ではない。
仕事への満足度
衛生要因
（ハイジーンファクター）
（給与、労働条件、福利厚生、経営方針、職場の人間関係等）
仕事に対する「不満を引き起こす」要因。
衛生要因が満たされると不満感は解消されるが、満足感は得られない。

出所）野村総合研究所作成

・動機付け要因

「仕事において満足を引き起こす要因」のことである。動機付け要因がなくてもすぐに不満は出ないものの、あればあるだけ仕事に対して前向きになる点が特徴であり、精神的な成長や外部から認められたいといった承認欲求に基づいたものとされている。

具体的な動機付け要素としては、「仕事への興味関心」や「目標を達成すること」「成果を上げること」、そして「評価されること」や「成長の機会」などが挙げられる。

・衛生要因（ハイジーンファクター）

衛生要因とは仕事における不満に関する要素を指し、整備されているからといって満足にはつながらないものの、整備されていないと不満を感じてしまうという特徴がある。基本的には苦痛を回避したいという欲求に基づく要素だとされており、「同僚との関係」「経営の方針」「職場環境」「安全」や「上司との関係」そして「給与」「労働条件」などが含まれるとされる。

注意しなければならないのは、動機付け要因と衛生要因の関係は対ではなく、補完関係にある点である。つまり「成果の達成」や「成長の機会」といった動機付け要因だけが満たされても、衛生要因の「給与」や「労働条件」が満たされていなければ不満の原因となる。反対に「給与」や「労働条件」だけを与えた場合には動機付け要因を満たせず、仕事に対して前向きにならない可能性がある。

つまり衛生要因の不満を解消しつつ、同時に動機付け要因の「達成意欲」や「承認欲求」を満たしていく施策が重要なのである。

(4) 悪い賃上げ、良い賃上げ

動機付けに関する基本的な確認ができたところで改めて日本企業が実施する賃上げ、報酬見直しの在り方について考察を行う。

前述したように「給与」や「労働条件」は衛生要因であるから、賃上げや報酬見直しは社員の「不満の解消」につながるものである。よって「どうして他社よりもうちの会社の給与はベースアップが少ないのか」といった不満は解消されやすい。

一方で単なる賃上げでは不満の解消にしかならないため、仕事に対する前向きな意識や挑戦

図表5-2　動機付け要因と衛生要因の同期

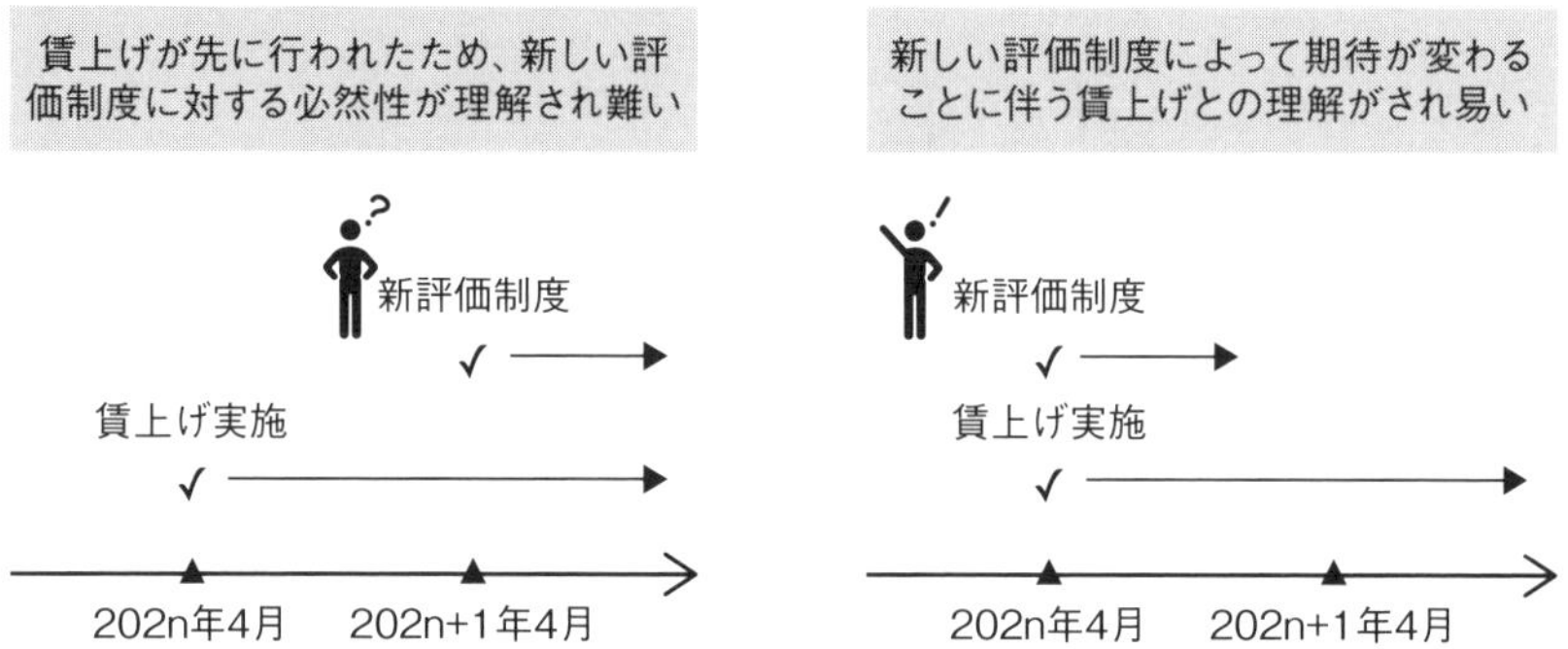

出所）野村総合研究所作成

といった行動を引き起こすことはできない。二要因理論では、衛生要因と動機付け要因はお互いを補完することで、人のやる気を引き出し、持続的にそれを維持させることが可能となる。

したがって企業は賃上げと同時並行で動機付けにつながるような施策や働きかけを社員に対して実施しなければならない。具体的には仕事への取り組みや成果をこれまで以上に正当に評価するだけではなく、本人に対して丁寧にフィードバックする仕組みを導入することで「承認欲求」を充足させて動機付けにつなげるような仕組みである。あるいは上司からの評価だけではなく社員同士で感謝の気持ちを伝え合う相互フィードバックや360度評価などの仕組みを取り入れることで承認や賞賛を行う文化を浸透させる取り組みも考えられる。

大切なことはこの両者を適切に同期させて導入することである（図表5－2）。

昨今の賃上げ競争の流れの中で、経営者の中には

「過去最高の賃上げ、報酬水準見直しを実施した。だから社員はやる気になって仕事に邁進してくれるだろう」といったマインドになっているケースも多く散見された。

あるいはまずは同業他社に後れを取らないように賃上げを行い、その翌年度以降に動機付けにつながるような評価制度改定やコミュニケーション施策を実施するケースも多く見られた。NRIの調査によれば2022~2023年に賃上げを実施した企業のうち、働き方や人事制度の見直しを同時に実施した企業の割合は48・7%と半数を割っており、過半の企業は「まずは賃上げを実施」という形態をとっていたことが分かる（巻末資料12　賃上げと連動して実施した施策の有無　参照）。

こうした場合一度見直しした給与水準はもはやそれが「当たり前」の水準になってしまい、翌年度評価制度の改定を行っても、動機付け要因のみとなってしまうので本当の意味で社員のやる気を喚起することはできない。

こうしたチグハグなやり方ではせっかくの報酬引き上げに使った原資を「ムダ金」にしてしまう可能性がある。

2 報酬水準引き上げと会社・個人の成長を結びつける

では衛生要因である報酬水準引き上げと動機付け要因とをセットで新たな人材戦略として人事制度に反映していくとはどんな考え方なのかを述べていきたい。

(1) 賃上げと生産性

生産性とは企業が投入した経営資源に対してどれだけの成果を生み出されたかを示す指標であり、「企業から生み出された成果（付加価値）÷投入した経営資源」という計算式で示すことが可能である（図表5－3）。

例えば社員100人という経営資源で粗利（粗付加価値）が1億円の企業の生産性は1人当たり100万円であるが、同じ社員数で粗利が1億2000万円になった企業の生産性は120万円となる。

同様に社員100人に対して給与3000万円という経営資源を支払い、粗利が1億円の企業の人件費単価当たりの生産性は3・3となるが、給与3300万円を支払い粗利が1億20

図表5-3　経営資源と生産性の関係

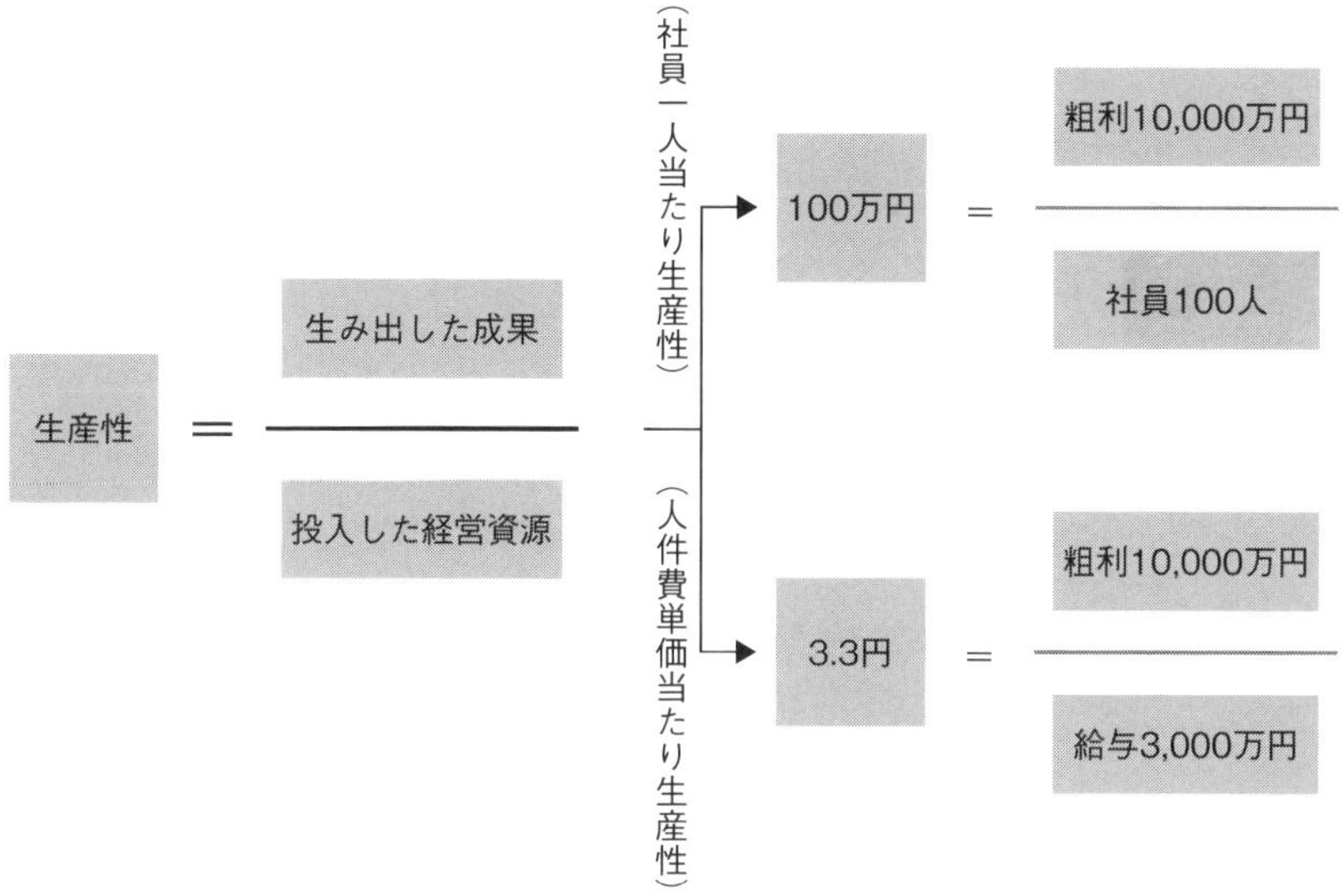

出所）野村総合研究所作成

００万円になった企業の人件費単価当たりの生産性は３・６となる。

生産性向上とは何らかの施策を実行して、生み出す成果（＝付加価値）の割合を増やすことで経営の効率性を高める取り組みの総称である。

一方で生産性は投入する経営資源の量を減らすことでも向上させることができる。

先ほどの例では社員１００人に対して支払う給与、すなわち経営資源を３０００万円から２５００万円に減らしつつ粗利を９０００万円にとどめることができた場合、人件費単価当たりの付加価値は３・６となる。つまり給与という分母を減らしても生産性を向上させることが可能

図表5-4　経営資源圧縮による生産性向上

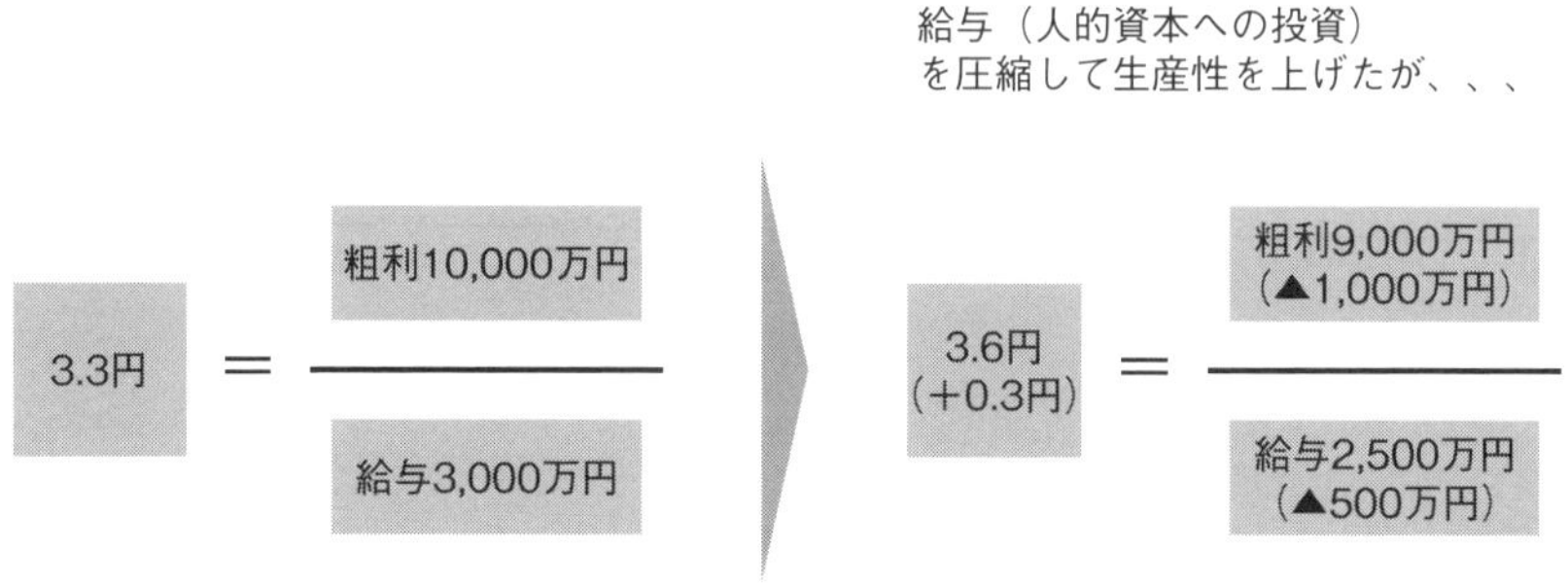

出所）野村総合研究所作成

なのである（図表5－4）。

バブル崩壊後からの失われた30年間において、多くの日本企業は人への投資、人件費を絞り込み、正規から非正規社員への切り替え等の施策を駆使して人的資本への経営資源の投資を抑制することで何とか事業継続という果実を手に入れることができた。が、その代償として人への投資が低迷するだけではなく報酬水準が欧米企業と比較して大きく見劣りする結果を招き、人材力そのものの低下につながったのである。

(2) 付加価値の拡大による生産性向上

人材力の低下はやがて企業が生み出す付加価値の中長期的な減少につながっていく。報酬単価の低い企業の人材獲得力は低い上に、人への投資を怠った企業からのイノベーションは生まれにくいからそれまで優位性のあったサービスやプロダクトは次第に競合企業に駆逐されていくことになる。そうするとますます企業は経営資源としての人的資本への投資や報酬の支払い余力を失っていき、さらなる人材力の低下につながっていくバッドサイクルに陥ってしまう。

今こそこのサイクルを是正する時である。人的資本に対して単に報酬水準を見直すだけではなく、生産性の分子となる付加価値向上に向けた取り組みが不可欠となる。

社内において営業や生産部門に対しては、アウトプットとなる業績やお客様満足度向上、製品品質向上といった具体的な目標に対して衛生要因である報酬引き上げと同じタイミングで相応の目標を設定し、その達成に向けた取り組みを適切に評価する仕組みを導入することが考えられる。短期的に結果が出にくい取り組み課題も大いにありうるが、行動面の変化も含めて付加価値拡大に向けた貢献を適切に評価することで動機付けにもつながっていく。

R&Dやコーポレート部門に対しては、新しいことに取り組む行動に対して適切に評価を行える仕組みや全社のブランディングといった企業価値向上に資する取り組みに対する貢献を評価できるような仕組みが不可欠であろう。また将来の収益化が見込める事業に対して重点的に人を配置、あるいは専門人材の中途採用を強化することで付加価値を向上させていく取り組みを後押ししていく。

（3）貢献タイプ別人材への打ち手

営業や生産部門、あるいはR&D、コーポレート部門といった組織ごとに付加価値拡大に対する貢献の仕方の違いによるアプローチも紹介したい。

例えばB2C系メーカーの営業部門であれば、新たな顧客接点強化のためにウェブとアプリを活用して実店舗、ECサイト、カタログ販売、ソーシャルメディアなどのあらゆるチャネルを統合連携させて顧客への価値提供を強化するといった業務があるだろう。こうした業務はスマートフォンアプリ等を開発して新たなビジネスモデルを創造していく「事業創造型の貢献」である（図表5－5）。

こうした新しい価値提供やビジネスモデルの開発を担う人材に対しては、実際の収益に結び付くまでのプロセスが中長期にわたることから、質の高いビジネスモデルの提案や顧客からの認知度の向上、全社ブランディング向上に対する貢献そのものを適切に評価し、処遇にも反映させていくことが必要であろう。

一方で同じ営業部門でも実店舗内で顧客への対面販売やエリアごとの店舗を束ねて営業管理を行う業務もある。担当店舗やエリアのお店作りや店舗スタッフの教育、在庫管理の徹底と

図表5-5　2区分の人材に対するインセンティブ性

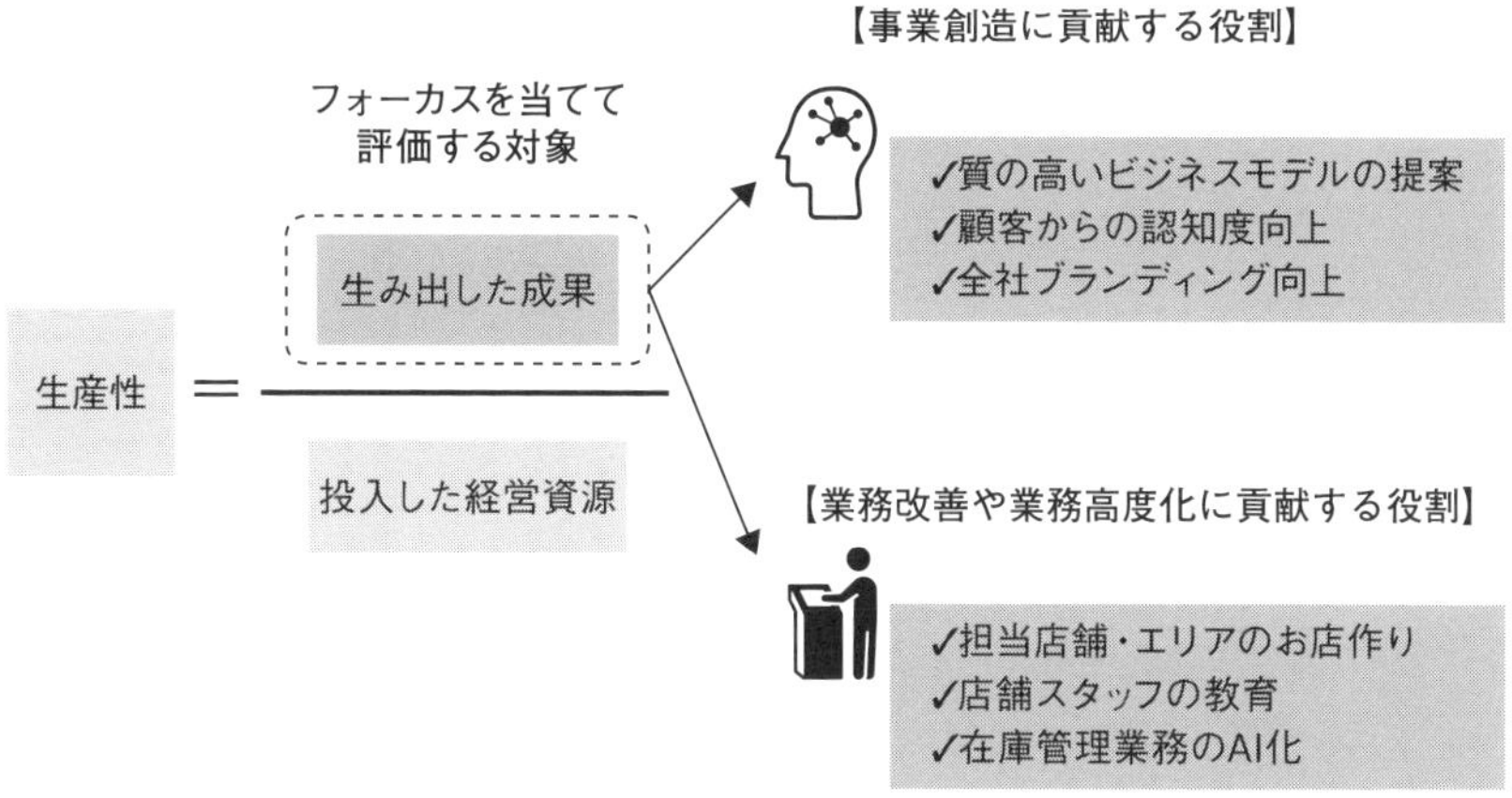

出所）野村総合研究所作成

いったオペレーションにおいて徹底的に効率化を図り、場合によっては現場レベルで取り組める業務プロセスの改善がミッションであり「既存事業・機能の業務改善や高度化への貢献」である。

　こうした貢献を担う人材に対しては既存ビジネスや事業における収益額や業務改善効果としてのコスト削減、工数削減による余力の創出といったリアルな付加価値向上に対して評価を行い、処遇への反映を行うことで生産性拡大に対するインセンティブを強化することができる。

3 報酬水準引き上げと高生産性を両立させている企業の取り組み

実際に衛生要因としての報酬と会社全体の高い生産性を両立させている会社の実例について紹介をしていきたい。

(1) キーエンス

1974年に電機メーカー向けの「自動線材切断機」の製造会社として兵庫県尼崎市にて創業したキーエンスは、現在大阪市東淀川区に本社を置く、センサ、測定器、画像処理機器、制御・計測機器、研究・開発用解析機器、ビジネス情報機器などの開発および製造販売を行うファブレス企業である。現在東証プライム市場に上場し、連結売上高は9224億円（2023年3月期）、営業利益4989億円（同）、連結従業員数は1万580名（2023年3月）、世界46カ国・240拠点で事業展開（2016年時点）し、2021年の日本国内の時価総額ではトヨタ、ソニーグループについで3位になるなど日本を代表する企業の一つである（図表

図表5-6　キーエンスの企業概要

社名	株式会社キーエンス	設立	1974年5月27日
資本金	306億3,754万円	株式上場	東京証券取引所プライム市場上場
代表者	代表取締役社長 中田 有	連結従業員数	10,580名（2023年3月現在）
事業内容	センサ、測定器、画像処理機器、制御・計測機器、研究・開発用 解析機器、ビジネス情報機器		

出所）キーエンス社HP

図表5-7　キーエンスの給与支給項目

支給項目	備考
基本給	初任給 【修士了】　月給270,000円　※博士了 含む 【学部卒】　月給250,000円
定期賞与	年4回支給（3月・6月・9月・12月）
昇給	年1～2回（4月・10月）

出所）キーエンス社HP、マイナビ2023より野村総合研究所作成

5－6）。

・報酬体系

同社は日本国内でも高い給与水準で著名な会社でもある。2022年3月期の同社単体の平均年収は2184万円となっている。

同社がホームページ等で公開している報酬体系は図表5－7のような内容となっている。

概要ではあるものの、同社の高い報酬水準以外の特徴がうかがえる内容と言える。定期賞与は年4回と四半期ごとに支給されており、一般的な年2回支給と比べても多い。昇給も同様に4月と10月の年2回となっており、こちらも一般的な年1回の倍である。

複数の同社OBへのヒアリングによれ

図表5-8　キーエンスの定期賞与支給の仕組み

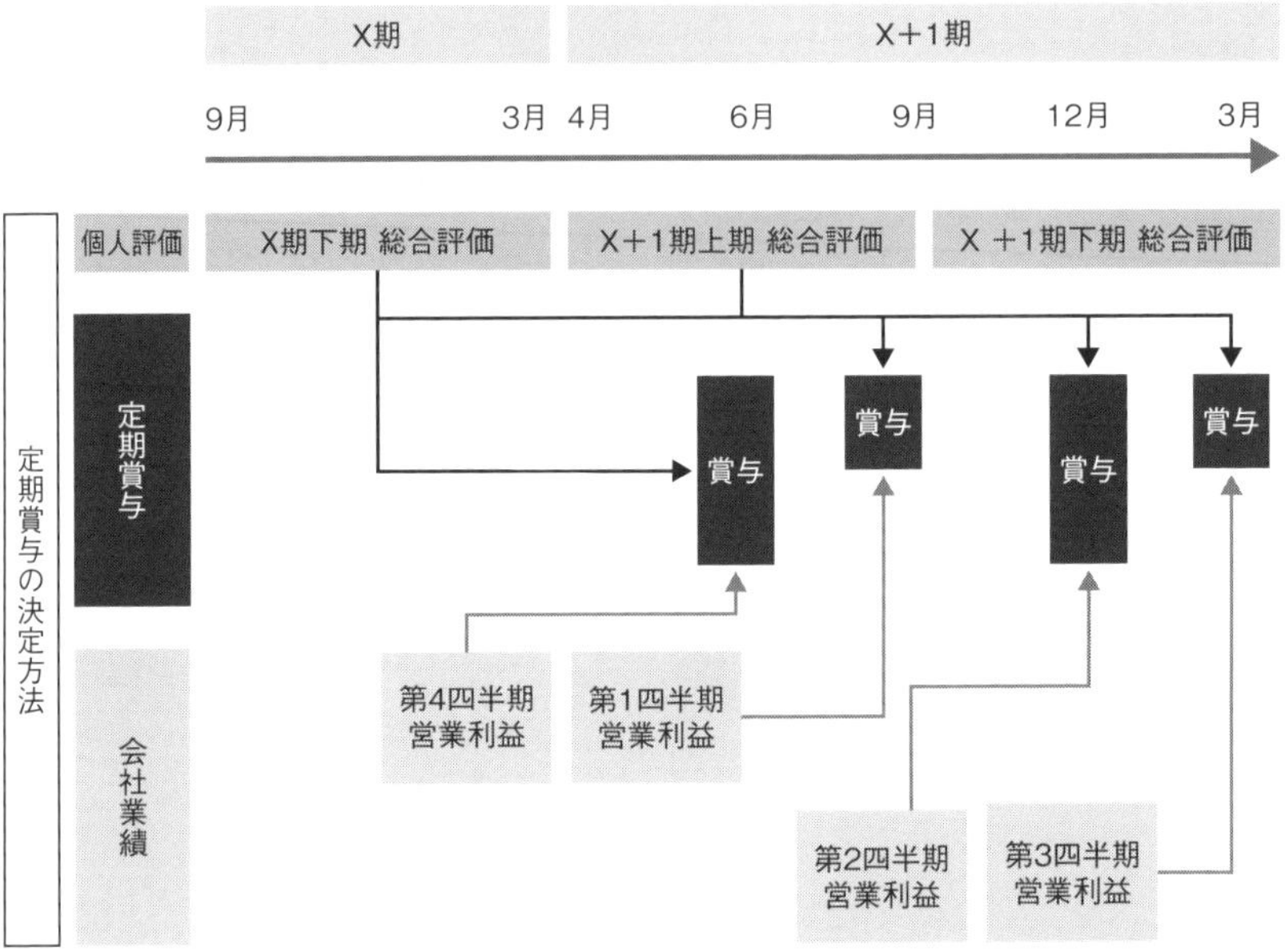

出所）キーエンスOBへのインタビュー、『キーエンス解剖』（2022年、日経BP）を参考に野村総合研究所作成

ば、定期賞与には半期ごとの個人評価と、四半期ごとの営業利益が反映される仕組みとなっている（図表5－8）。

個人の評価はあくまで半期ごとに実施されるので、例えば2023年上期の個人の評価は、2023年12月と3月の定期賞与に反映される。一方で、会社の四半期ごとの営業利益については それぞれの翌四半期末の定期賞与に反映される。例えば2023年10－12月の第3四半期の営業利益が翌第4四半期末の3月の定期賞与に反映されるという仕組みである。

そして極めつきは連結営業利益が原資となる業績賞与が定期

図表5-9　キーエンスの業績賞与の仕組み

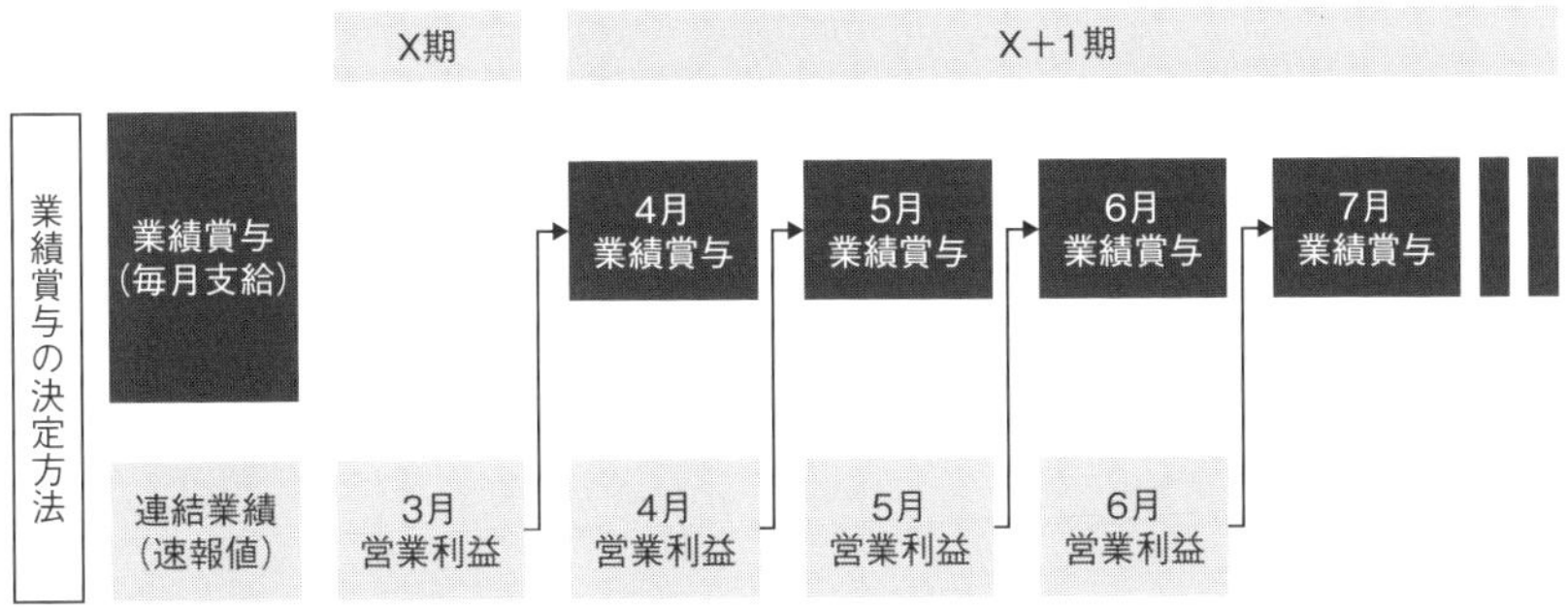

出所）「日本経済新聞（2022年10月29日朝刊）」を参考に野村総合研究所作成

賞与とは別に支給されており、しかも支給頻度は毎月、年12回支給されるとのことである（図表5－9）。

業績賞与は査定月の営業利益が翌月の業績賞与として支給されるとのことで、当然のことながら営業利益の数値は確定値ではなく速報値である。OBらの話によれば、創業者の「全員が経営者」という考えに基づき、毎月の業績をいち早く全社員に共有すると同時に処遇にも反映させることで日々の努力、頑張りを引き出していると言える。

・衛生要因と動機付け要因の同時実現（生産性向上、付加価値拡大との連動）

このように述べてくると高水準の報酬は結果としての業績連動部分を色濃く反映することによって動機付け部分を強化しているように聞こえるかも知れない。

しかしながら同社OB等へのヒアリングによれば、キーエンスは意外にも結果や業績成果と同時に行動やアクションといったプロセス面を重視した評価を行ってい

図表5-10　キーエンス営業職の評価概要

	概要	評価項目例	考慮事項
成果	・利益の目標達成率等を評価	・利益達成率 ・利益伸び率 ・売上規模　等	・商材ごとの新規開拓のしやすさ ・大都市or地方 ・製品金額の大小
＋ プロセス	・顧客アプローチ等の行動を評価	・直接訪問数、電話数 ・顧客キーマンアクセス数 ・顧客へデモ実施数　等	
▼ 総合評価	・成果評価とプロセス評価から総合評価を算出し、全営業担当者を半年に一度順位付け ・ベース金額に順位を加味して賞与を決定		

出所）キーエンスOBへのインタビュー、『キーエンス解剖』（2022年、日経BP）を参考に野村総合研究所作成

ることが分かる。

　プロセス面の評価のウエイトはキーエンス内のクラス（職階）によっても異なるが、幹部クラスで2割、管理職直前のチーフクラスで5割、新卒のエントリークラスで8割となっている。そしてプロセスの評価対象としては、訪問や電話件数、顧客キーパーソンへのフォロー、デモの実施件数といった成果につながる行動以外にも社内への情報共有といった組織貢献に対する評価も含まれる（図表5－10）。

　まさに高い報酬という衛生要因だけではなく、成果に向けた努力や頑張りに対する認知や組織に対する情報共有といった組織貢献に対して賞賛をすることで動機付け要因も同時に実現している人事体系なのである。

　またこうした仕組みは営業職に限らず、エンジニア職やコーポレート系職種の評価体系

図表5-11　キーエンスの経営理念

当社は会社設立以来「会社を永続させる」ことを経営理念の一つに掲げています。
会社を永続させるためには社会に貢献し社会から支持され続けなければなりません。
私たちが最も社会に貢献できることは何か？私たちだから実現できることは何か？
それは「ものづくりの現場で起きている様々な課題を、商品を通じて解決すること」だと考えています。

ものづくりの現場では、労働力不足に対応する生産性の向上や、安全に配慮した生産体制の構築、製造品質の向上など、いくつもの社会的課題を抱えており、ものづくりのあり方は今後さらに大きく変化していきます。その変化を支え、進化を加速させるために「今まで世の中になかった新たな価値」を生み出し続けることこそが、社会への貢献だと考えています。

これからも、全社一丸となって持続的な「付加価値の創造」に邁進していきます。

代表取締役社長
中田 有

出所）キーエンス社HP

にも反映されている。

直接的に業績数値が存在しない職種であっても極力数値化できる目標は数値化することや、上司部下間で業務や目標に関して毎月の進捗確認を行う等、頻度の高いコミュニケーションを通じて動機付けや評価に対する納得度を高める取り組みを丁寧に実施している。

・その他付加価値向上に向けた取り組み

キーエンスでは「時間チャージ」すなわち、前年度一年間で生み出した付加価値を全社員の総労働時間で割った数字を共有している（『キーエンス解剖』西岡杏著、2022年、日経BP）。

ここで言う付加価値は、粗利とほぼ同じ概念である。つまり時間チャージとは社員が生み出した1時間当たりの粗利益の平均である。キーエンス社員は1時間で生み出すべき付加価値を念頭に置きながら日々の仕事に取り組んでいる。

同社には「最小の資本と人で最大の付加価値を上げる」という経営理念がある。それは自社工場を持たない、いわゆるファブレスというビジネスモデルに由来する面とは別に「社員が今過ごしている時間そのものも大切な資本」というキーエンス独自の経営哲学であろう（図表5－11）。

これは新入社員の頃から徹底的に意識させられると言い、社内で全社員が「この1時間で生み出せたはずの付加価値」を知っているからこそ、利益に結び付く行動を優先させることができる。例えばプロジェクトにおいてある作業を行う場合、自分の時間チャージよりも外部に委託した方がよい作業があれば迷わず外注という選択をする。時間チャージよりも付加価値が小さい時間をつくらないようにするというのがキーエンスの社員の基本的な発想なのである。

こうした全社員の地道な行動の積み重ねが営業利益率54・1％（2023年3月期）という数字になって表れている。

(2) ディスコ

半導体製造装置（精密加工装置）、精密加工ツールの製造・販売を主な事業領域とするディスコは、「高度なKiru・Kezuru・Migaku技術」をビジネステーマとして定め、これらの技術

図表5-12　ディスコの企業概要

社名	株式会社ディスコ	設立	1937年5月5日
資本金	21,801,591,130円	株式上場	東京証券取引所プライム市場上場
代表者	代表執行役社長 関家 一馬	連結従業員数	6,299名（2023年9月末現在）
事業内容	・精密加工装置の製造ならびに販売 ・精密加工装置のメンテナンスサービス ・精密加工装置のオペレーションやメンテナンスの研修サービス		・精密加工装置の解体リサイクル事業 ・精密加工装置のリースおよび中古品売買 ・精密加工ツールの製造および販売 ・精密部品の有償加工サービス

出所）ディスコ社HP

をより使いやすい形にして社会に提供し続けることにより、人々の暮らしの豊かさや快適さに帰結させていくことを自らの社会的使命（Mission）としている（図表５－12）。

また同社では一般的に企業の成長とされる売上やシェア、規模の拡大などは成長と捉えず、「Mission」の実現性が向上することや、「従業員」「顧客」「株主」などのステークホルダーとの価値交換性が向上したかどうか、つまり昨年よりも今年、同社がより社会に役立ったかどうかを「成長」と定義している。そうした社会における存在意義を１９９７年より企業理念である「DISCO VALUES」として制定後、２００２年には日常の企業活動・業務を行う上で役員・従業員が「Mission」や「Target」などに沿った行動や判断ができるように２００を超えるより具体的なステートメントを追加した（図表５－13）。

今日に至るまですべての構成員が「DISCO VALUES」を理解し、日々実践・実現できるように全社的な研修や職場単位での勉強会の実施、さらには企業としての組織能力

図表5-13　DISCO VALUES ガイドラインズ（抜粋）

経営全般
DISCO VALUESは世界中のディスコと共有する
ディスコの経営はステークホルダーオリエンティッドである。「透明性の高いガバナンス」は絶対条件である
いかに顧客、従業員、株主などのステークホルダーと常に良好な関係を保つかは、経営の重要なテーマである。ディスコと各ステークホルダーとの価値交換性の向上が、各々において確認されている状態を維持することが、その答えとなる
組織経営が事業経営を支えている。経営者は組織経営のプロフェッショナルでなくてはならない
DISCO VALUESの実践は経営の重要な役割である。DISCO VALUESを念頭に置かない経営などディスコの経営とは言えない
人類は技術や文明を進化させ、社会や暮らしに豊かさをもたらしてきた。ディスコも技術や組織を進化させ、より社会的価値の高い存在となる
企業活動の本質は社会に役立つことである。進化はそのための手段である
ディスコはすべてにおいてフェアである
ディスコは正々堂々と歩む。そのためにはネガティブなものを生む土壌をつくらない、寄せ付けない、蓋をしない経営を行う
ディスコにおいて「正しくあること」は大切なことである。情に流されず、雰囲気に飲まれず「正しさ」を主張する。たとえば「和より正義を重視する」こともその一つである
ディスコの企業活動においては、いかなる人権無視も許さない
ディスコの企業活動においては、いかなる児童労働も否定する

出所）ディスコ社HP

を高めるための有効なWill会計（同社独自の管理会計）やPIM（Performance Innovation Management）と称する全社的な業務の改善、効率化を促進する活動をグループ全社で実施している。

人的資本戦略としての基本的な考え方として、企業の実態をつくるのは、そこで活動する人であり、企業の質を決定づけるのは人的資源の質であり、一人ひとりが能力を発揮するための人的資本への投資は、長期的な企業価値向上のための投資であるとしている。

・Ｗｉｌｌ経営（従業員一人ひとりの意志を反映させるための仕組み）と個人Ｗｉｌｌ会計

ディスコグループでは業務選択の自由、異動配属の自由、勤務事業所の自由選択等、従業員の内的動機、すなわち「こうしたい」という自己の意志（Ｗｉｌｌ）に基づき働き方を決定できる制度を構築している（図表５－14）。

個人Ｗｉｌｌ会計では、Ｗｉｌｌという名前の社内通貨を用いて業務やサービス、備品等をすべて金額換算し、収支を管理する同社グループ独自の管理会計を運用している。この制度の下で従業員は自分のやりたい開発や業務に従事し社内通貨Ｗｉｌｌの収入を得る一方でＷｉｌｌを支払うことで他者に業務を依頼したり、業務上のミスや開発の失敗に対しては上司からの叱責ではなく個人Ｗｉｌｌ会計上の損失という形で責任を負う仕組みとなっている。

従業員は上司からの業務命令による業務の割り当て等の一方通行のマネジメントは極力排除され、従業員同士の合意形成による業務運営が行われるため同僚との関係性や自己の信頼を意識させ、成果や他者からの評価に向き合うことが促されるのである。

・ＰＩＭ

２００３年から実施するＰＩＭと呼ばれる改善活動は、日々の業務を良化し生産性を高めるだけではなく、製品・サービス面における進化・改善のための能力向上を促している。ＰＩＭ

図表5-14　Willのやりとりと個人別収支イメージ

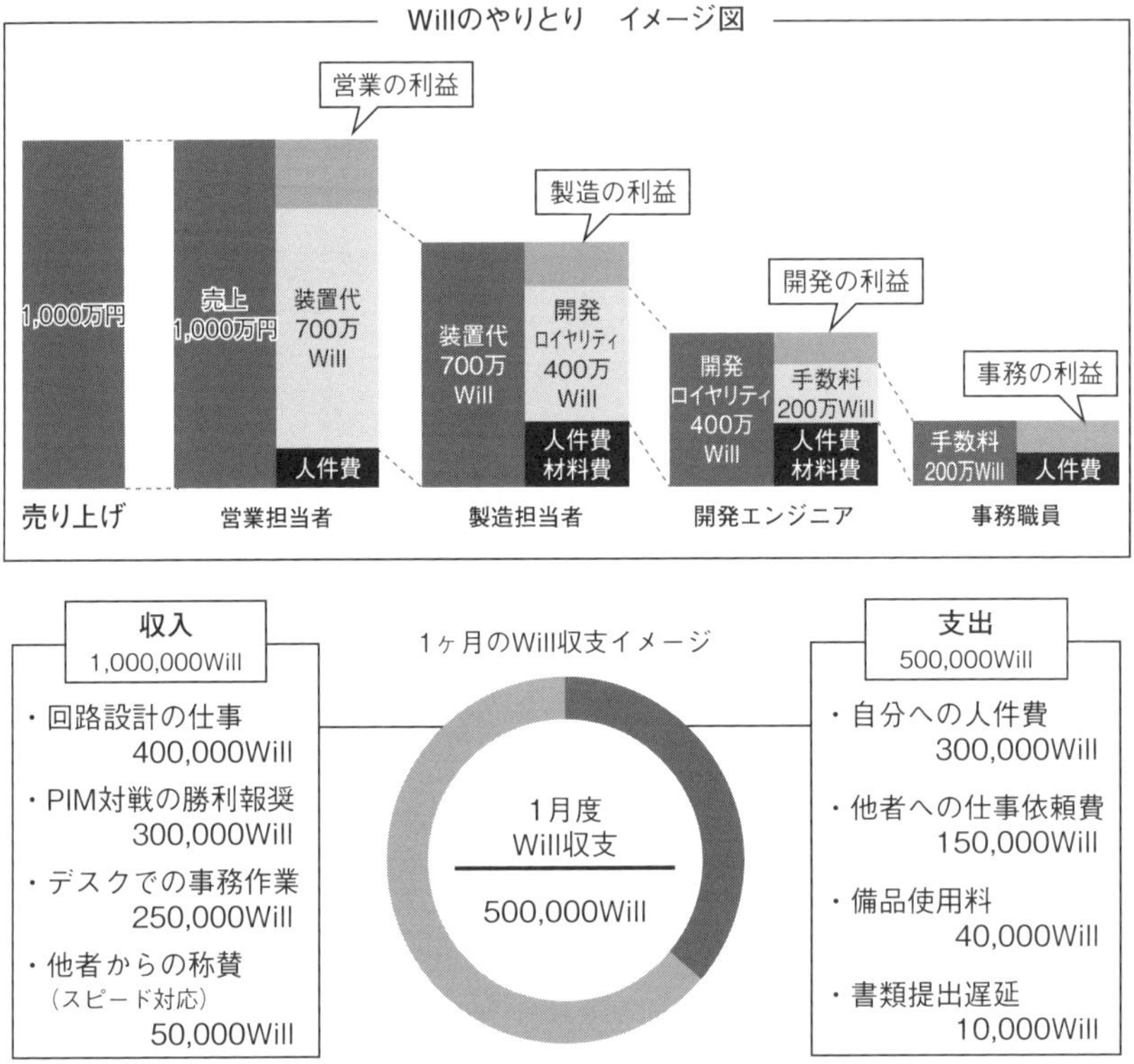

出所）ディスコ社HP

図表5-15　ディスコグループの人的資本戦略

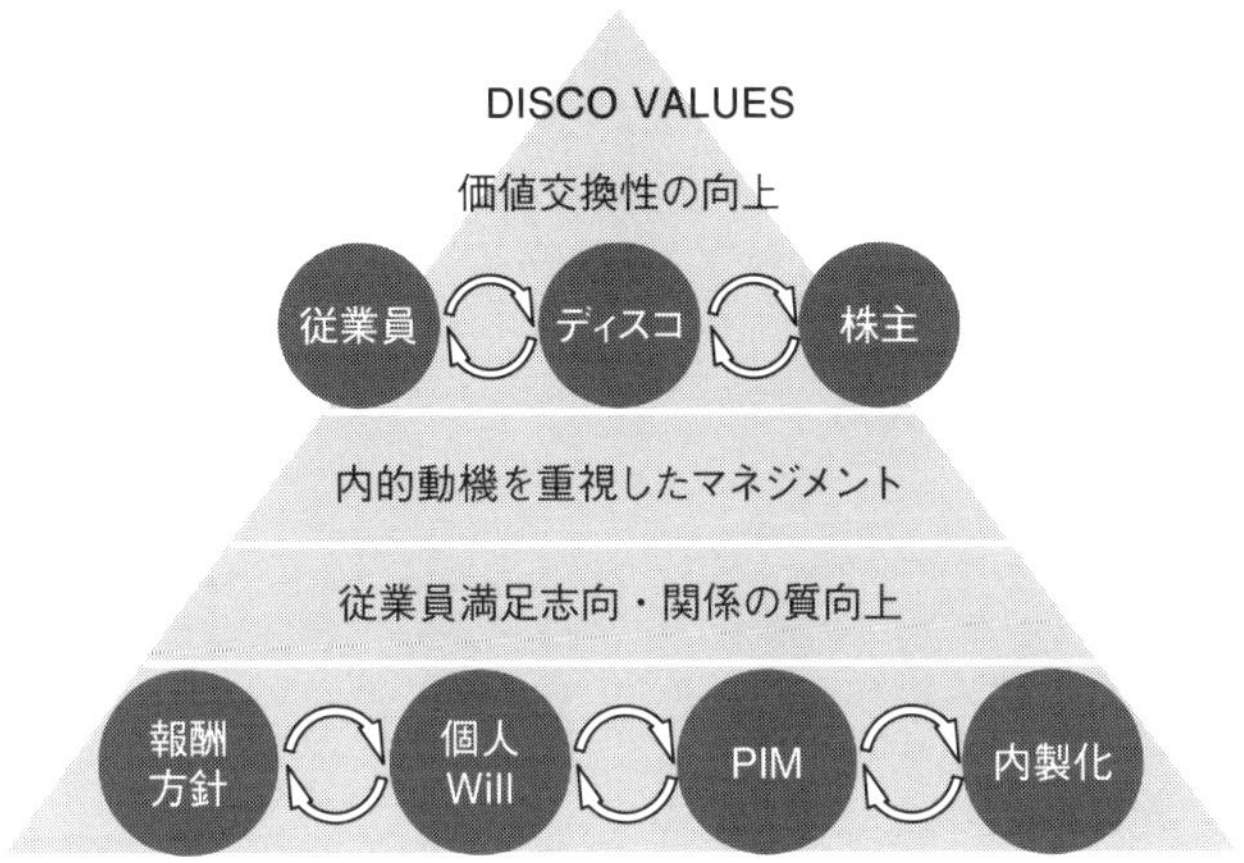

出所）ディスコ社HP

では改善の発端となる作業の面倒さ、顧客が抱える問題等を「気づき」として日々データベースに蓄積し、これを基にしたメソッドチェンジ（業務の進化・改善）を行っている。その対象は事務作業の効率化から新しい技術開発まで多岐にわたる。

より良い改善をすると多額のＷｉｌｌを得ることができるといった、個人Ｗｉｌｌ会計の活用でＰＩＭに対する従業員の内的動機付けを誘引する仕組みを構築していることも注目に値する。

・**人事体系**

ディスコグループでは事業戦略上の重要指標として経常利益率を採用している。連結経常利益率への連動を執行役の賞与だけではなく従業員の報酬にも適用することにより従業員に重要指標を意識させるマネジメントを実

図表5-16　ディスコの売上高と社員平均年収推移

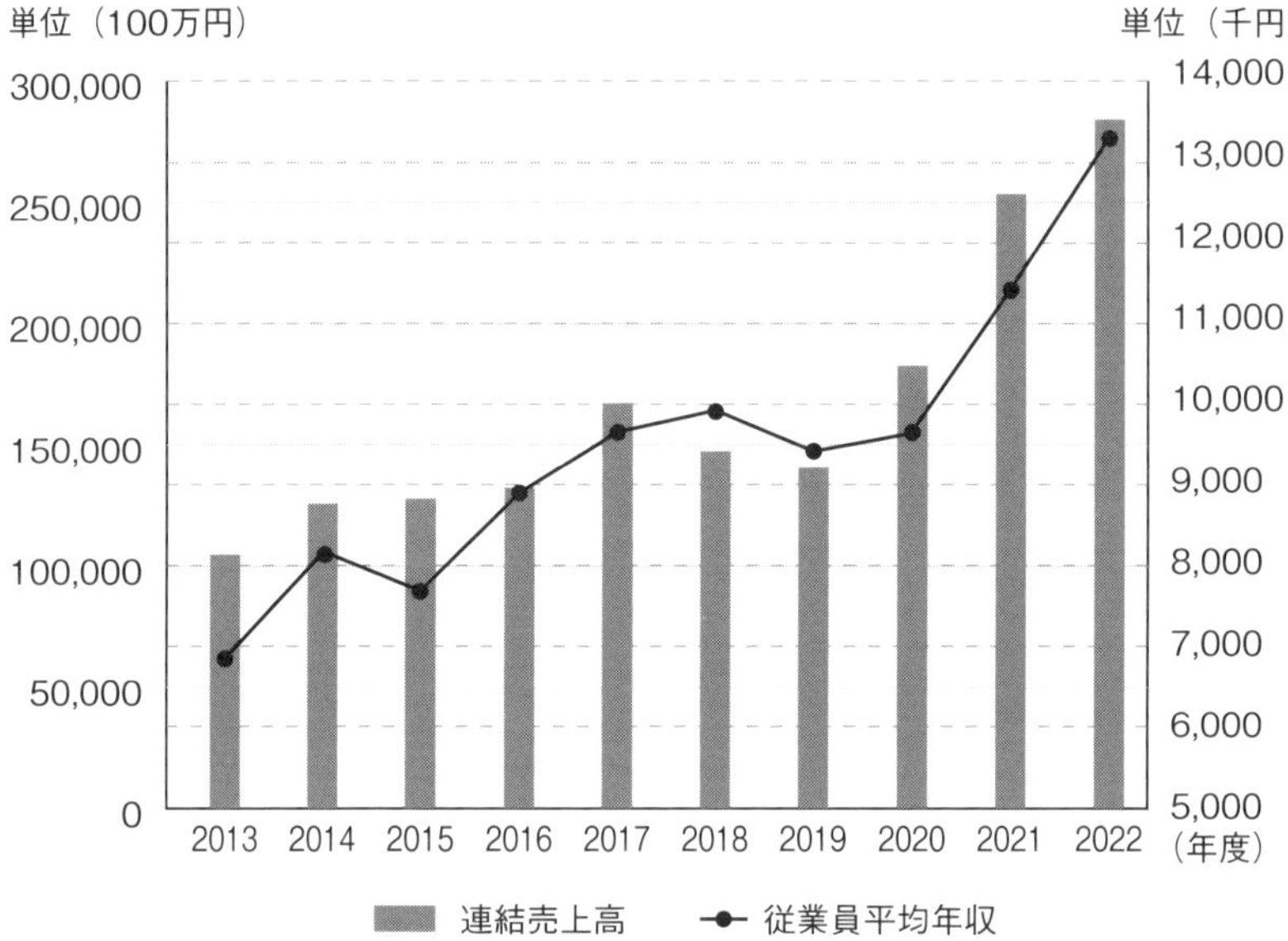

出所）ディスコ社有価証券報告書から野村総合研究所作成

現している（図表5－15）。

　また報酬体系は個人Ｗｉｌｌ会計とも紐づけられており、個人Ｗｉｌｌ会計上の収支は賞与配分に連動している。顧客だけではなく社内の同僚等とより多くの価値交換を行い、付加価値の高い成果を生む従業員には多くの賞与が配分される仕組みになっているのである。

　こうした業績に連動した従業員への積極的な還元を製造現場も含めた全社員、さらには契約社員にも適用させており、高い従業員満足と高収益、さらには日本トップクラスの報酬水準をも両立させているのである（図表5－16）。

(3) アトラエ

アトラエは２００３年にインテリジェンス（現パーソルキャリア）出身の新居佳英氏が設立した会社である。成功報酬型でＩＴ業界に強い求人メディア「Green（グリーン）」の運営やエンゲージメントサーベイを活用した組織力向上プラットフォーム「Wevox（ウィボックス）」、ビジネスパーソン向けのマッチングアプリ「Yenta（イェンタ）」などを事業展開している。特にWevoxは現在３０４０社以上の企業・組織が回答した２・１４億件超（２０２３年11月13日現在）のデータを蓄積し、スコアの変化で従業員の内面にどのような影響が生じているのか、ＡＩやデータサイエンスを活用して高い精度で把握できるシステムを構築している。東証プライム市場に上場し、連結売上高は７７・５７億円（２０２３年９月期）、営業利益９・５２億円（同）、連結従業員数は１０４名（同）である（図表５－17）。

ＩＴ人材への旺盛な需要によるGreen事業の拡大やWevoxの拡販で、同社の業績は好調であり有価証券報告書によると２０２２年度の社員一人当たり売上高は２０２０年度比で29％増、社員の２０２１年度の平均年収は７３９万円と３年前から約１８０万円（増加率32％）増えている（図表５－18）。

図表5-17　アトラエの企業概要

社名	株式会社アトラエ	設立	2003年10月24日
資本金	1,268百万円	株式上場	東京証券取引所プライム市場上場
代表者	代表取締役CEO 新居 佳英	連結従業員数	110名（2023年3月現在）
事業内容	・People × Technology 事業の企画・開発・運営 ・成功報酬型求人メディア『Green（グリーン）』 ・組織力向上プラットフォーム『Wevox（ウィボックス）』 ・ビジネス版マッチングアプリ『Yenta（イェンタ）』 その他新規事業の企画・開発		

出所）アトラエ社HP

図表5-18　アトラエの一人当売上高と平均年収推移

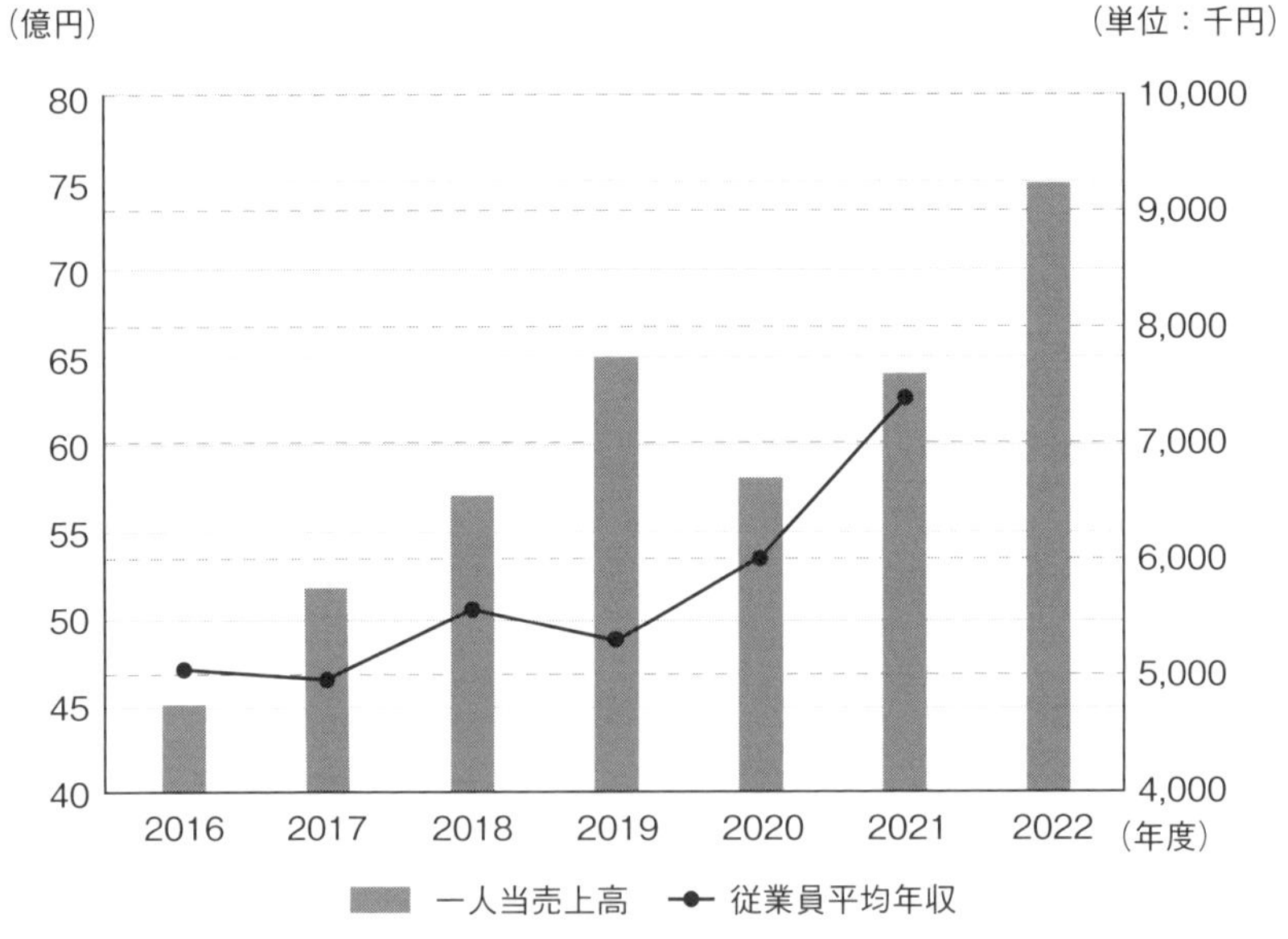

出所）アトラエ社有価証券報告書、2022年9月期決算説明資料より野村総合研究所作成

図表5-19　アトラエの組織（職種）の概要

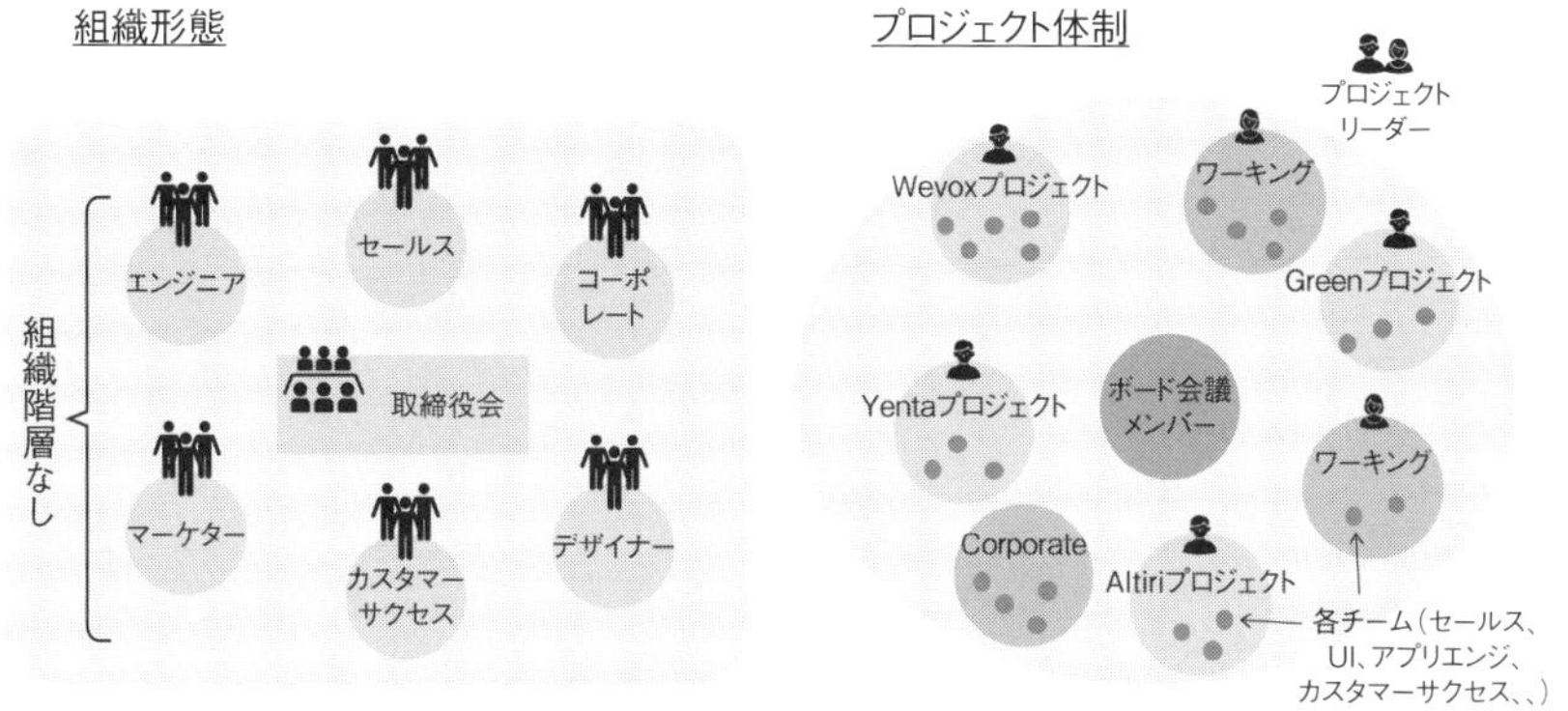

出所）アトラエ社へのインタビュー、「一橋ビジネスレビュー2020年8月」を参考に野村総合研究所作成

・社内に役職・階層を設けないホラクラシー組織

アトラエは会社法で必要とされる取締役以外には役職が存在しない。もちろん同社が事業展開するGreenやWevox、Yenta等の事業責任者は明確になっているが、通常の事業組織内で配置される○○部長や○○課長、○○リーダーといった役職は社内に存在しておらず、フラットな組織において各自が担う役割・責任に応じて様々な社内外の関係者と調整や協働を行い、自律的に業務を進めている。同社にあるのはセールスやウェブデザイナー、ITエンジニア、データサイエンティストといった職種名だけである（図表5－19）。

経営的な観点から自律的に業務を行う上で不可欠な経営や事業に関連する様々な社内情報はフィルターを通すことなく社員全員に共有されている。創業者の新居社長は「アスリートやアーティストのように、全員が本気でチームの夢を追いか

図表5-20　アトラエの報酬体系

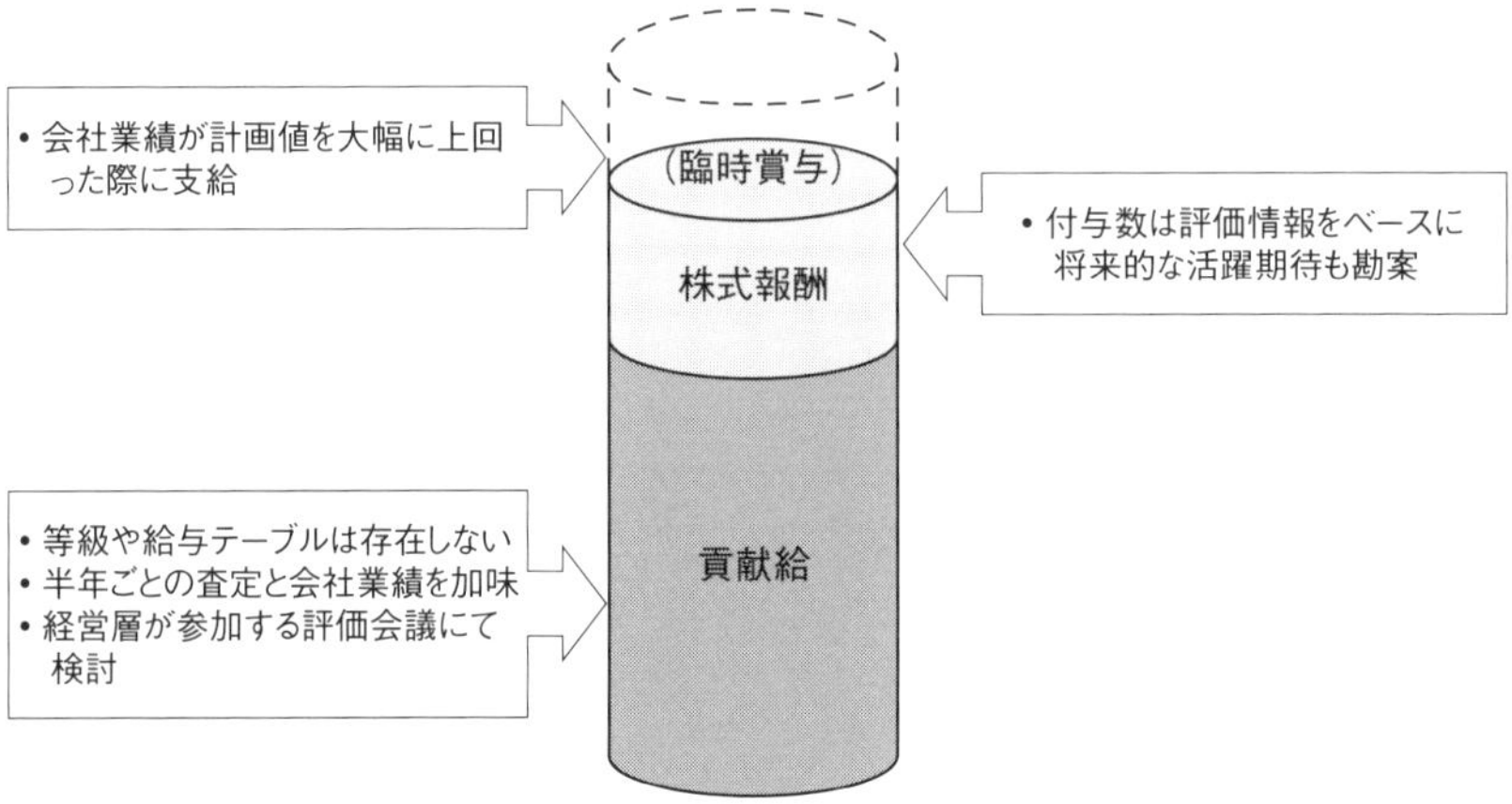

・会社業績が計画値を大幅に上回った際に支給
（臨時賞与）
株式報酬
・付与数は評価情報をベースに将来的な活躍期待も勘案
・等級や給与テーブルは存在しない
・半年ごとの査定と会社業績を加味
・経営層が参加する評価会議にて検討
貢献給

出所）アトラエ社へのインタビューより野村総合研究所作成

けられる、そんな理想の組織を創ってみたい」と起業を志し、今に至る。

　情報共有はＩＴ企業らしくオンラインで実施するだけではなく、毎月第三金曜日の夕方には社員全員がリアルな場に集まって組織的な課題やビジョン実現に向けた対話をチーム単位で実施する等、全員が当事者意識を持って組織運営に関われるような取り組みも行っている。

・報酬体系

アトラエの報酬体系は貢献に応じて決められる月額固定給と株式報酬から構成されている（図表５－20）。

　同社には等級、給与テーブルが存在せず、社員の貢献に応じた給与は半年ごとの査定の結果、すなわち会社業績を加味して原資を決定し、３６０度評価を基に評価会議で微調整を行って最終決定する仕組みである。

株式報酬は、会社が置かれた状況に応じて設計している。社員の視点と同時に株主の視点を全社員に持ってもらうため、上場直後の２０１６年12月に「譲渡制限付株式」という形態で議決権のある現物株式を付与した。後に本質的な企業価値を高めていくことに注力してもらうため、２０２０年11月に「税制適格ストックオプション」に移行した。税制適格ストックオプションの付与数は評価情報をベースにしつつも将来的な活躍への期待値も勘案して付与を行っている。

また株式市場に開示している業績予想の営業利益を超過達成した場合のみ臨時賞与も支給している。

・衛生要因と動機付け要因の同時実現（生産性向上、付加価値拡大との連動）

アトラエの人事制度における最大の特徴は通常の人事制度において処遇の背骨となる等級体系、つまり個人または担っている役割に対する格付けの仕組みがないことである。加えて一人一人の評価についても「自らの働きぶりを評価してほしい人、この人なら評価できる」という人について事前に申告をしてもらい、自身に対して良いフィードバックができる人を被評価者一人当たり５人選出している。

また選出された５人の評価者は被評価者を「異なる社員と比較する中で、相対評価する」仕組みとなっており、実際の業務で関わっている他者との比較において「どちらがよりアトラエのビジョン実現に貢献したか」という基準で評価を実施する。

図表5-21　アトラエの価値観（Values）

#01 Core Value - Atrae is Me.

アトラエの当事者として、未来を他人に委ねることなく、自らの意志と責任で理想の組織を創ろう

アトラエらしさとは何か？
それは、全メンバー一人ひとりが、“会社が自分に何をしてくれるのか？という考え方ではなく、自分が会社に対して何ができるのか？という考え方”を常に持ち、自ら行動し、理想の会社創りに対して本気で挑み続けている状態を指す。これをアトラエらしさと呼ぶ。決して、誰かが誰かに依存したり、やらされ感を持って取り組んだり、他人任せに進むのではなく、「どうすればアトラエがもっと理想の会社になるか」ということを常に強く意識をし、考え、実現しようと挑戦している状態。これが「Atrae is Me.」である。

出所）アトラエ社HP

すなわち通常の企業が行うような個人が設定した目標に対する達成度評価、いわゆる目標管理制度による報酬決定とは決定的に内容が異なる。

人事評価制度は人の評価という行為を通じて会社の意思を示す一つの手段だと位置づけることができる。同社の場合一人一人が「アトラエの当事者として、未来を他人に委ねることなく、自らの意志と責任で理想の組織を創ろう」という価値観に基づいて評価の対象となる被評価者がどのように会社に貢献したかを、純粋に評価している（図表5－21）。

これによって社員は自らの担当業務の達成度ではなく、自分がアトラエにどのように貢献できているか、会社にとって必要な存在であるかといったことを確認でき、動機付けにつながっていく仕組みとなっているのである。

Restructuring
Human
Resource
Management
in Japan

第 6 章

見えることではなく「見るべきこと」を見える化する

日本企業が取り組むべき4つめの人事アジェンダとして「人材・人材戦略の見える化」を取り上げる。

元来人材は他の経営資源と異なり、数値化や共通言語としての表現が難しい資源として扱われてきただけではなく、日本企業の人事部門も自らの存在意義（レゾンデートル）を頑なに守りたいとの欲求に駆られて、見える化の努力を怠ってきた面も否めない。

しかしながらテクノロジーの進展によってビッグデータを扱いやすくなったことで人事・人材領域の様々な状態を可視化できるようになったこと、そして人材版伊藤レポートを契機とする人的資本経営の高まりによっていまや人材・人材戦略の見える化は人事部門だけではなくCEOを中心とした経営層が経営戦略と人材戦略の連動を語る上で不可欠な取り組みとなった。

一方でまだ「人材・人材戦略の何を可視化すべきか」に関しては曖昧になっている企業が多いのが実態である。本章では取り組むべき方向性や陥りやすい点について整理をしていく。

1 見える化が難しい人的資本

(1) 見える化の対象

一言で「人材の見える化」と言ってもその目的（何のための見える化か）や対象（何を可視化するか）によって取り組むべきことは多岐にわたる。社員属性情報、すなわち名前、入社年月、職階ランク、給与、居住地や家族情報といった基本的な人事情報も従来は人事部門内だけで管理されていたものが、徐々に現場の組織長にも共有されるようになってきており「見える化」が進展しつつある。

また人材版伊藤レポートにおいては、経営陣は人材戦略の進捗に関して投資家や社員といった社内外のステークホルダーに対して「見える化」を行い、そうした情報をベースに対話をしていくことで人的資本経営を前に進めることができるとしている。

上記2例の「見える化」はその目的や対象も大きく異なっているものの、「人材の見える化」という言葉で大きく括られてしまっているため、何にどう取り組んでいくべきか捉え難いものになっている。

「人材の見える化」はある目的を達成するための手段でしかない。その目的としては「人材戦略の立案と進捗管理」「現場における人材マネジメント高度化」そして「効率的な人事管理の実現」の３つが挙げられる。

・人材戦略の立案と進捗管理

人材版伊藤レポートで明記されている人的資本経営を行うにあたって、前提となる「見える化」の目的である。経営層と人事部門は経営戦略や事業戦略と連動した人材戦略を構築するにあたり、人材が現在どのような状況にあるか、そして構築した人材戦略が経営戦略や事業戦略とどのように連動しているのか、そして一度構築した人材戦略がどのように進捗しているのかを可視化し、社内外のステークホルダー、すなわち投資家や取引先、社外取締役を含む取締役会、そして従業員らとコミュニケーションを行っていかなければならない。

・現場における人材マネジメントの高度化

従来人事情報の活用主体は経営層と人事部門が中心だった。人事部門は日本型人事制度を運用するために現場の幹部や社員とのコミュニケーションを通じて全社員のスキル・能力や志向性を含めたコンディションを把握し、人事情報システムで管理している入社年次や学歴・業務履歴も加味しながら異動や評価運用、昇進・昇格運用といった人事管理を行ってきたからである。当然のことながら人事情報は人事部門にて集中管理され、経営層や現場幹部クラス以外には一切共有し活用されることはなかった。

しかしながら、昨今人材の育成や成長をドライブさせる必要性が高まるだけでなく、ジョブ型人事の導入に伴う等級格付け主体やキャリア自律化により異動・配置等の権限が人事部門から現場や本人に委譲される動きに相まって人事情報の活用主体も人事部門から現場の幹部、マネージャー、社員本人にも必然的に拡大することとなってきている。

また人材個々のコンディションのみならず、組織としてのエンゲージメント重視の姿勢やウェルビーイング、心理的安全性といった考え方が広まりつつある中で各組織の幹部が担当組織のコンディション把握をタイムリーに行うためにエンゲージメントサーベイの結果やストレスチェックデータ等の共有を求めるようになってきている。

・効率的な人事管理の実現

テクノロジーの進展によるデジタルトランスフォーメーションを契機に仕事の進め方が変わると同時に人事制度の運用や人事管理全般に関しても人材情報を有効活用するだけでなく、効率的な運用を行う動きが広く浸透するようになった。

例えば特に創造的な仕事ほどプロジェクトベースで進めていくスタイルであると同時にマネージャーは多種多様な専門性を有したメンバーを一つの組織やチーム内でマネジメントしていくことが求められる。

すると上司部下間だけで人事評価が完結することは難しくなり、より複数の評価者がメンバーを評価するニーズが高まり、評価も期初、期末に限らず期中に目標設定し期中に評価を実施するような機動的な人事評価制度運営が求められる。

従来の紙ベースやエクセルへの入力による評価制度運用ではとても上記のような運用に耐えられない。必然的に機動的にパソコンやスマートフォンを活用してクラウド上で人事評価が行えるアプリやツールの活用が拡大しているのである。

また人材育成やエンゲージメント向上の観点から行動や活動成果に対して年1－2回の期末におけるフィードバックではなく、気づいたその場で上司や周囲の観察者から「あなたの〇〇のような行動が良かった」「昨日のアウトプットに向けた作業では、△△をサポートしてくれてとても助かった」といったフィードバックを日常的に実施することが求められている。その方がより効果的に振り返りや内省機会を数多く提供でき、モチベーション向上や育成に活かせるからである。

こうしたフィードバックは今やＨＲテックと呼ばれるテクノロジーの進展でパソコンやスマートフォンのアプリからでも簡単に実施できるようになっており、メッセージを記録する機能を使えば当該人材の強みや弱みの分析につなげることも可能となった。これまでは評価情報として給与決定にしか使われてこなかった情報が人材育成やキャリア開発に向けて効果的に活用できるようになってきている。

（2）見える化を避けてきた背景

実は日本企業の経営において、これまで「人材の見える化」の取り組みが遅れていた理由はテクノロジーだけの問題ではない。むしろ「人材の見える化」は意図的に避けられてきたテーマなのである。

・人材の有する複雑さ、曖昧さ

重要な経営資源ではありながらも、人材は極めて曖昧、かつ複雑で捉えにくい存在である。特に能力面や特性・性格面においては一人一人のそうした特徴に関して、世の中に絶対的な統一基準が存在するわけでもなく、仮に存在していたとしてもどういった項目の能力や特性がどのレベルであるかは結局のところ、本人や上司、あるいは周囲の主観的な観察結果でしか表現できない。

例えば同じようにリーダーシップを発揮するタイプの人材2人が社内にいたとしても、本当に同じレベルなのかどうか、2人はどのようにしてそうしたリーダーシップを培ってきたのか、違う役割やポジションに任用された際に同じようにリーダーシップが発揮できるかどうか、正直なところ解明されているとは言い難いのが人の能力・特性の現状なのである。

こうした人材の内面が有する複雑さや曖昧さが「人材の見える化」を妨げてきた理由の一つ

に挙げられるだろう。

もちろん、自己評価や上司評価、周囲の主観的な評価を数多く集めれば、客観的要素も帯びてくるため「見える化」するアプローチがまったくないわけではない。特にテクノロジーの進展によってビッグデータを扱いやすくなったことで、人に関する多くのデータを持ち寄って、当該人材の能力や特性を類推できるツールは確実に進歩してきていると言える。

・日本的人材マネジメントの楽観主義的側面

一方で「人材の見える化」を避けてきた理由には日本独自の事情も存在する。

それは新卒一括採用、終身雇用、年功序列といった日本型人材マネジメントにおいて、「人は基本的には辞めない」という大らかな考えのもと、事細かに人材を管理し、モチベーションの状況や成長の度合いを把握する必要性をそれほど感じていなかったという点である。

つまりは人という経営資源に対して、会社全体、組織全体の人材には一定程度気を使ってきたものの、個々の人材に対してその特性やスキル、モチベーションの状況を把握して、退職リスクの事前察知や育成・成長プランの進捗を可視化するといった科学的なアプローチを採る必然性が低いと感じていたためであろう。「感じていたため」と表現したのは本来的には人的資本という無形資産に対してそうしたアクションを起こすべきであったものの、「人は現場（OJT）で成長する」という解以外に人材と向き合う術を模索してこなかった日本企業の怠慢とも言えなくはないからである。

・旧来的な人事部門の存在意義

「人材の見える化」を避けてきた最後の理由は日本企業の人事部門の存在である。

多くの日本企業は、終身雇用を前提とした新卒一括採用、職務遂行能力（職能）をベースとした相対的に遅めの昇格運用、徐々に報酬が安定的に上昇する一方で、一定年齢を超えてからは逓減する長期決済型の賃金システムといった人事制度を運用してきた。そして、その制度運用によって輩出されるいわゆるゼネラリスト人材が日本の企業経営を支えてきたことも事実であった。

これまでは、この「日本型人材マネジメントモデル」を時代の要請に応じて少しずつ手直ししながら、企業の各組織や階層にゼネラリスト人材を安定供給することが人事部門のミッションであり、存在意義だった。尖った人材よりも会社の組織風土にフィットし、不平を言わず色々な仕事をやってくれる人材を採用、組織横断的に全従業員の職務遂行能力を把握し、不公平がないように入社年次別の昇進・昇格運用を管理し、事業部門やコーポレート組織からの人員配置、異動といった要望に対して人事部門のみが知りうる独自の人材情報を駆使しながら判断を行っていた。

つまり部門横断や職種横断的に人材処遇の高低のバランスを調整し差配するのが人事部門の会社に対する提供価値だった。提供価値を継続するためには現場に対して人に関する情報を共有せず、差配権を保持し続ける必要があったのである。

そして日本型人材マネジメントの見直しと、人事処遇決定に関する現場への権限委譲、テクノロジーの進展によるＨＲテックの勃興によってもはや人事部門による人材差配といった旧来的な存在意義は価値を失った。今、人事部門は新たな価値提供を迫られている。

(3) 意味のあることを見える化する

「人材の見える化」が難しい人的資本の特性として、人材や人材戦略には膨大な情報があるという点がある。そしてそうした情報はそれ自体が刻一刻と変化をしていくものであると同時に、見える化して共有する対象者（ステークホルダー）からのニーズそのものも経営戦略や事業戦略の変化に併せて変わっていく。

大切なことは「各ステークホルダーに対して」意味のあることを見える化することである。

・投資家

外部ステークホルダーの投資家は、主に中長期的視点から投資先企業の持続的成長を促すことを念頭に取締役会や経営者と対話を行う役割を有する。そのような観点から投資家が人や人材に関して求める情報は以下の通りである。

ー持続的な企業価値向上に向けてＥＳＧを念頭においた人材戦略の現状

ー経営戦略・事業戦略と自社の人材（優位性や課題）や人材戦略の連動状況

－人材戦略の取り組みに関する進捗状況

人材戦略の内容は本来的に多岐にわたるが、投資家が求める観点としては「企業のビジョンや価値観（パーパス）の社員への浸透施策と状況」「新たなビジネスモデルや事業ポートフォリオ転換に対応するためのコア人材の確保」そして「人材のリスキル」といったテーマが中心となるだろう。

・**取締役会**

取締役会の重要な役割はCEOを中心とした経営陣の各種戦略に対する承認とモニタリングである。かかる観点から取締役会が人や人材に関して求める情報は以下の通りである。

－人材戦略の承認において必要な人や人材に関する情報
－人材戦略実行の状況をモニタリングするための各種KPIの状況
－経営陣の後継者計画、幹部人材の人材パイプラインにかかる情報
－企業文化の改善、定着の状況に関する情報

当然のことながら各種情報やKPIのモニタリング結果を踏まえて、さらに踏み込んだコミュニケーションを経営陣との間で実施していく。

・現場のマネジメント

人が働く現場において事業や機能部門を統括するマネジメントにおいては、自組織の中長期的な人材ポートフォリオと現状とのギャップを踏まえて所属メンバーの育成計画や人員計画を立案し、実行していく。その際に組織全体として、主に以下の観点からの人材関連情報が不可欠となる。

－単位組織（ビジネスユニット、以下ＢＵ）ごとの生産性
－単位組織（ＢＵ）ごとのエンゲージメント
－単位組織（ＢＵ）ごとの人材投資
－所属メンバーのスキル変化

大切なことは現場にて人材戦略や人材育成のＰＤＣＡサイクルを回すことを後押しするために不可欠な情報を共有する視点である。

・社員（上司）

事業推進のために重要なステークホルダーである現場の上司と本人に対しては、自社の人材戦略が経営戦略や事業戦略とどのように連動しているかといった高い視座からの情報に加えて、個々人の成長を促す観点から有益な情報を提供していく必要がある。

- 経営戦略・事業戦略と自社の人材（優位性や課題）や人材戦略の連動状況
- 人材戦略の取り組みに関する進捗状況
- 自分自身のスキル変化
- 社内の成長機会に関する情報（公募情報、オープンポジション等）
- 他者からのフィードバック

キャリアの自律化が叫ばれる中、社員は自社においてどのようなキャリアパスを歩めば自身が成し遂げていきたい目的（個人のパーパス）が実現できるか、どんな成長機会が社内に存在するかといった情報を必要としている。

2 経営陣が本当に見るべきこと、知るべきこと

言うまでもなく経営陣はＣＨＲＯや人事部門と共に経営戦略、事業戦略と連動した人事戦略

を立案し、実行する主体者であるが、経営陣が本当に見るべき人・人材の情報とは何かを考えていきたい。

(1) 経営・事業戦略と人材戦略の定性的連動

自社のビジネスモデルやそれを構成するバリューチェーンにおいて必要な人的資本確保やそのためのリスキリング施策、企業文化の改革といった取り組みが経営・事業戦略と人材戦略の連動部分となるが人事機能に応じて連動させるべきテーマを以下3つの視点でもう少しかみくだいて述べる。

・経営・事業戦略に連動した人材獲得計画と進捗

中期経営計画等において経営・事業戦略のゴールを達成するために必要なスキルと人員数を見える化し、現状とのギャップを示すことで人材獲得計画を立案する。ただし、ここで注意しておかなくてはならないことはここで言う「ギャップ」を必要以上に詳細化する必要はないという点である。

現状の人材獲得方法の中期的な成り行きだけでは、ギャップを充足できなくなる可能性が高いと想定される職種やポジション、DXを主導するリーダーといった重要な役割にフォーカスする方が現実的である。

人材獲得の手段として、正社員としての新卒・および中途採用だけではなく、有期雇用契約社員、業務委託、派遣といった形態も駆使して計画を立案し、経営陣はその進捗状況をモニタリングしていく。

・経営・事業戦略に連動した人材開発計画と進捗

必要な人材を獲得する計画と同時に検討が必要なのが、獲得した人材のポテンシャルを最大化させるよう育成することと、既存の社内・グループ内人材のアップスキル、リスキルといった人材開発計画への落とし込みである。

特に経営・事業戦略において事業構造の転換をビジョンとして示している場合においては、既存社員のリスキリングに向けた教育基盤の整備、人材教育や機会付与といった人材への投資が必要であり、そうした基盤整備の進捗や人材への投資の状況が見える化されることが不可欠と言える。

例えばソニーグループでは持株会社であるソニーグループ株式会社と各事業会社がそれぞれ研究開発機能を有しているが、グループの研究開発組織であるR＆Dセンターの研究員を事業会社に送り込んだり、事業会社と兼務させることで事業側との連携を促す人材戦略を推進している。また事業間の技術情報の共有や研究者同士のコミュニケーションを目的とした「技術戦略コミッティ」や「STEF（Sony Technology Exchange Fair）」といった運営を行っている。

人材開発の成果として人材個々のスキルの変化も見える化の対象であることはいうまでもなく、経営陣や現場のマネジメントはこうした活動に対して協力的な姿勢を示すことでグループ全体や事業部門の技術力向上に貢献することが可能となる。

また全社の経営課題として意思決定の迅速化、スピードアップを打ち出している場合には、組織階層や役職職階の削減による意思決定プロセスの見直しといった施策も考えられる。こうした施策は役職の再定義やマネジメント力の高度化といった人材戦略を明確に打ち出し、検討していくべきものであり、経営戦略との連動面において進捗状況が確認できるようにしなければならない。

・経営・事業戦略に連動した人材保持計画と進捗

人材保持は企業活動の根源的機能である。どんなに会社の業績が落ち込んでも、会社は経営や事業を運営するために不可欠な人材を社外に流出させてはならない。

事業戦略の実現に向けた合併や買収、グループ再編、組織再編において人的資本が最も気を使わなければならない経営資源であるにもかかわらず、事業スキームの優位性や再編プロセスのスピードのみが重視された結果、本来手放してはならない人材が流出、あるいはエンゲージメントの低下が生じてしまい、思うような再編効果が得られなかったという例は枚挙にいとまがない。

経営陣は特に自社の経営・事業戦略において、事業ポートフォリオの転換を掲げている場合にはその進捗に応じ、組織や人のエンゲージメントの変化、心身の健康度、コミュニケーション活性度といった組織コンディションを短サイクルで見える化し、対処すべき問題の早期発見につなげる必要がある。

(2) 経営・事業戦略と人事戦略の財務的連動

経営陣は経営・事業戦略と人事戦略の連動性、特に人的資本の経済的付加価値や生産性といった財務的観点からその目指す姿(To-Be)と現状(As-Is)とのギャップを認識し、人材戦略の立案時やモニタリング時に確認することが必要である。すなわちそれは損益計算書において売上と費用を記述するように、人的資本関連の費用や投資を経済価値と紐づけて見える化することである。

本項ではその中でも経営陣が特に意識すべき2つの財務的連動性について述べていきたい。

・人的資本の生産性

会社の経営・事業戦略と人材戦略の連動性を考える際に、意外にも人的資本の生産性というKPIを意識する企業は少ない。一番シンプルなKPIは、社員一人当たりの売上高であるが、企業として生み出した付加価値に着目しつつ必要以上に算式を複雑化させない程度の生産性KPIとして、筆者はジャック・フィッツエンツ氏が著書『人的資本のROI』(2010

図表6-1　人的資本付加価値

一人当たり付加価値（Human Capital Value Added）	▶	$\dfrac{\text{売上－\{経費－（給与＋教育投資＋ベネフィット）\}}}{\text{社員数}}$

出所）『人的資本のROI』（ジャック・フィッツエンツ著、2010年、生産性出版）

年、生産性出版）にて提唱する一人当たり人的資本付加価値を推奨したい。

基本は一人当たり粗付加価値（粗利）の概念だが、経費から給与やベネフィット、教育投資といった人的資本への投資やコストを差し引いている理由は人的資本投資・コストの多寡に影響されない一人当たり粗付加価値額（≒生産性）に着目すべきという思想である（図表6－1）。

例えば売上高1億円で従業員10人、経費は8000万円、そのうち給与、ベネフィット、教育関連投資が5000万円という企業Aがあったとしよう。当該企業の人的資本生産性は7000万円ということになる。

一方で企業Bは同じように売上高1億円で従業員10人、経費も8000万円だが、そのうち人的資本への投資やコストは6000万円だとすると、人的資本生産性は8000万円となる。つまりA社と比較してB社の方が社員一人当たりで生み出している付加価値額が大きい（図表6－2）。

経営・事業戦略と人材戦略の連動性において考えてみよう。A社が新たな経営・事業戦略を策定し、3年後に売上高1億200

図表6-2　2社の人的資本生産性

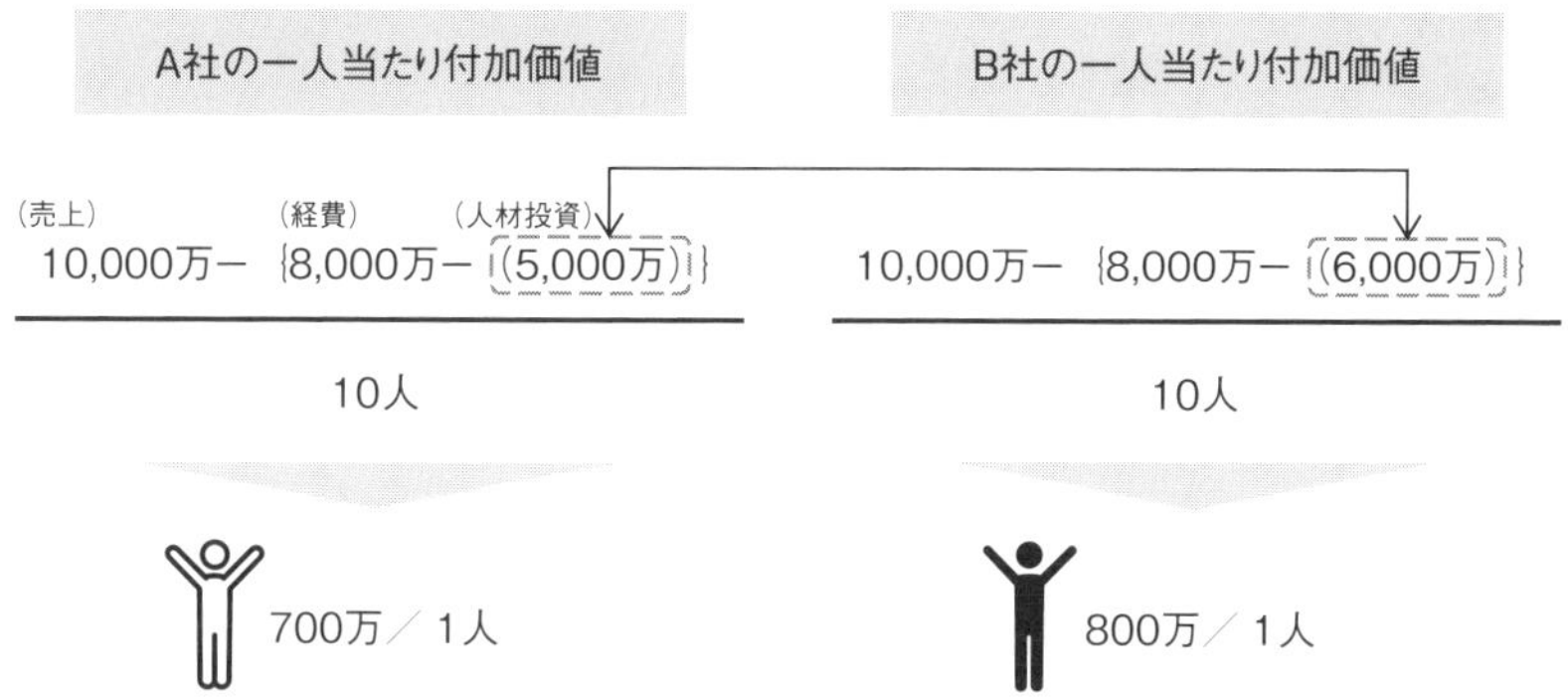

出所）『人的資本のROI』（ジャック・フィッツエンツ著、2010年、生産性出版）を参考に野村総合研究所作成

０万円、経費は９０００万円、社員は４人増やして14人、その人的資本には６２００万円を投資することを計画すると仮置きしてみる。すると3年後のA社の人的資本生産性は６５７万円となる（図表６－3）。

この計画では、3年後に粗付加価値額は２０００万円から３０００万円に増加するものの、一人当たり付加価値額である労働生産性は７００万円から６５７万円に低下することになる。

そこで3年後の人的資本に７５００万円を投下しつつ、経費全体は９０００万円を維持する計画に修正する。増員する人材への報酬や教育投資を厚くしつつ、一般管理費等の経費を業務プロセスの見直し等で圧縮し、経費の全体額は１０００万円の増加にとどめるという計画である。すると3年後の労働生産性は７５０万円と算出され、現在の７００万円から50万円（７％）上昇する計画となった（図表６－4）。

図表6-3　A社の経営計画（甲）と人的資本生産性

経営計画(甲)

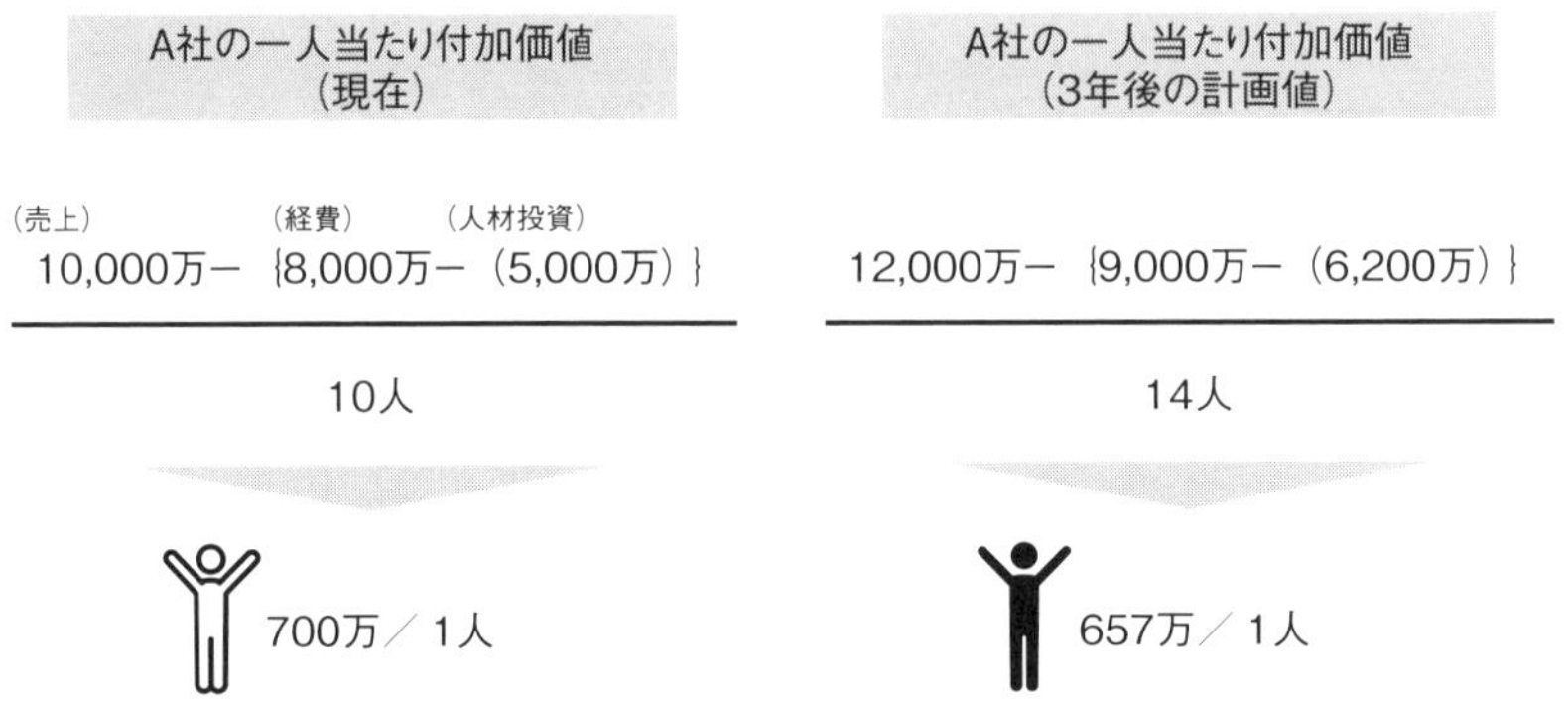

出所）『人的資本のROI』（ジャック・フィッツエンツ著、2010年、生産性出版）を参考に野村総合研究所作成

図表6-4　A社の経営計画（乙）と人的資本生産性

経営計画(乙)

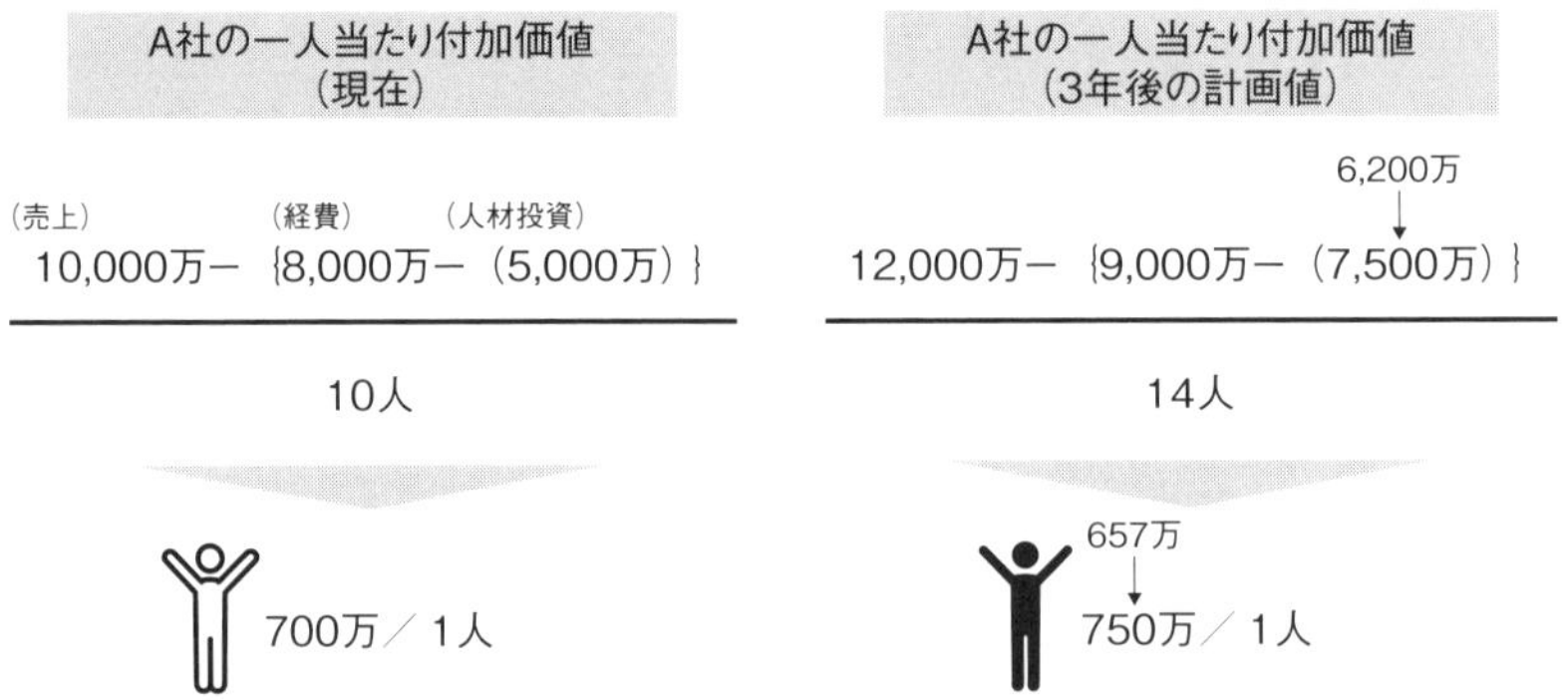

出所）『人的資本のROI』（ジャック・フィッツエンツ著、2010年、生産性出版）を参考に野村総合研究所作成

図表6-5　独SAP社の人的資本生産性の開示

Integrated Report 2022

Human Capital

	2022	2021	2020	2019	2018
Human capital indicators in € thousands					
Revenue (IFRS) per employee (full-time equivalents, FTE)	278.0	259.2	266.9	274.4	256.0
Operating profit (IFRS) per employee	42.0	44.6	65.3	45.1	60.9

出所）SAP Integrated Report 2022

こうした見える化を事業ごとに行えば、事業戦略の実現に向けて事業内での教育投資、人員数やポジション数の増減による人件費のコントロール、そして労働生産性の進捗を見える化することができる。こうして経営陣は経営・事業戦略と人材戦略の財務的連動性を確認することで人的資本経営の推進を図ることができる。

ちなみに独SAP社はRevenue（収益）とOperating profit（営業利益）に対する人的資本生産性を統合報告書で開示している（図表6－5）。

・人的資本ROI

人的資本への投資やコストと収益性のもう一つの関係が、社員への給与やベネフィット、教育投資に費やされた金額に対する利益（リターン）という観点で、人的資本ROI（Return On Investment）の見える化である。

粗付加価値額を給与、ベネフィット、そして教育投資額で割ると、人的資本への全投資によって獲得された付加価値の創出量、すなわち人的資本投資へのリターンが算出される（図表6

図表6-6　人的資本ROI

人材ROI
（Human Capital Return on Investment）

売上－｛経費－（給与＋教育投資＋ベネフィット）｝

給与＋教育投資＋ベネフィット

出所）「人的資本のROI」（ジャック・フィッツエンツ著、2010年、生産性出版）を参考に野村総合研究所作成

－６）。

先ほどの例で説明していく。Ａ社の現状は売上高１億円、経費は８０００万円、そのうち給与、ベネフィット、教育関連投資が５０００万円であるから、人的資本投資・コストの多寡に影響されない粗付加価値額（≒生産性）は７０００万円である。これを人的投資・コストとして投下した５０００万円で生み出したとして、７０００÷５０００と除すると１・４という比率が算出された。人的資本投資１に対して、１・４の粗付加価値が創出されているということになる（図表６－７）。

それでは経営・事業戦略と人材戦略との連動という観点から人的資本ＲＯＩを見るために、先ほどと同様にＡ社の３年後の経営計画について見てみる。

修正されたＡ社の経営計画（乙）では売上高１億２０００万円、人的資本投資・コストの多寡に影響されない粗付加価値額は１億５００万円、人的資本投資・コストのトータルは７５００万円であるから、人的資本ＲＯＩは１０５００÷７５００で同じ１・４と算出される（図表６－８）。

Ａ社モデルにおいては現在と３年後の経営戦略達成時の人的

図表6-7　現状Ａ社の人的資本ROI

A社の人的資本ROI

（売上）10,000万－｛（経費）8,000万－（人材投資）（5,000万）｝
――――――――――――――――
（人材投資）5,000万

1.4／人的投資

出所）『人的資本のROI』（ジャック・フィッツエンツ著、2010年、生産性出版）を参考に野村総合研究所作成

資本に対する投資とリターンは、計画の上では同じ割合であることが分かった。今後は人的資本ＲＯＩがどのような進捗をしているのかについて年度単位でモニタリングを行い、もしも仮に計画した数値を下回ることがあればよりリターンを上げる人材戦略の見直しを行うのか、その時点においてはまだ人的資本への投資が先行している段階として受け止めるかといった経営陣としての視座からの経営判断に役立てることができる。ちなみに前出したＳＡＰも人的資本ＲＯＩのモニタリングを統合報告書内で公開している（図表６－９）。

図表6-8　A社の経営計画（乙）における3年後の人的資本ROI

経営計画(乙)

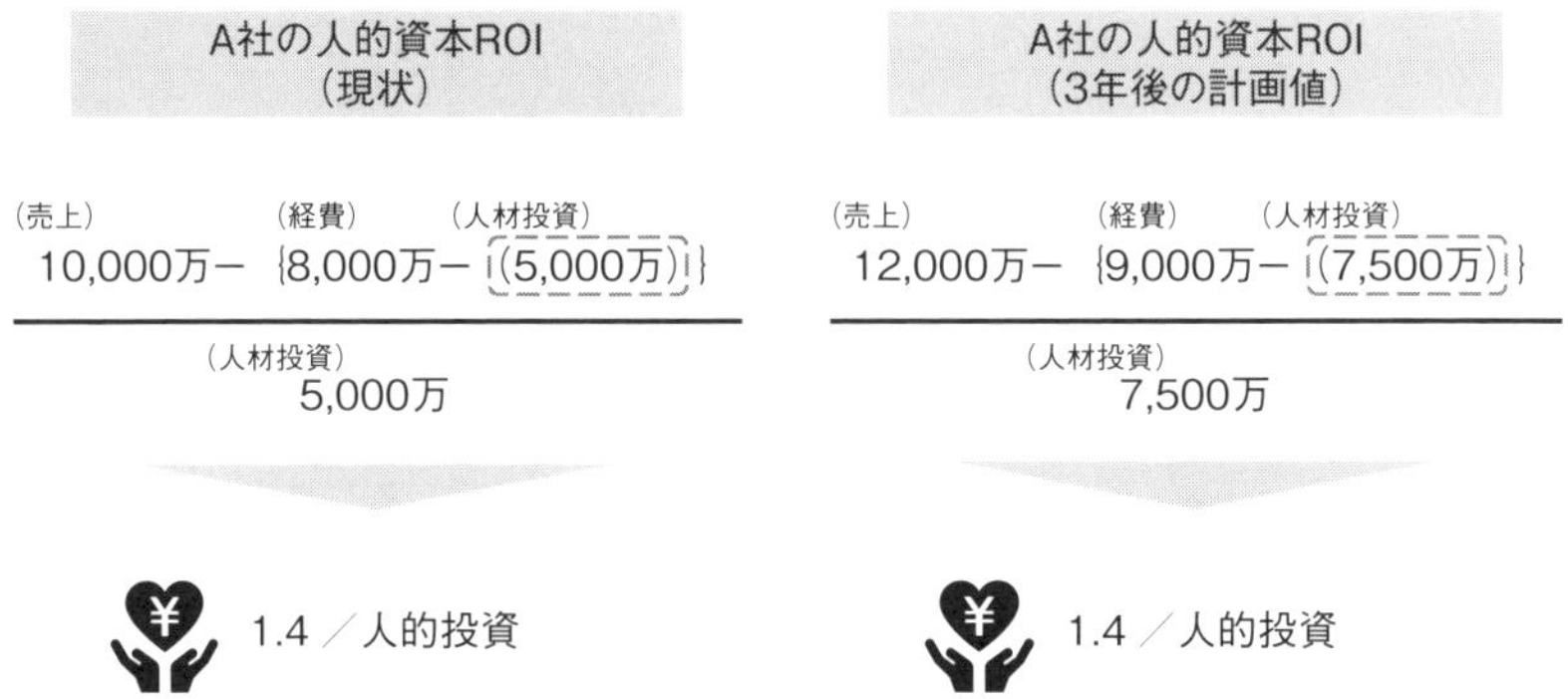

出所）『人的資本のROI』（ジャック・フィッツエンツ著、2010年、生産性出版）を参考に野村総合研究所作成

図表6-9　独SAP社の人的資本ROIのモニタリング

Integrated Report 2022					
Human Capital					
	2022	2021	2020	2019	2018
Human capital ROI					
Human capital ROI =(Revenue - (operating cost - personnel cost))/personnel cost	1.3	1.3	1.5	1.3	1.5

出所）SAP Integrated Report 2022

(3) 事業ごとの見える化――人的資本の生産性の事業間比較

多くの企業が先行き不透明な経営環境下においてデジタルテクノロジーによるゲームチェンジや環境問題を契機とするSDGsの観点から収益構造の見直しや事業ポートフォリオの転換を経営・事業戦略の主要テーマとして掲げている。

その意味では経営陣が人や人材に関して本当に見たいこと、知るべきこととして、事業(ビジネスユニット)間の人的資本の生産性や人的資本ROIを俯瞰した事業ポートフォリオ転換のモニタリングが挙げられるだろう。

事業ポートフォリオ転換とは端的に言えば、環境やゲームチェンジで今後事業規模や収益拡大が見込めない(縮小する)既存事業から、今後拡大や成長が見込まれる新規事業に事業構造を転換していく取り組みである。

こうした取り組みは通常、人材の異動、すなわち人材のアロケーションを伴う取り組みとなり、同じ営業職であっても異なる商材を扱う事業へ異動する人材が生じたり、エンジニア職の人材をリスキリングして技術系の営業職とすることもありうる。

また同じ新規事業であっても社内でゼロから立ち上げる事業もあれば、外部との業務提携や事業買収でビジネスモデルや顧客基盤ごと経営資源を買収するケースもある。

そうした様々なケースにおいて、経営陣は人的資本の生産性がどのように推移しているのかを関心を持って注視し、様々な経営判断に活用していくべきである。

・**既存事業（職種）の生産性**

既存事業は今後の事業規模の拡大や収益拡大が見込まれないとしても、過去から現在においてその会社の屋台骨を支え、収益基盤と位置付けられた事業である。

したがって少しずつ収益規模や人的資本を拡大対象事業に移していくにしても会社への収益貢献という意味でも、顧客やユーザーへのサービス維持の観点からも残された人的資本に応じた収益貢献を期待していきたいだろう。

そのような観点からは縮小していく既存事業の一人当たり付加価値をモニタリングしていくことが経営陣として事業構造転換をスムーズに行えているかの判断として必要な取り組みとなる。

・**新規事業（職種）の生産性**

新規事業は今後の事業規模の拡大や収益拡大を期待する事業領域であり、事業買収ではない限り立ち上げ当初は事業規模も収益貢献も小さいが、将来の収益の柱となることをミッションとする事業である。

とは言え、生産性の改善が一向に見られない新規事業を永遠に続けるわけにもいかない。他の新規事業との比較によって、当該事業の生産性の状況の変化を注意深く確認して事業継続させる否かの判断を行う必要がある。当初の一人当たり付加価値は新規事業の場合、マイナス数値からのスタートになる場合がほとんどであり、立ち上げから何年で粗付加価値が黒字転換するかで継続の判断等を行っていくことが求められる。

（4）事業ごとの見える化――人的資本ＲＯＩの事業間比較

既存事業と新規事業の各ケースにおいて、生産性と同様に経営陣はそれぞれの人的資本に対してどのような投資を行っていくかを判断していかなくてはならない。

・既存事業（職種）の人的資本ＲＯＩ

縮小していく事業とは言え、残された人材で効率的な事業運営を継続していくことがミッションであるから、そのために必要不可欠な人的資本投資は継続する必要がある。ここでの人的資本投資は正規社員に加えて、非正規社員の給与等も含まれる概念であるから同じ報酬であっても正規社員と非正規社員との配分を適切に調整する等の判断も行っていく必要がある。経営陣はより効率的な事業運営ができるために人的資本ＲＯＩの事業間比較の見える化を求めるだろう。

・新規事業（職種）の人的資本ＲＯＩ

新規事業であっても収益貢献を度外視して人的資本を際限なく投下し続けるわけにはいかない。売上金額に比して経費が大きくなっている状況がしばらくは継続せざるを得ないものの、その状況の変化を注意深く確認してさらなる経営資源の投入なのか、人的資本への投資に関する方針を見直しながら事業継続させるのかの判断を行う必要がある。当初の一人当たり付加価値はマイナス数値や既存事業と比較して大きく見劣りする数値からのスタートになる場合がほとんどであるが、経営陣はその動向をモニタリングして各種判断を実施していくことになるだろう。

3 人事情報システムパッケージは「見える化」の救世主か

経営陣を始めとした主要ステークホルダーに対して組織・人材のコンディションや人材戦略の進捗状況をタイムリーに見える化する上で、紙やエクセルによる手作業は現実的ではない。

当然のことながら人事情報システムを有効活用することが前提となる。

一方で、大規模な人事情報システムパッケージを導入したものの、なかなか使いこなせず「宝の持ち腐れ」となっているケースも数多く耳にする。見える化自体は目的ではなく経営陣や取締役会、外部のステークホルダーに人材戦略の進捗や経営・事業戦略との連動状況を適切に説明するための道具に過ぎない。

では「人材の見える化」において、どのようなスタンスで人事情報システムを活用していくかについて整理をしていきたい。

(1) 人事情報システムの役割

採用から入社後の勤怠、給与、評価、昇降格、退職といった様々な人事業務においてそのほぼすべてが人事情報としてシステム上で管理され、あるいは人事部門のみならず事業運営されている現場において活用されている。人事情報システムとは、そうした人的資本のあらゆる情報を管理するシステムを指す。人的資本の情報管理を適切に行うということは、給与や福利厚生を適切に提供するという基礎部分に限らず、情報の可視化、分析を通じて組織や人材個々のモチベーションやパフォーマンス向上といった人的資本の生産性向上にも直結する取り組みを意味する。

例えば人事評価機能を搭載する人事情報システムであれば単に上司が入力した部下の評価情

報を給与管理システムに連携するだけではなく、人材のスキルを可視化し、「どのスキルが今期発揮されたのか」や「どの実績・成果が人材の成長につながったのか」、分析機能を活用して上司と部下との間の効果的なコミュニケーションやフィードバックにつなげることができる。

このように適切な人事情報管理システムと活用の巧拙は人的資本の向上そのものに直結するようになってきたと言っても過言ではない。

また前節でも述べたように人事情報を活用する主体は従来の人事部門から、現場で人材マネジメントを行う管理職と社員本人、そして経営や事業戦略と連動した人材戦略に関する意思決定やモニタリングを行う経営層にまで広がりを見せている。

(2) 人事情報システムパッケージの大別

人事情報は自社内で独自に開発した情報システム内で管理したり、中小企業ではデータベースソフトを活用して独自のデータベースで管理しているケースもあるが、現在はパッケージ型人事情報システムを導入しているケースが一般的である。

パッケージ型人事情報システムの種別としてはオールイン型と機能特化型に大きく分けることが可能であり、ベンダー各社が日本国内で事業展開をしている。

オールイン型は、人事・給与情報管理といった基本情報に加えて人事評価、タレントマネジメントそして近年ではピープルアナリティクス機能も搭載したオールインワンプラットフォームサービスとして提供される人事情報システムの総称であり、オラクル、SAPやワークデイといったグローバルサービスベンダーなどの各社、国内ではワークスヒューマンインテリジェンスや電通国際情報サービス、日立ソリューションズといった各社が主要なプレイヤーである。

一方で機能特化型とは、人事情報、給与情報、タレントマネジメントといった特定機能サービスをコア領域として提供される人事情報システムの総称であり、例えばタレントマネジメント機能であれば、近年はカオナビ社やタレントパレットを提供するプラスアルファ・コンサルティング社がシェアを伸ばしている。

(3) 人事情報システムだけでは「見える化」が難しい領域

人や人材戦略を見える化して活用する対象が多岐にわたる以上、パッケージだからといって開発を伴わないで1つの情報システムですべてに対応できるものはおそらく存在しない。

オールイン型であれ、機能特化型の人事情報システムであれ人事情報を活用して成し遂げたい人的資本経営はどのようなものか、成し遂げるために不可欠な人事・人材情報は何か、その情報をどのように取得し、メンテナンスするのか、その情報は誰が活用するのかといった基本となるコンセプトを十分に検討する必要がある。

人事情報は属性情報や勤怠、給与情報に関しては日常のワークフローの中で情報の取得やアップデートが仕組み化されたものであるが、人材個別のスキルや志向性といった主観的情報に関しては上司や人材本人による情報入力に対して強いコミットメントを持ってもらうことが前提となる。

また主として経営陣や取締役会を対象とした経営・事業戦略と人材戦略との連動性の観点からの見える化では、「財務情報」と人材情報との掛け合わせや組み合わせが不可欠である。ただし、ここで扱う対象は財務情報に加えて会社内の組織や機能に紐づけられる管理会計の情報であるから、人材に関する情報管理とは異なるルールで管理されているケースも多いため留意が必要である。

そして人的資本の生産性やＲＯＩにおいては、非正規社員のウエイトの大きい事業では正社員の給与だけではなく非正規社員の給与もその計算対象とすべきであることにも留意が必要である。

こうした管理会計としての予算管理と人事・人材情報とを掛け合わせて見える化する際には工夫と一定程度の割り切りが必要となる場面をあらかじめ想定しておくべきであろう。

Restructuring
Human
Resource
Management
in Japan

第 7 章

人事部門を
再活性化する

日本企業が取り組むべき5つめの人事アジェンダとして「人事部門の再活性化」を取り上げる。

元来日本企業における人事部門は経営の一翼を担ってきたと言っても過言ではない。その理由は新卒一括採用や年功序列を基軸とした日本型人材マネジメントにおいて社員の様々な人事情報、すなわち社員の入社年次や社内での経験、総合的な職務遂行能力等を集中管理することで定期異動や昇格運用に深く関与し、〝パワーバランサー〟として社内力学の中心に位置することができたからである。

しかしながら旧来の日本型人材マネジメントの機能不全や1990年代のバブル崩壊後、日本企業の後退期～低成長期において主導した米国流成果主義人事を中心とした数々の人事施策に対する社内からの非難、そしてジョブ型人事に伴う格付け機能の人事部門から現場への委譲によって人事部門の社内におけるステータスは大きく地盤沈下した。

その後、投資家によるESGやサステナビリティ経営といった持続的企業価値向上へのフォーカス、ISO30414や人材版伊藤レポートを契機とする人的資本経営の高まりによって、CEOは自社の人材戦略に深く関与せざるを得ない状況下になった。それは人事部門のミッションが変容すると同時にその位置付けが再び経営の中枢へと復帰しつつあることを意味する。

人材版伊藤レポートにおいて明示されたCHROの役割を確認するまでもなく、人事部門は経営と一体となって人的資本経営を推進していかなくてはならない。

一方でCHROや人事部門が具体的にどのような役割を果たすべきか、そのために人事部門が保持すべきケイパビリティがどのようなものなのかが明確になっているとは言えない。

本章では人事部門を再活性化し、人的資本経営を後押しするための取り組みについて整理をしていく。

1 弱体化した人事部門

(1) 日本型人材マネジメントにおける人事部門の役割

かつて多くの日本企業は、終身雇用を前提とした新卒一括採用、職務遂行能力(職能)をベースとした相対的に遅めの昇格運用、徐々に報酬が安定的に上昇する一方で、一定年齢を超えてからは逓減する長期決済型の賃金システムといった日本型人材マネジメントを運用してきた。その制度運用によって輩出されるいわゆるゼネラリスト人材が日本の企業経営を支えてきた。

この日本型人材マネジメントを時代の要請に応じて少しずつ手直ししながら、企業の各組織や階層にゼネラリスト人材を安定的に供給することが人事部門の最大のミッションであった。会社の組織風土にフィットし、不平を言わず色々な仕事をこなせそうな人材を採用、組織横断的に全社員の職務遂行能力を把握し、不公平がないように昇進・昇格運用を管理し、事業部門やコーポレート組織からの人員配置、異動といった要望に対して独自の人材情報を駆使しながら判断を行うことで大きな価値を会社にもたらしたのである。

バブル崩壊前までのこうした時代においては日本企業におけるコーポレートガバナンスも未成熟な状況であった。企業間、あるいは企業と銀行を始めとする金融機関との株式の持ち合いは株主として本来果たすべき企業統治を弛緩させていただけでなく、経営トップ（CEO）が意のままに人事権を行使できていた時代であった。当時は日本企業の国際競争力の強さを背景とした日本型マネジメントシステムに対する高い評価が存在した。

そうした企業のトップの人事権行使の黒子役となっていたのがかつての人事部門であり、必然的に秘匿性の高い人事情報を管理することでトップからの厚い信任も得ていたため経営層へのキャリアパスとして人事部門を経験させるケースも多く散見されたのである。

(2) 人事トピックの変遷

・景気後退期(1990年代半ば～2000年)

バブル崩壊後、日本企業は長い低迷の時代、すなわち失われた30年の長期低迷期に入ると同時に人事部門は様々な人事トピックに取り組むことになる(図表7－1)。

それまでは日本型人材マネジメントが表立って非難されることは少なかったが、長時間労働や労働災害といった現在にもつながる社会問題は当時から指摘を受けていた。

そして1990年代半ば頃から人事部門が取り組んだ人事トピックは、「成果主義」と名付けられた人事改革である。成果主義とは一般的には個人や組織の業績に応じて処遇の格差拡大を図ることで、個人や組織に対しての動機付けを図ることや、年功的昇格運用によって肥大化する傾向のあった人件費を適正化していこうとする狙いがあった。

成果主義へ取り組む問題意識の中には、これまで国際競争力の強さの要因とまで言われた日本型人材マネジメントが実は企業の競争力を削いでしまっているのではないかという批判が含まれていた。

成果主義と名付けられた人事改革の内容は主に米国企業が採用していた人事制度、すなわち目標管理制度(MBO)やコンピテンシーモデルの導入である。これらの制度を導入することで個人の業績や発揮される行動の評価を精緻に実施し、賞与や昇給、昇格といった処遇への反

図表7-1　人事トピックの変遷

段階（年代）	高度成長期（1960-1970）	安定期（1971-1990）	景気後退期（1991-2000）	低成長期（2001-2020）	再興期（2021-）
経営環境トピック	・大量生産	・オイルショック ・プラザ合意	・バブル崩壊 ・金融不安	・海外シフト	・コロナ禍 ・DX
代表的人事・労務テーマ	・職務等級制度	・職能資格制度	・成果主義 ・目標管理 ・コンピテンシー	・グローバルグレード、現地化 ・同一労働同一賃金 ・働き方改革	・ジョブ型制度 ・エンゲージメント ・テレワーク ・人的資本経営
人事部門の位置付け	・組合対応	・経営者に向けたキャリアパス	・成果主義を主導	・成果主義失敗の後始末	・人的資本経営の先導役

出所）野村総合研究所作成

映時の格差を拡大していくことを狙ったものである。

こうした成果主義に取り組んだ成否は企業個別の話であるから、一言で表現するのは難しい。だが当時も成果主義が狙いとした「処遇格差拡大→人材に対する動機付け拡大→組織活性化・企業業績拡大」という思惑は実現されなかったということは明確であろう。

・低成長期（2001年〜2020年）

2000年代前半からの日本経済は、「問題企業」と称された企業の多くが再編や業務提携等による救済または業績回復という形で外形的には改善の傾向を見せた。そして日本経済全体としては力強さには欠けるものの緩やかで長い低成長期へと移行した。

この時代において人事部門が取り組んだのは中国やASEAN、中東・アフリカといった新興国におけるビジネス拡大に対応するためのグローバル人事、グループ・グローバルリーダーの育成を企図したタレントマネジメント、長時間労働による過労死問題等を契機とした働き方改革、正規・非正規処遇問題の解決に向けて各種法整備が進められた同一労働同一賃金への対応といったトピックである。

グローバル人事は、グローバル展開している企業が特に海外拠点の拠点長や幹部人材に関して各国のローカル人材を幹部ポジションに積極登用する「現地化」と海外拠点の幹部級ポジションと国内拠点や本社の幹部・管理職の人事体系を共通化する「グローバルグレーディング」といった取り組みが典型的である。特に現地化に関してはローカル人材の幹部登用比率が向上する等の成果を上げていると言えよう。

タレントマネジメントの取り組みに関しては第1章でも言及した。当時、40歳代後半~50歳前後でグローバル経営を力強くリードできる経営人材を数多く輩出する欧米流のタレントマネジメントの手法を自社に取り入れる動きが海外に拠点展開する日系グローバル企業を中心に始まった。現在も多くの国内上場企業は当時の先進モデルであるゼネラル・エレクトリック社流の経営者育成モデルに日本的テイストを加えながらタレントマネジメントを導入し、運用を行っている。

(3) 社内における人事部門の弱体化

日本企業の後退期~低成長期において人事部門が主導して導入した米国流成果主義人事を中心とした数々の人事施策に対する社内評価は総じて芳しいものではなかった。目標管理制度やコンピテンシーに関して多くの社員からの不満の声が寄せられると同時に莫大な時間とコストを投下して改革を推し進めながらも成果を得られなかったことで人事部門は社内での発言権を徐々に失った。

企業内ではそうした動きと相まって人事部門、人事機能をどのように改革すべきか、組織をどうするかといった議論も行われるようになる。

その一つの主張はかつて人事情報を一手に管理し、経営トップに集中した人事権行使を黒子として支えた人事部門に対するアンチテーゼとしての「人事部不要論」である。不要といっても実際に人事部門をなくすのではなく、人事異動や評価、昇進・昇格管理といった人事運用機能を可能な限り事業運営の現場に委譲する「人事機能の分権化」、人事異動や任用を社内公募制のような社内市場メカニズムに委ねていく「社内人材需給の市場メカニズム化」のように人事部門に集中した人事権を現場に解放していくべきという考えであった。

もう一つの代表的な主張は、「人事機能転換論」である。

米国ミシガン大のD・ウルリッチ教授が提唱した、企業競争力を高めるために人事部門が積

図表7-2　人事機能の分権化

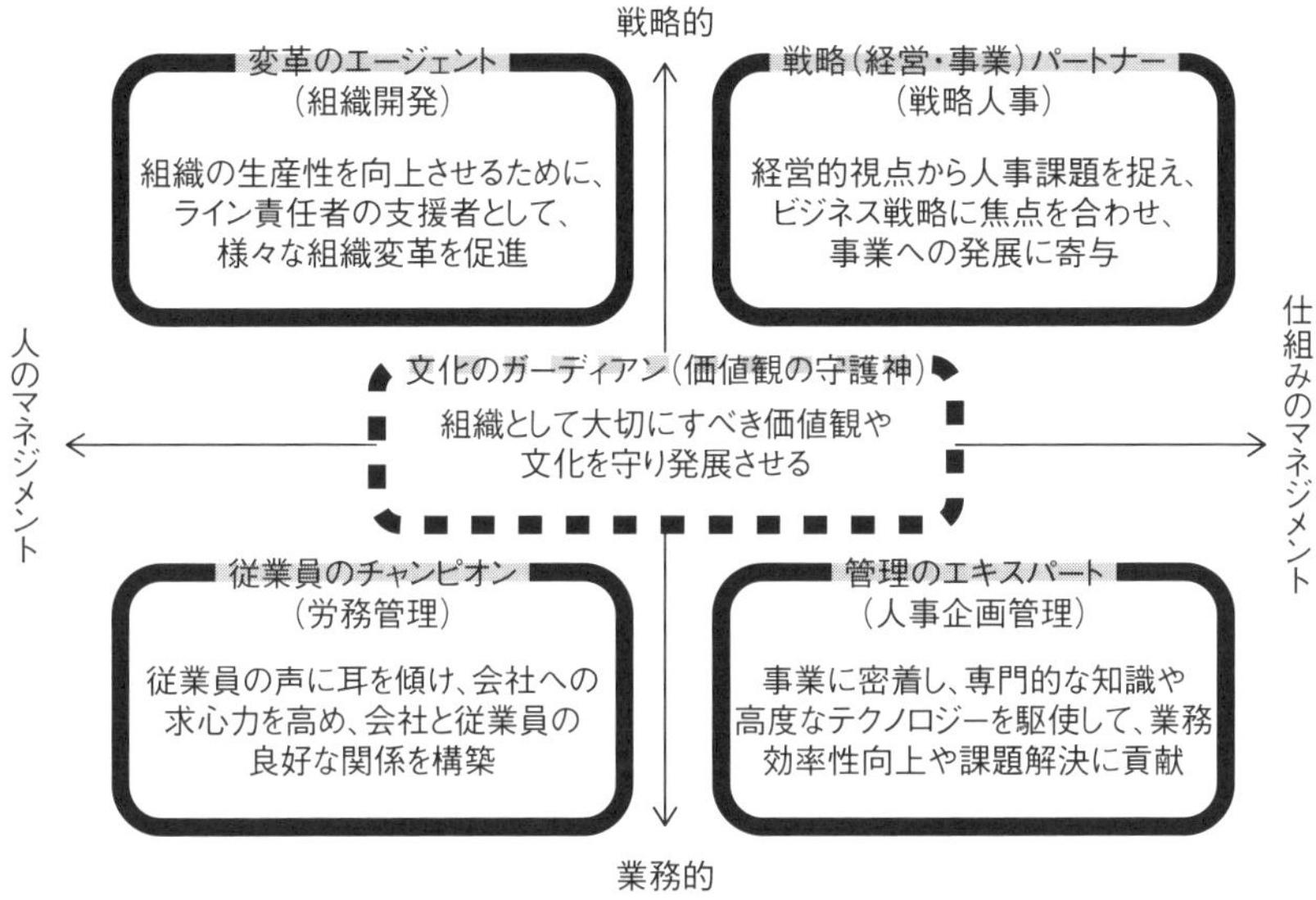

出所）「MBAの人材戦略（Dave Ulrich）」を参考に野村総合研究所作成

極的に経営に参加し、企業目標そのものに対してコミットをする「戦略人事」という概念である（図表7－2）。

こちらは一部の外資系企業を除くと日本国内では主として学術界や研究会レベルでの議論が中心であり、人事部門が社内で発言権を失っていた日本国内で再び人事部門を経営の中枢に据えるという機能論は感情的にも受け入れにくい内容であったと言える。

2 今人事部門に何が求められているか

今人事部門に何が求められているか、人事部門のありようを語る前提として、まずは人事部門が生み出すべき提供価値について考えていきたい。

人事部門は自分たちの仕事がその会社の経営トップから社員に至る「誰か」の仕事や目標達成に役立つときに、はじめて提供価値を認められることになる。

すなわち人事制度の設計や人事方針の公表自体が提供価値ではなく、こうした活動から「受け手が何を得られたか」が最も重要である。人事部門においても限られた人員が付加価値を生まない活動、たとえ人事部員にとって有益に見えても、受け手である経営トップから社員が価値を見出せなければその活動には価値がない。

残念ながらバブル崩壊後の30年にわたって社内のステークホルダー（経営者や現場のマネジャー、社員）は人事部門が取り組んできた成果主義人事を始めとした様々な人事トピックに対して価値を感じてもらえなかったのである。その結果、人事部門に対する信頼は毀損し、社内における影響力も低下してしまった。

(1) 人事部門の提供価値の要素

価値が何かは価値の出し手、送り手ではなく受け手が定義するものである。したがって提供価値を考える上で自分たちの信念や目標、行動を受け手に押し付けるのではなく経営や現場の人たちが何を求めているかを真摯に受け入れることから始めなければならない。

今般NRIが実施したアンケート調査によると人事部門からの価値提供を受ける事業サイド(営業／マーケ部門)が期待しているのは、「経営戦略・事業戦略と連動した人材戦略の策定」や「自社のビジネスや事業特性を踏まえた組織・人材面の知見の提供」といった項目であった(巻末資料13・14　経営や事業の現場から期待される人事部門の提供価値：役職属性全体・役員クラス　参照)。

またD・ウルリッチとW・ブロックバンクは『人事が生み出す会社の価値』(2008年、日経BP)において人事の提供価値は人事基盤を作り、総合的な人事の設計図を形作る上で5つの要素があるとしている。

・事業の外部環境を深く理解する

どのような企業も外部環境の中で経済活動をしている。事業の外部環境としてデジタル化やAIによるゲームチェンジ、グローバルにおける地政学リスク、環境問題、国内に限れば少子高齢化による人口構成の変化、人手不足などが挙げられる。自社内の人事の活動においてもこうした状況を正しく理解した上で行動していかなくてはならない。環境変化を受け、競合企業との競争上の課題に結び付けた上で事業現場の課題にも関連づけると同時に、人事改革と人材戦略実現の必要性についての理由付けを行わなければならない。

人事部門は全員、外部環境について熟知し、変化する環境下で会社が経営・事業戦略を達成することに対して、人材戦略や人事部門の行動がどう役立つかを深く考えて行動する必要がある。

・社内外のステークホルダーに対応する

人事部門の提供価値を定義するのはサービスを直接受ける側である経営者から社員といった社内ステークホルダーだけではなく、社外の投資家や顧客もその対象である。

例えば人事部門が株価連動型の報酬体系を構築することで、幹部やマネージャーが投資家と同様の目線を持って行動するように促すことや、従業員のコンピテンシーを設計する際に顧客視点によりフォーカスすることで顧客への体験価値（Customer Experience）提供を促すといった関わりが想定される。また人材版伊藤レポートにあるように経営陣（CXO）は投資家に自社の人材戦略やその進捗に関して積極的に発信をし、彼らとの対話を通じた気づきや改善点について、人材戦略や人事施策へフィードバックすることが求められている（図表7－3）。

言うまでもなく人事部門にとって最も重要なステークホルダーは経営者、現場のマネー

図表7-3　人材戦略に関するステークホルダーとの協創（人材版伊藤レポート）

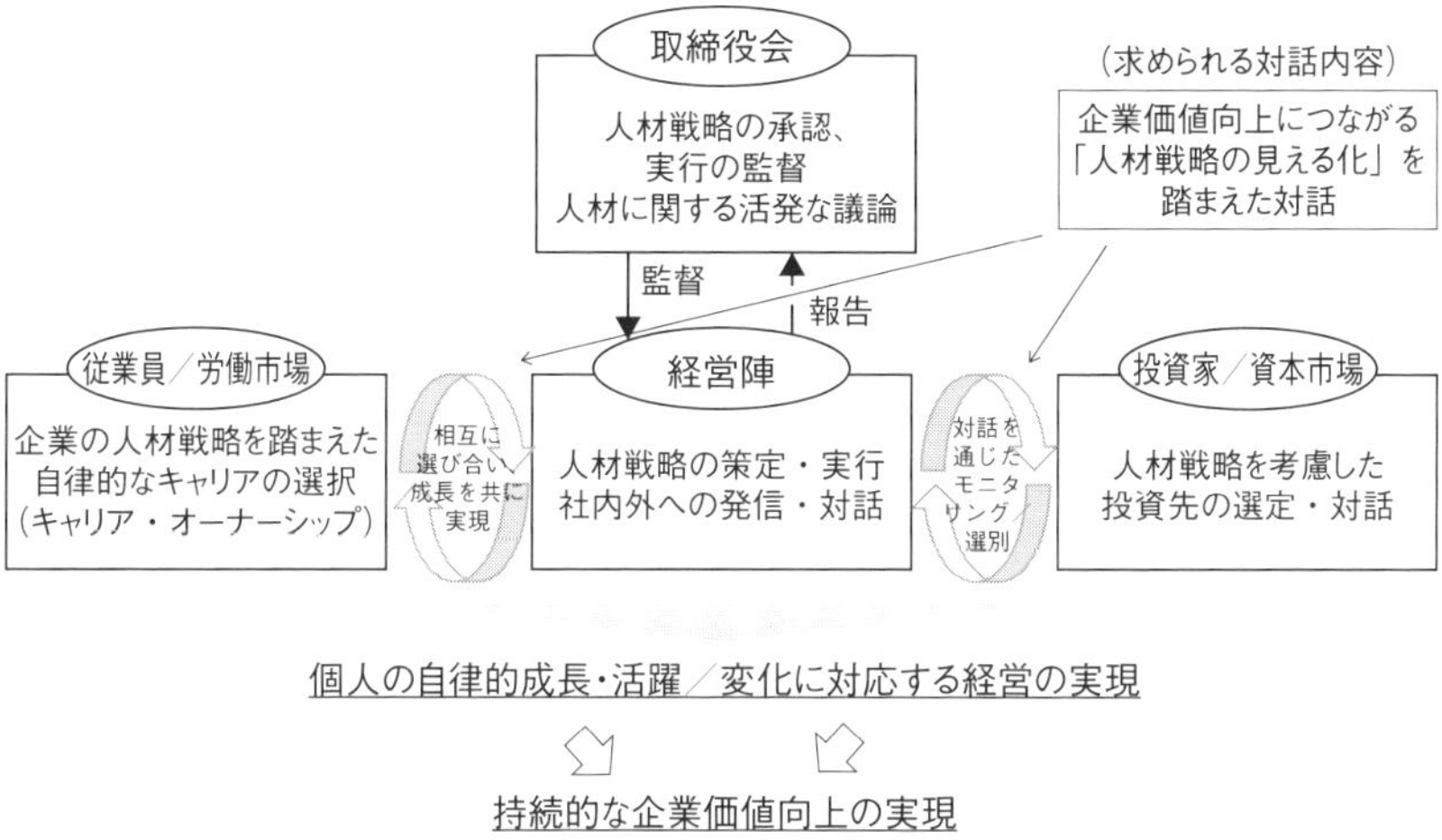

出所）経済産業省「持続的な企業価値の向上と人的資本に関する研究会　報告書」～人材版伊藤レポート～（概要）（令和２年９月30日）より野村総合研究所作成

ジャー、そして社員である。人事部門は経営者が人的資本経営を進めるための最良の伴走者としての価値を提供しなければならないが、そのメインとなるのは人や人材戦略の進捗の見える化である。

また現場のマネージャーに対しては、彼ら彼女らが持つ人事に対する誤解や疑問を解き、信頼関係を築いて成功に必要な組織能力が何かを具体的に特定して作り上げる手助けをする。次節でも触れるが、昨今は人や個人に着目したコンセプト（エンゲージメント、心理的安全性、人的資本経営）やジョブ型人事の影響も相まってキャリアのみならず個人の自律志向が強くなってきている。そうした中で現場のマネージャーは組織を束ね、一人一人のモチベーションや成長にも気を配りながら自身が担う組織としての業績・成果を上げていかなくてはならない。マネージャーに求められる役割の高度化に対応できるような教育機会の提供や働き方改革によるマネージャーの負荷軽減といった面で人事部門は価値を発揮すべきであろう。

・価値を生み出す人事の仕事（人材フロー、インセンティブ、見える化）

社内の人材に対して付加価値をつける、あるいは高い市場価値を有する人材を獲得することは人事の重要な仕事である。価値を生み出す人事の仕事は人材獲得、人材保持、人材開発に分解することができる。

人材獲得においては人材の社外からの調達に関して新卒採用、中途採用以外にも様々な選択肢を準備し、経営や現場に対して提供する。市場価値の高い、高度な専門性を有した人材を採用するためには、ジョブ型雇用（有期雇用含む）や専門職制度等の整備が必要であるだけではなく、才能ある人材の供給源や媒介機能を果たすエージェント等との関係を構築することも不可欠である。

人材保持に関しては、経営や事業運営に必要不可欠な人材を社外流出させないだけではなく、組織全体のエンゲージメントやコンディション、心理的安全性の状況を高頻度で確認できる仕組みの導入や各種データを活用した退職予兆の察知といった取り組みが求められる。事業や経営を牽引する人材やその候補人材は決して辞めさせてはならない。そのために短期的な業績報酬だけではなく株式報酬といったインセンティブスキームも準備する必要がある。また認

図表7-4 LMSとLXP

	学びを管理 （LMS：ラーニング マネジメントシステム）	学習体験を提供 （LXP：ラーニングエクスペリエンス プラットフォーム）
考え方	・会社が必要とする教育を社員に受講させ・管理する	・学習意欲を持った社員に対し、学習体験を提供する
コンテンツ	・体系的 ・年次・階層により定められた研修 ・自社内管理	・パーソナライズ化 ・多種多様な選択肢から自ら選択 ・リコメンド／キュレーションの活用 ・外部システム上で管理されるコンテンツ含む
管理の視点	・受講状況、受講結果	・何が学ばれているか／なぜ学ばれているか（コンテンツ／スキル／テーマ／キャリア 等）
受益者	・研修管理者／実施者	・社員 ・研修管理者／実施者

出所）野村総合研究所作成

知や賞賛といった金銭以外の報酬も、現金と同じくらい、あるいはそれ以上に人材のやる気を持続させられる要因となりうる。特に経営陣から率直に感謝の気持ちを伝えられることこそ、何よりも大きな励みになる。

人材開発について人事部門が価値提供できる教育機会の提供とは例えばビジネスにおけるデジタルリテラシー底上げのための研修プログラムの提供や現場マネージャーに対するコーチング研修、人材個々の能力開発計画の立案と実行をサポートできる社内公募制やＦＡ制度の整備等が考えられる。また個々のスキルがどのように変化、進展しているかを見える化できるＬＭＳ（Learning Management System）やＬＸＰ（Learning Experience Platform）の提供も人材開発においては不可欠な仕組みであろう（図表7－4）。

・経営・事業戦略スタイルと連動した人材戦略と人事組織

第2章でも述べたように一言で戦略と言っても、その策定思想にはいくつかのスタイルが存在する。典型的な経営や事業戦略立案スタイルは、自社の内外環境分析と将来予測、強み弱み、競合他社の動向といった合理的な分析を踏まえて収益最大化に向けた計画を立案するといったものである。実際にはこのようなクラシカルなアプローチばかりではなく、綿密で合理的な戦略を立案しても競争相手はすぐに模倣するのだから、あまり決め打ちをするのではなく様々なビジネスを多産多死的に試みつつ、組織をできる限り効率的に運営をしておき、市場の判断を仰ぐといったアプローチも存在する。

大切なことは人事部門が自社の経営・事業戦略アプローチがどのようなスタイルなのかを十分に理解をした上で自社の人材戦略としてどのような成果物を追求していくかを見極めていくことである。

明確で具体的な事業戦略において戦略達成のために必要な人材のスキル要件やボリュームが示されている企業ならその事業に供給可能な人材パイプラインを構築することが必要だろう。また経営・事業戦略においてフォーカスすべき事業領域を幅広めに捉えて社員に対して色々なビジネスシーズの創出を期待する企業であれば、経営情報をできる限りオープンにして個々に経営的視座を獲得させた上で組織もフラットにして下からのアイデアや構想を素早く事業化できるような組織構造に改革するといったことも考えられる。

・人事プロフェッショナルとしての役割発揮

Ｄ・ウルリッチらは価値の提供者である人事プロフェッショナルの役割を以下のように整理している。

－人的資本開発者

人的資本の開発者として人事プロフェッショナルは人材一人一人に焦点を当て、彼ら彼女らが将来的にスキルや能力を伸ばせるように、また一人一人の希望に叶った機会を提供できるように様々なプランを策定する。またビジネスモデルの変化やＤＸによって社員が持っている古いスキルを新しいスキルに入れ替えるリスキリングを推進するのもこの役割である。

こうした人材の能力開発計画がＬＭＳやＬＸＰ上で管理され、現場において確実に成長機会が準備されているかどうかを全社的に見える化できるようにすることも不可欠である。また現場の上司部下間でそうした能力開発のための対話が促進されるためにマネージャーに対するコーチングを提供するといったことも重要な役割となる。

－人事エキスパート

人事部門が人事職務のエキスパートとしての役割を果たすことが求められるのは言うまでもないことである。エキスパートはただ単に人事業務やＨＲＭ（Human Resource Management）の専門性を有しているだけでは不十分であり、理論や他社のベストプラクティスを活用して自社の選択肢となるメニューを作成するといった知識をプログラムやプロセスに変える能力が必要である。一方で人事職務に関する専門性はすべての領域を一人がカバーするのは不可能であろう。エキスパートになるためには、具体的な専門分野を決めて徐々にその範囲を広げていくことが現実的である。

また様々な人事・人材情報がデータ化され加工可能となってきたことで、人事エキスパートは加工した情報を人事部門の武器としてＣＨＲＯや人事部員に提供することで現場に対する交渉のための材料とすることも大きな役割の一つとなる。

もちろんある領域のエキスパートになったとしてもすべての答えを常にアウトプットできるわけではない。本物のエキスパートとは自分の限界を知っていることであり、その限界を超えた情報や知恵が必要になったときにそういった情報をどこから入手できるかを知っている人である。

－戦略パートナー－

戦略パートナーは自社や当該領域のビジネスに精通し、事業責任者との信頼関係を構築して事業戦略の構築、ビジネスモデルの変革、組織のケイパビリティの向上をもたらし価値創造を支援する役割である。と同時に社内コンサルタントやファシリテーターとして当該事業の組織や人に関して何をどのようにすべきかについて経営陣にも助言し、その変革のためのプロセスを支援する。

また戦略パートナーには特定事業における人事変革、人材戦略を会社全体へと展開、つまり影響力のある有益なアイデアを社内で一般化する活動も含まれる。組織や人材に関するイノベーションも往々にして個別で特定の小組織のアイデアに端を発するものである。そうした知恵を固有知、暗黙知化させずに最大のレバレッジを働かせて会社全体の人的資本の成長に寄与することが可能となる。

ー人事リーダー

よい人事リーダーに率いられた人事部門は経営やビジネスの現場から信頼を獲得するが、その逆もしかりである。リーダーはビジョンを設定し、他の人たちを巻き込み、誠実な行動を心がけ、常に学び続けるといった、リーダーとして頭で理解しているだけではなく行動で示す効果的なリーダーシップを発揮しなければならない。

人事リーダーとは人的資本経営における明確な目標を設定し、決断力にあふれ、社内外のステークホルダーと徹底したコミュニケーションを行い、社内外の環境変化に適切に対応することで、投資家、顧客、経営者、現場のマネジメント、社員に対して価値を提供することである。

さらに人事リーダーはあらゆる現場や部門が人材を探すことを助け、人材が価値を生み出す才能を開発する支援をすると同時に人事部門内の様々な職能（専門領域）の仕事を一つにまとめる役割を担う。

(2) 組織と個人の新たな関係性

人事部門が提供する価値についてD・ウルリッチらのコンセプトをベースに考えてきたが、昨今、会社組織内における個人との関係性が変化しつつあることを確認しておく必要がある。以前の上司部下の関係のように会社は意のままに個人に対して業務の指示命令をし、個人はそれに従うといった関係は既に過去のものとなりつつあるからである。組織と個人の関係性が進みうる方向性を見据えることで、改めて人事部門が何を求められているかを考察する共通の土台を形成することができる。

企業経営において人材は会社や組織の指示・方針に基づいて業務を遂行するという主従関係にあった。しかしながら事業・業務のプロジェクト化による社内組織の曖昧化、人的資本経営を始めとした人に着目した経営コンセプト、投資家によるＥＳＧ評価やサステナビリティといった資本市場のモノサシの変化、さらには労働市場の流動化といった動向が従来の組織と個人の関係性に変化をもたらしている（図表7－5）。

・デジタルテクノロジーがもたらす企業関係の変化

ビジネス・バリューチェーンがモノや暗黙知・あうんの呼吸ではなく、デジタルデータでつながることによって、産業構造は従来の垂直分業体制から水平分業体制に移行してきている。

図表7-5　組織と個人を巡る動向

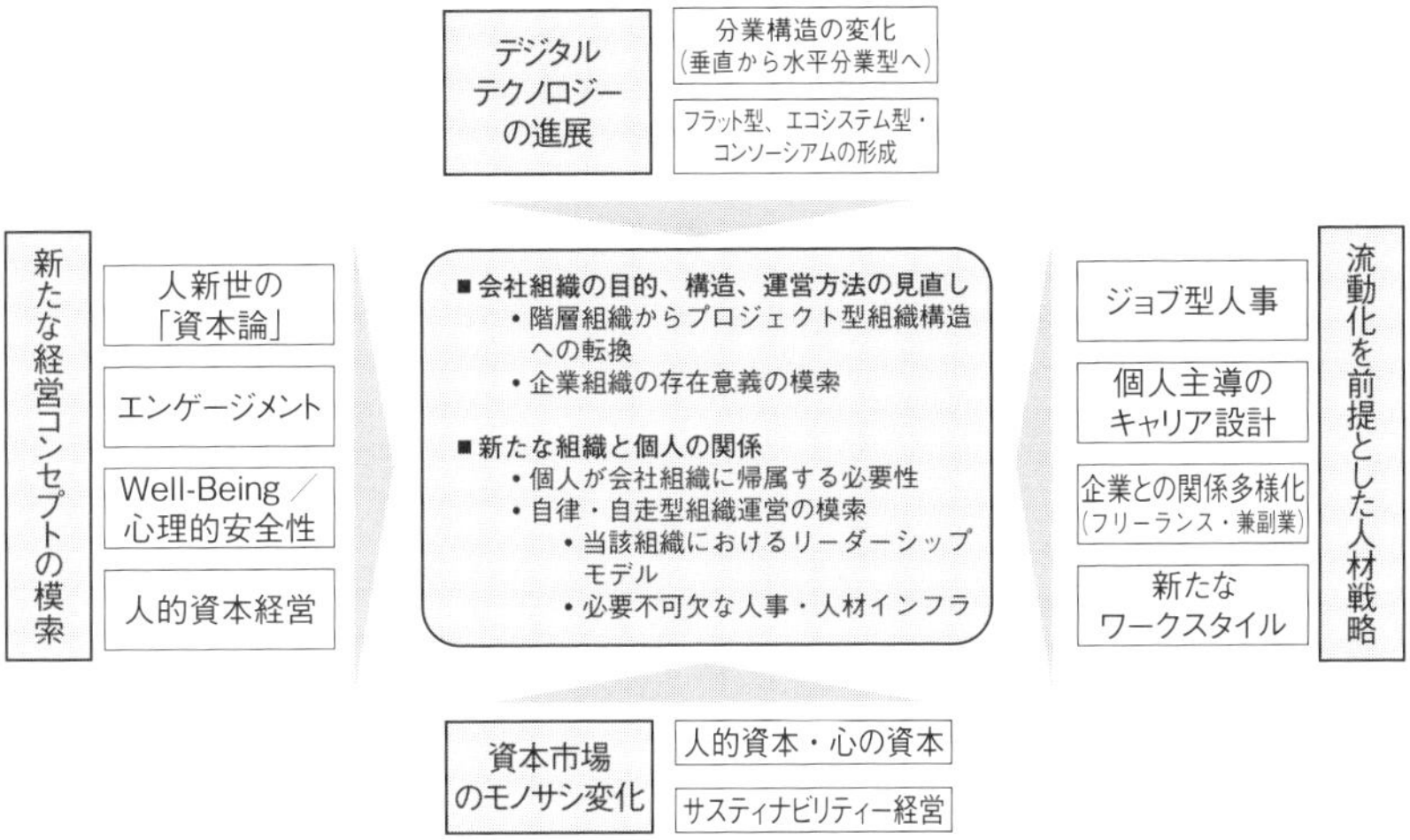

出所）野村総合研究所作成

垂直分業体制の典型は自動車産業であった。代表格であるトヨタ自動車もＣＡＳＥと言われる自動車業界のデジタルシフトによってＮＴＴやＫＤＤＩといった情報通信企業に限らず、シンガポールのグラブ社や米ウーバー社といった海外異業種サービス業との水平的なネットワークをも形成しつつある。

こうした企業間のつながり方の変化は企業内組織の在り方にも影響を及ぼしている。すなわち従来の垂直的な組織階層、いわゆるヒエラルキー型（階層型）組織から、水平的なフラット型、プロジェクト型への変容、さらには外部組織とつながるエコシステム型、コンソーシアム型への進化を後押しする作用が働く。なぜならば会社間が水平分業制やネットワーク型でつながり、機能するためには情報やデータの素早

図表7-6　企業間連携の変化と社内組織への影響

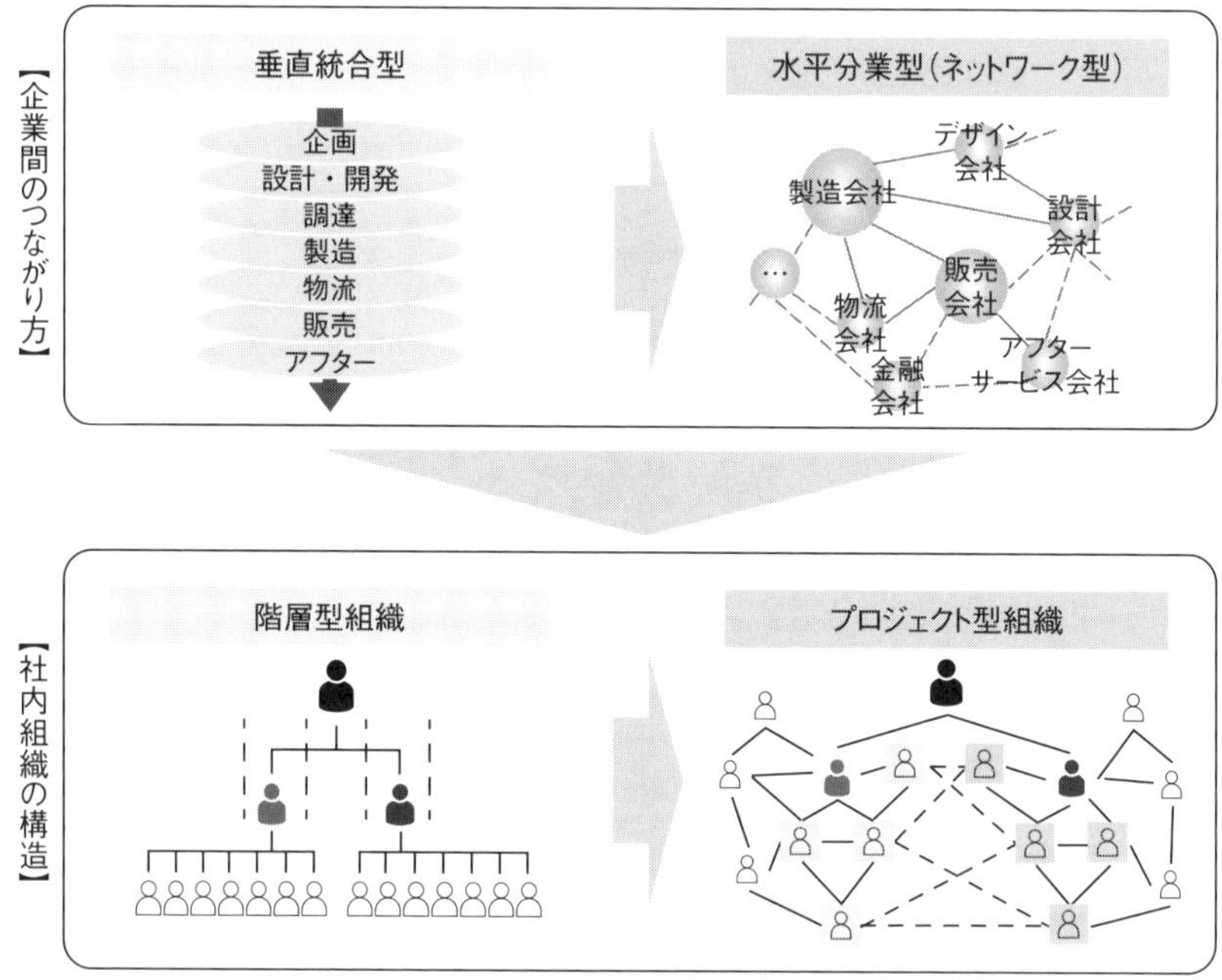

出所）野村総合研究所作成

い社内組織間連携が不可欠である。そのためには社内の情報共有度を可能な限り高めておく必要があるからである。

そして組織内や階層間での情報ギャップをなくしていくことは組織の縦（階層）と横（部署）の壁を低くすることにつながる。必要な情報をその目的に応じて必要な人のみに限定してスピーディーに共有することにはどうしても限界が生じやすいからである。実際にプロジェクト型の組織横断的な仕事がこの10年間でも劇的に増加していることは多くの読者も実感するところであろう（図表7－6）。

・個人主導のキャリア形成・働き方がもたらす人材流動化

いわゆるジョブ型人事制度が多くの企業で検討され、導入される過程において、企業は社員に対して自律的にキャリアを自己選択すべきことをメッセージとして伝えるようになっている。処遇が人の保有能力や発揮能力そのものではなく任された役割や仕事に対して支払われるのがジョブ型人事制度である以上、どのような職務ができるのか、どのような役割が担えるかを会社ではなく個人の責任に帰属させようとするものである。

そうした個人主導のキャリア形成は一方で転職や社内公募による異動といった人材の流動化を促すことにつながっている。

個人は自分自身のやりたいこと、中長期的なキャリアの道筋を描いた上で、自身が今できること、これから自らを高めていけそうなこと、そうした仕事や役割にどのような社内価値や外部の市場価値、すなわち「どのくらいの報酬が得られそうなのか」をよく考えてキャリアやジョブ、あるいは会社の選択を行うようになった。

もちろんそうした選択は報酬だけが決定要素ではない。極めて多様化した志向性とキャリア観を有する個人を惹きつけエンゲージし、個人から選ばれる会社になっていかなければ人材獲得競走に敗れ、企業としての競争力も維持・向上できなくなってきた。

様々な要因から個人は特定の企業組織や集団に所属をしながらも一方的な従属関係ではなくなりつつあり、個人の意向やキャリア観あるいは日常的な状態（コンディション）についてより一層適切に理解していかなくてはならなくなってきた。

(3) 組織と個人の関係性変化を踏まえた人事部門の提供価値

企業組織においてある決断がなされ、それを組織で総力を挙げて効率的に実行する場合には、トップダウン型で指示命令系統を明確にした階層型組織の方が合理的である。

しかしながら決まったことを効率的に実行するのではなく、新たなアイデアを具現化し、常識を疑って考え直したりすることが組織のミッションである場合には支配的な組織運営だけではうまくいかない。ここでは誰もが組織（会社）全体の視点、すなわち経営的な視点から様々なアイデアを持ち寄り、心理的にも安全でフラットな状態を保持しつつ、議論を通じて進むべき方向性を見定める必要がある。

こうした組織において、組織と個人の関係を踏まえた際に人事部門はどのような価値を提供するのかを考えていく。

・組織のありよう（組織ビジョン）の設定

企業経営の趣旨とも言うべきミッション、ビジョン、バリューといった上位概念において、「どのような組織でありたいか」「どのような組織なのか」といった組織のありよう（組織ビジョン）を設定することが人事部門の重要な提供価値となる。

組織ビジョンには個人が一つの組織に集まった上で、組織に対して何を求め、あるいは個人はどうやって組織に貢献するのか、また日常的にどのようなコミュニケーションをとることで組織パフォーマンスが最大化されるのかといった視点が盛り込まれる。その組織の中で人はどのような成長をしていくかという「問い」に対する回答でもあり、個人が経営的な視座を有して日々の業務を行うことも盛り込まれるものとなる。こうした組織ビジョンを多くの組織メンバーとのコミュニケーションを通じて策定し、浸透させていくことが不可欠である。

・情報のオープン化

変化を先取りし個々が経営的な視点を持って判断・行動できる組織運営を行うためには組織内外に関連する様々な情報に社員間格差が生じないようにしておかなくてはならない。

ここで言う情報とは、主に以下に該当する経営のリソース情報である。

－経営情報…経営・事業運営に関して、日常的に経営幹部クラスに共有される情報や経営会議にて議論される経営課題やその背景に関する情報

－人事情報…個人のスキルや志向性に加えて、人事評価に関する情報。当然のことながら「個人情報の保護に関する法律（個人情報保護法）」や「人事データ利活用原則（一般社団法人ピープルアナリティクス＆ＨＲテクノロジー協会提言）」に則った情報活用が前提となる

－お金の情報…売上、利益といった収益関連（除くインサイダー情報）だけではなく、経費に関する情報

リソース情報のオープン化が意味するところは「幹部・管理職の権限を一般社員に委譲して組織階層をフラットにする」第一ステップである。したがってこの取り組みに対しては幹部・管理職が理解・賛同してもらえるか次第と言える。なぜならば特定の集団や階層にしか共有されない情報はそれ自体が権限の源泉となり、情報をオープン化することは幹部・管理職が有している権限を「手放す」ことになるからである。ちなみに総務テック、HRテック、クラウド系受託サービスを始めとした各種アプリ受託サービス等を展開するColorkrew（カラクル）社においては個人の給与情報もオープンにしている。

一方で自律・自走型組織においてもすべての情報がオープン化されてコミュニケーションが行われているわけではない。Colorkrewでは個人に関する課題やチーム運営上の話し合いなどについては、まずは関係する人が集まって話をしている。ポイントは「関係する人全員を立場に関係なく集める」ことであり、言い換えれば「問題解決に貢献できる人」を対象とし、「偉い・立場が上だから」相談することではないという点である。

もちろんColorkrewのようにフラット型の組織運用モデルが定着している企業でない限り、いきなりこうしたリソース情報をオープンにすることはできない。一方で、組織ビジョンにおいて経営的な視座を有して日々の業務を自律的に遂行することを求めるのであれば、経営陣が有する情報の相当部分を社員にも共有することが不可欠であろう。

図表7-7　ネットプロテクションズのNatura

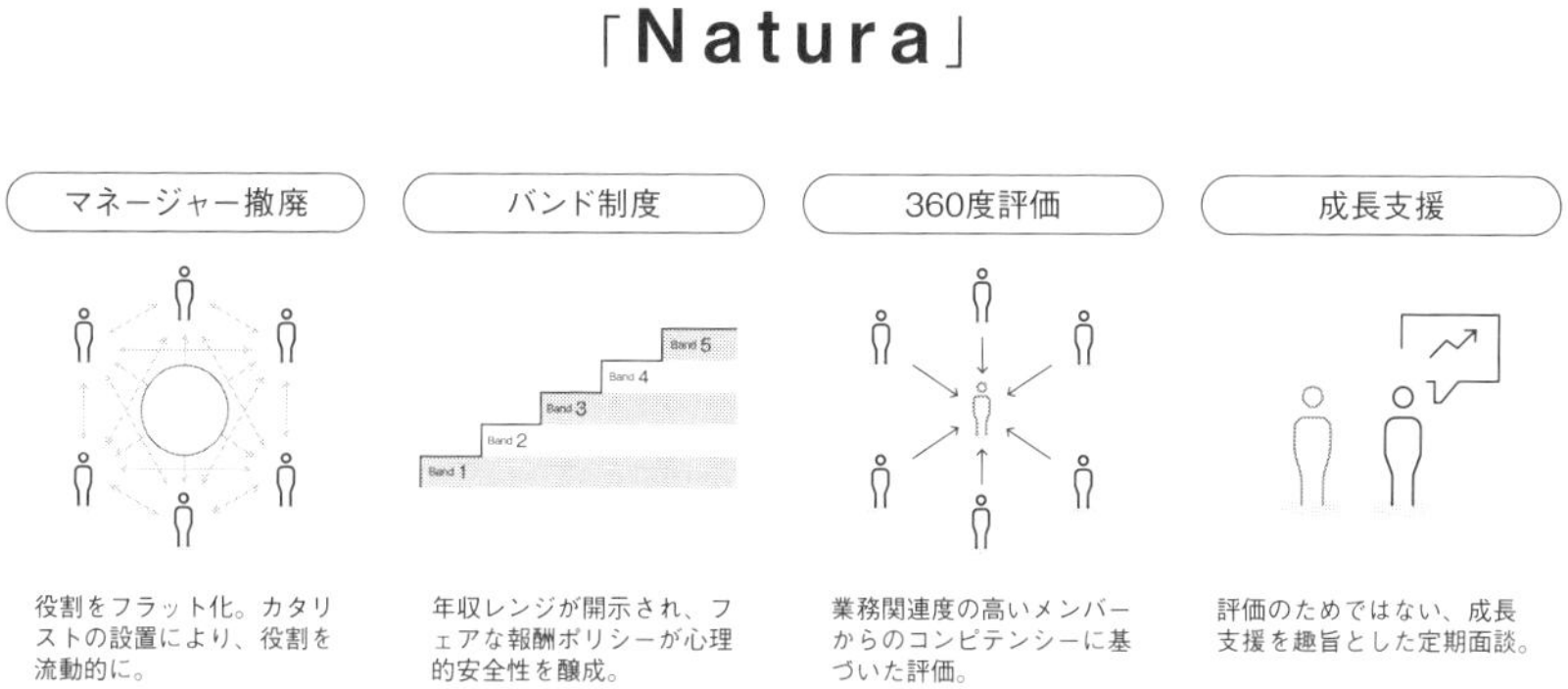
「Natura」
マネージャー撤廃
バンド制度
360度評価
成長支援
Band 1
Band 2
Band 3
Band 4
Band 5
役割をフラット化。カタリストの設置により、役割を流動的に。
年収レンジが開示され、フェアな報酬ポリシーが心理的安全性を醸成。
業務関連度の高いメンバーからのコンピテンシーに基づいた評価。
評価のためではない、成長支援を趣旨とした定期面談。

出所）ネットプロテクションズ社2022年度決算説明資料

・透明で客観的な人事評価制度

自律した社員による自走型組織においては、経営幹部、上司への集中的な人事権を分散させることが必要である。その意味においても人事部門は社員の人事評価に関しては多面評価を導入して個人の業務目標の達成度による評価から、「全社や社員全体にどう貢献したか」という視点から数多くの評価者からの行動観察によって評価する仕組みを構築することで価値を提供する。

Colorkrewと同様に自律・自走型組織運営を行っている後払い決済サービスをコア事業として展開するネットプロテクションズ（東証プライム市場上場）では、ビジョン達成に向けた行動特性（コンピテンシー）に基づく３６０度評価を実施して社員の昇給や昇格決定に反映させる制度を運用している（図表７－７）。

・組織のフラット化と権限委譲の推進

オープンな情報のもとフラットな関係において社員が自律的に構想し、判断していく上では組織階層を極力少なくし、上位階層者が有している意思決定権限をプロジェクトリーダーや担当者に委譲していくことが求められる。

そうした組織設計や権限委譲は人事部門マターではないかもしれない。仮にそうであっても組織階層の上位者に対して日常的な業務遂行において部下やメンバー、プロジェクトリーダーとの役割責任をどのように分担して、運用として権限委譲していくかをトレーニングすることは十分に人事部門の提供価値の範囲内であろう。

また組織設計や権限規程改廃のミッションを担う人事部門であれば、経営陣に対して起案を行うと同時に「権限を手放すことに対する恐怖感」をできる限り緩和するようなコーチングや組織開発ワークショップの開催を通じて意識改革を図ることが提供価値となるだろう。

3 人事部門リソースの強化・組み換え

(1) 人事部門に必要となるケイパビリティ

人事部門の再活性化に向けて必要となるケイパビリティ（組織能力）について整理していきたい。まずは人事部門が人的資本経営実践の担当部門として成果を上げるために4つのケイパビリティを説明したい。

・ビジネスHRスキル

自社の事業戦略に限らず、競合企業の動向や経営を取り巻く外部環境（テクノロジー、経済、環境、人口動態等）、社会課題の動向といった社内外の経営環境に対して、さらに深い理解・精通がこれからの人事部門には求められる。

事業現場から信頼されるパートナーになるためには、当然のことながら人事部門はまず自社の業界の仕組みをよく理解する必要がある。顧客や事業戦略と連動した企業文化を構築して貢献するためには顧客についても戦略についても相当の知識と理解が求められる。

事業戦略について事業責任者に対し深い問いかけを行うに際にも、その事業における将来の見通しを持つためにも幅広い知識が必要である。

自社のビジネスモデルにおける価値連鎖を深く理解し、社会課題の解決を通じて、価値の低いインプットを価値の高いアウトプットに変換して、企業外部と内部のステークホルダーの期待に応えていく必要がある。そうした価値連鎖において、どのような人材がどこのプロセスにどの程度必要なのか、そうした人材の育成・獲得をどうすべきかを事業責任者に対して企画・提案し、そして実行できるスキルがビジネスＨＲスキルである。

・テクノロジー活用スキル

人事部門では常に革新的な人事の仕事を設計し、実行できることが求められる。それは人事情報システムを活用した人事業務効率化のためのテクノロジー活用スキルだけではなく、ピープルアナリティクスに代表されるような「人材マネジメントの高度化」に寄与できるデータサイエンスといった領域も含まれる。

グローバル化が進展するとは言え、少子高齢化によって日本国内の労働力人口は確実に減少するため、恒常的な人材不足状態は基本的に解消されない。変化の激しい環境における人材戦略の基本スタンスは、人材の持つ能力、スキル、ポテンシャルを見定めて、パフォーマンスを最大化するジョブやチームに最適配置することである。

ここで言う「人材の持つ能力、スキル、ポテンシャル」に関して、能力・スキルの定義やその見極め方法、そして、特定のジョブやチームで成果を出すためにはどのような能力・スキルが必要なのかに関しては科学的に解明されているとは言い難い。その理由の一つは、人材が持つ能力、スキル、ポテンシャルに対して様々な教育投資（研修やＯＪＴ、自己啓発）を行った結果、人材や組織の行動や成果がどのように変化したかをモニタリングできていない点にある。

ひとり一人の人材の成長を支援し、そのポテンシャルを開花させるためには人や人材戦略を見える化していかなくてはならない。第6章でも述べた経営陣が本当に見たいことである「経営・事業戦略と人材戦略の財務的連動」においてもテクノロジーを活用して解決を図る必要がある。

・デザインスキル

人事部門にとってのステークホルダーである従業員の声に耳を傾け、事業やビジネスの課題と向き合い、人事部門の有するデータやテクノロジーを活用して解決施策を設計し、社員にとどまらず社内外のステークホルダーに対してもコミュニケーションができるスキルがデザインスキルである。

人事部門は、このような会社や従業員を取り巻く外部・社会からの声や課題認識を受け止め、その解決に向けた具体的な取り組みやソリューションを生み出す必要がある。まさしくそれは「デザインスキル」「デザイン思考」そのものである。

人材マネジメントをどうデザイン（制度設計）するかではなく、社員に対して、社会の中の一市民としてどのような存在でいてほしいのか、会社や組織の中でどのような経験をしてどのようなキャリアを歩んでいってもらいたいのか、そうした思考を通じてビジネス領域から吸い上げた課題と向き合い、人事部門の有するデータやテクノロジーを駆使し、社内外ステークホルダーに対して価値提供する行動こそが、これからの人事部門に求められる。

・カルチャーのマネジメントスキル

人材版伊藤レポートにおいても言及されているように、企業文化は人材戦略の実行プロセスを通じて醸成されるものであり、人材戦略のアウトカムとも言える。それは所与のものではなく、日々の活動・取り組みを通じて醸成されるものである。

人事部門は「外部顧客からの要求」「事業戦略による要求」「そこに関わっている社員からの要求」の3つのバランスをうまくとりつつ、注意深く定義したその企業文化がそれらと一致するようにマネジメントを行わなければならない。そして、そういった企業文化が特定の社員や経営陣の行動に体現されることにより、より強化できるように努める必要がある。また望ましい企業文化の定着化に向けて、経営陣が粘り強く発信していくことをサポートするとともに、適切なＫＰＩを設定してモニタリングすべきである。

（2）人事部門の余力創出

本章の冒頭でも述べたように人事部門の提供価値は送り手ではなく、受け手、すなわち重要なステークホルダー（経営陣、社員、現場マネジメント、投資家、顧客）が定義するものである。そうしたステークホルダーに対してプラスの価値を生み出すのが人事部門の仕事である。

一方で人事部門の仕事は極めて多岐にわたる。筆者も数多くの企業の人事部門と一緒に仕事をしてきたが、ほとんどの企業において人事部門には次々と新たな取り組み課題が山積し優先順位の高い課題ですら「在庫化」してしまっている状況である。

かかる状況を改善するには人事部門の業務を棚卸しして、時代の要請や人材戦略の変化等による優先順位の推移を見据えつつ業務の見直しを行い、人事部門の余力を創出しなければならない。

特に業務見直しの観点は、「簡素・廃止・統合化」「アウトソーシング」「システム化」の３つの切り口で検討が可能である。注意しなければならないのは価値の受け手にとってこうした人事部門の業務見直しが提供価値の変化にどのようにつながるかであろう。以下、３つの観点から業務見直しによるアプローチのポイントを整理する。

・業務の簡素・廃止・統合化

過去から現在において日本型人材マネジメントを運用していく上で人事部門では採用、昇格昇進管理、異動配置管理、労使対応といった業務を担っている。そうした業務の中には、以前からの慣行として行われていて、ルールやプロセスが必要以上に煩雑になっているものが残されていることが多い。

ある企業では定期異動に関連した人事発令資料について、経営会議での承認向け資料、組合向け資料、社員への通知用の資料、そして人事情報システムへの反映用の資料等、数多くの資料を人事部門が作成していた。ほぼ同じ内容ではあるにもかかわらず受け手の違いによって少しずつ内容やテイストが異なる資料を作成していた。

検討の過程で発令内容が変更になるとすべての資料に修正が必要となると言った状況が発生するため異動検討の時期がくると人事部門の他業務が停止するくらいの負荷がかかっていたのである。

客観的に見れば社内で活用する資料は多少のフォーマットの違いがあっても支障が生ずることは少ないので、関係者に対する協力の要請を丁寧に行うことを前提にフォーマットの統一化を図ることで業務の効率化を進めることができる。

・アウトソーシング

給与計算・支払いや社会保険実務、福利厚生管理業務等は多くの大企業においてアウトソー

図表7-8　人事・給与関連のアウトソーシング市場の拡大

（単位：億円）

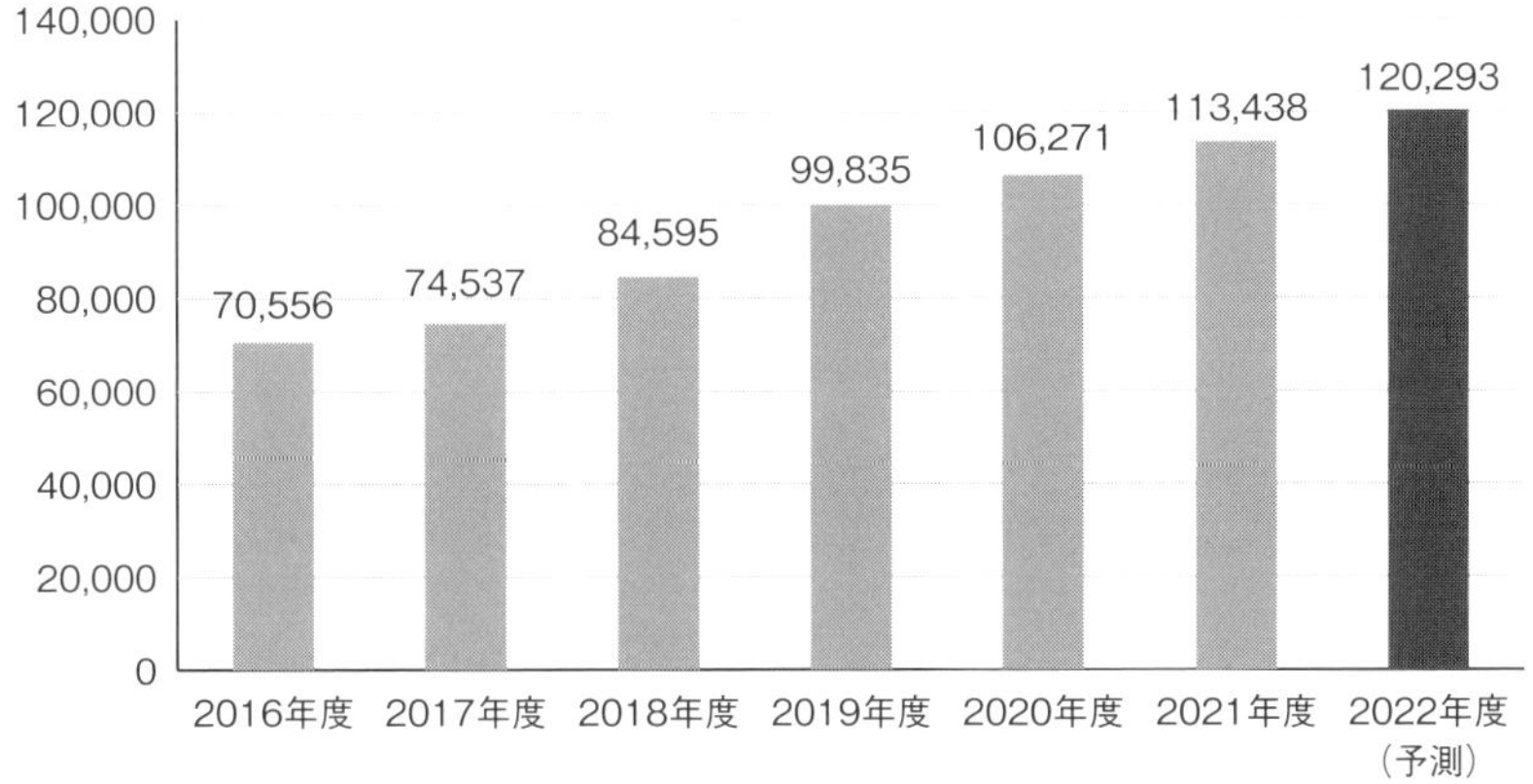

注1：事業者売上高ベース
注2：2022年度は予測値
注3：本調査における人事・総務関連アウトソーシング市場とは、①シェアードサービスセンター、②学校法人業務アウトソーシング、③給与計算アウトソーシング、④勤怠管理ASPサービス、⑤企業向け研修サービス、⑥採用アウトソーシング（RPO）、⑦アセスメントツール、⑧従業員支援プログラム（EAP）、⑨健診・健康支援サービス、⑩福利厚生アウトソーシング、⑪オフィス向け従業員サービス（オフィスコーヒーサービスや菓子の配置販売等）、⑫人材派遣、⑬人材紹介、⑭再就職支援の14分野を指す。
出所）矢野経済研究所の調査より野村総合研究所作成

シングの対象となっており活用されている（図表7－8）。

こういった業務は業務としての定型性が高いため外注ベンダーも大量の業務を受託することで請負単価を逓減できるようになる。企業サイドからしても委託業務と社内で実施する際の人件費単価を比較して本当に社内で実施すべきかどうかを検討していく必要がある。最大の問題は現在社内でその業務を行っている直接雇用社員の業務をどうするかであり、選択肢として他部署への再配置や業務委託先への出向・転籍等のスキームも準備した上で丁寧な対応が求められる。

・システム化の推進

人事部門の余力創出に向けた最大のレバーがシステム化の推進である。

多くの企業では既に人事管理、人材マネジメントにおいて様々なシステムを導入しており、人事部門の業務効率化へ一定程度寄与している実態となっている（巻末資料15　人事情報システムの業務効率向上への寄与度　参照）。

システム化によってさらなる業務効率化を実現するカギは「各種システム間の接続」であろう。

図表7－9は人事情報システムの全体像を一般化した体系図である。様々な人事管理、人材マネジメントに対応するために数多くのシステムが稼働しておりシステムからシステムへと情報が伝達されることで各システムは機能して、最終的に人事部門や経営層、社員、現場のマネージャーが当該情報のアウトプットを活用していく。

例えばワークフロー内にあるタレントマネジメントシステム内にある目標管理や評価管理に登録されたある社員の業績評価やコンピテンシー発揮の情報は、人事高度化機能内のキャリア管理のハコへと流し込まれ、その情報を活用して上司は部下との1on1を実施する際の参考にし、また1on1の結果をキャリア管理のシステムにインプットするといったイメージである。

こうした情報のインプットとアウトプットの絶え間ない連携は、必ずしもスムーズにいくも

図表7-9　人事情報・機能体系

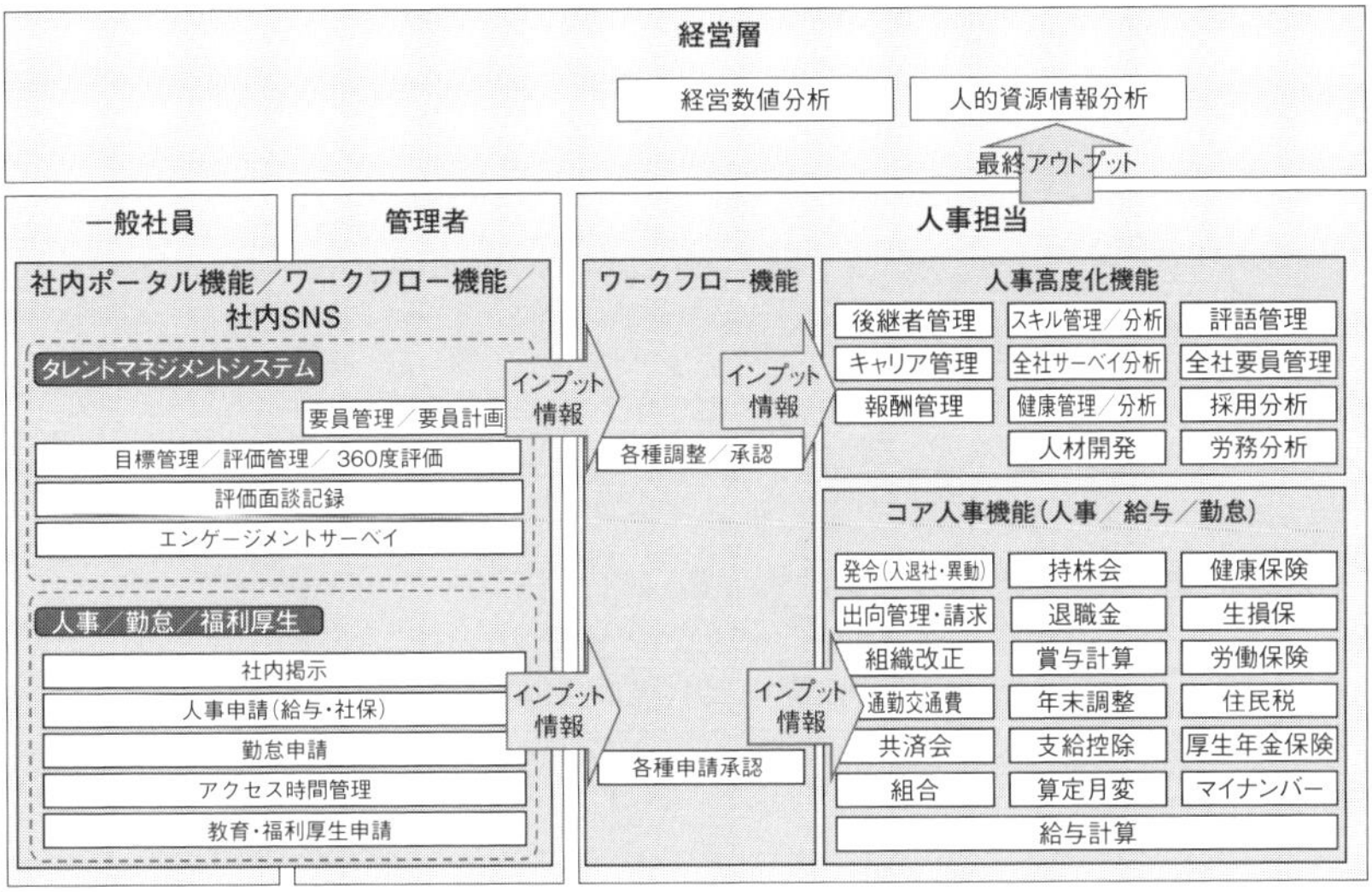

出所）野村総合研究所作成

のばかりではない。オールイン型と言われるＥＲＰ型の人事情報パッケージであれば同じシステム内での連携がスムーズにいくケースもあるだろう。が多くの場合は異なるシステム間でＣＳＶ（Computerized System Validation）による作業が主流となっているケースも多く散見される。今後はＡＰＩ（Application Programming Interface）と言われるシステム間の自動連携によってより手作業を伴わない情報連携方法の活用拡大が求められるものの、バージョンの古い人事情報システムにはＡＰＩ対応ができないシステムもまだ多く存在することからスムーズな連携方法を今後も模索していく必要があるだろう。

(3) 社内外との連携と人材の集結

人事部門の提供価値を再定義し、既存業務の効率化を図ることと同時並行で進めなければならないのは人事部門の人的リソースの強化・組み換えである。

前述した4つのケイパビリティに相応しい人材を社内から選抜して人事部門を強化する必要があるが、これは人事部門を統括するCHROと人的資本経営を主導する経営トップの役割である。

特にビジネスHRスキルとテクノロジーの活用スキルに関しては、人事部門の仕事が中心のキャリアパスでの醸成は難しい面が多い。ビジネスの事業部門やIT・デジタル推進部門が出自の人材を配置することが不可欠であろう。

またIT・デジタル推進部門からの人材調達が難しい場合には外部労働市場からの人材調達やコンサルティング会社との協働で人材を確保するという手段も想定される。いずれにしてもこうした人材リソース強化は人事部門だけでは社内での納得感を得ることは難しい場合も多いことから経営トップ自らが主導していくべき取り組みとなるだろう。

Restructuring
Human
Resource
Management
in Japan

第8章

経営者が人的資本経営で同じ過ちを犯さないために

最終章となる本章では人的資本経営を通じて人材戦略を立案し、実行する上で経営者自らが実行すべきことについて述べていきたい。バブル経済崩壊後の日本企業における人事・人材に関する取り組みを一言で総括するなら、それは「人的資本を含む無形資産が毀損し続けた30年間」であったと言えよう。

これからの人的資本経営時代にあたり、その推進を主導する経営者（CEO）が同じ過ちを犯さないためにどのようなスタンスで向き合うべきかを、社員や経営幹部が経営者に期待するアクションという視点も交えて整理していく。

1 人に付加価値をつけ成長させることに経営者自身がフォーカスする

CHROや人事部門が人材戦略の立案や実行・運用を担うものの、常に経営者自らが経営の両輪として「事業成長」と「人の成長」に対する高い意識を持って意思決定し、日々行動することが大切である。以下、経営者が有すべき人の成長に関する意識面のポイントを掘り下げる。

(1) 人の成長の時間軸

人の成長≒スキルアップと置き換えた場合、スキルの特性によって成長速度はまちまちである。図表8－1は米国の経済学者であるロバート・L・カッツ氏によって提唱された組織階層に必要とされるスキル分類ごとのウエイトを示したモデルであり、スキルの分類を「コンセプチュアルスキル」「ヒューマンスキル」「テクニカルスキル」としている。

テクニカルスキルは他のスキルと比較すると新たに習得し、スキルのレベルアップを図るために必要な時間は相対的に短かめである。またテクニカルスキルはまずは関連知識を習得し、次にそのスキルを実際の仕事に生かすという順序となるが専門知識を習得するための方法は自己学習からOJTまで幅広く存在する。昨今で言えばAIを自在に使いこなして新規ビジネスのモデリングを行い、業務プロセスの刷新を図るといったスキルを習得するには相応の経験と時間がかかるが、AIがどのようなもので、それを活用するとどのようなメリットがビジネス上得られるか、実際に活用するためのツールには何があるかといった基礎的な知識であれば比較的短時間で習得は可能である。

一方で「コンセプチュアルスキル」や「ヒューマンスキル」は知識やフレームワークの習得も必要だが、何よりも様々な業務機会を通じて習得されるスキルであり、テクニカルスキルの

図表8-1　カッツモデルとスキルアップに必要な期間

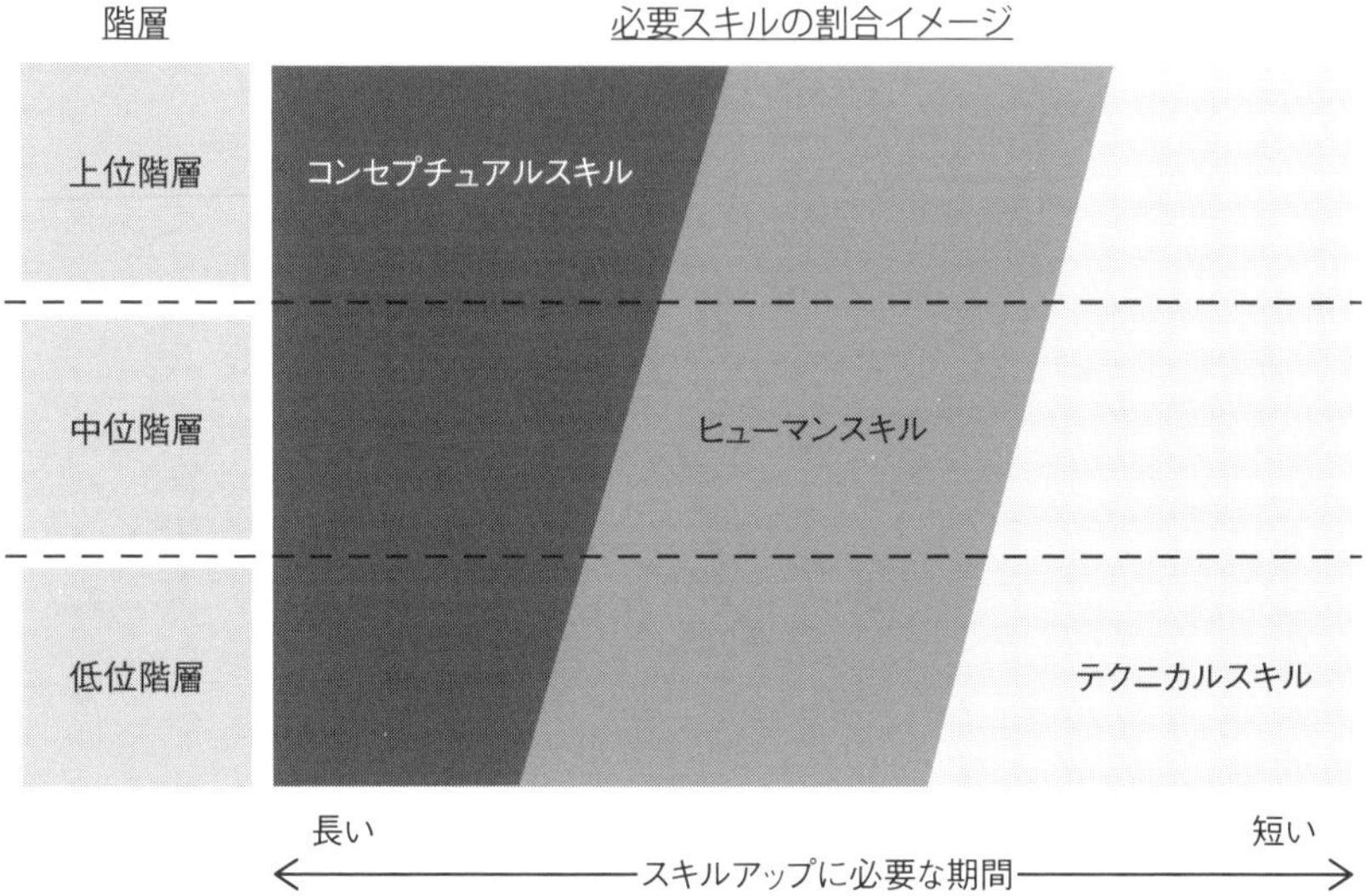

出所）野村総合研究所作成

ような短時間での習得は難しい。

例えばデータサイエンスやＡＩといったテクノロジー関連の基礎的な知識を身につけたとしても、ビジネスや業務、組織に関する課題を分析・整理し大きな方向性を導出するといったコンセプチュアルスキルを磨く場がないと実際のビジネスプランにまとめることはできないし、社内や組織に有する様々な利害関係者の心理を的確に把握して対話や交渉を行うヒューマンスキルが低いと組織内での合意形成を図り、会社や組織を前に進めることはできない。

またスキル習得の対象者が、新たなスキルを習得することに対してどの程度前向きかといった点もスキルアップに必要な時間を左右する。一般的には加齢とともに挑戦意欲は低下傾向にあるとされるが、近年の調査では年齢要素よりも個人の意欲の問題との報告もある。

人的資本経営の目的は人の成長を推し進めることで、企業の経営戦略や事業戦略と連動させて持続的な企業価値向上につなげていく取り組みである。経営者は成長のための業務機会を組織や人材に対して意図的に創出することを自ら主導すると同時に、それでも人の成長には一定の時間が必要であることを改めて認識しておかなくてはならない。

（2）外形的多様性への配慮

会社組織内には様々な役割や職種、組織階層やポジションといった多様な属性が存在する。人的資本経営を進める上で、こうした多様な属性、すなわち「外形的多様性」に対する配慮を怠っていては決してうまくいかない。

多くの企業では環境変化や競合企業の動向を踏まえた中期経営計画等において、今後成長させていく事業や新たなビジネスモデルの開発といった攻めの課題への取り組みを掲げている。

一方でそうした成長事業領域や拡大事業領域とは少し距離を置く事業領域や役割、職種が社内には必ず存在する。人材戦略の目玉としてフォーカスされるのは事業拡大や新規ビジネス開発を担う役割や職種になるのは当然であるが、実際には直接的な関連性が低い役割や職種の方がマジョリティーであることが一般的である。

また企業内における年齢、世代間においても同様のことが言える。どちらかと言うと若手（20歳代）や中堅社員世代（30－40歳代）のモチベーション向上やリテンション（離職防止）への意識が強くなりすぎ、50歳代以降の人材は「シニア人材活用」という括りでしか人材戦略に反映されないことが少なくない。

こうした外形的多様性のうち、経営・事業戦略上フォーカスされづらい役割や職種、あるいは世代に対してもどんな期待をし、どうスキルアップを図ってもらいたいのか、そのために会社や組織としてどのようなサポートをするのかを経営者は自ら明確なメッセージを示す必要がある。そしてそれらの役割、職種、世代に対して期待する変化、成長の進捗速度は異なる時間軸で考えるべきである。

なぜならば会社全体の経営を考えた場合に、そうした既存事業や経験豊富なシニア世代にも既存事業・業務の効率的な運営や新規事業をうまく軌道に乗せるまでの安定的な収益確保に対してこれまでと同様の貢献を期待するからである。つまり既存事業や業務において安定した貢献を期待すると同時に、新しい業務プロセスへのチャレンジにも期待をすることになる。期待する役割の難易度は新規事業も既存事業の効率化・高度化も同じレベルであることを経営者は認識した上で丁寧なコミュニケーションを心がけなければならない。

（3）内的多様性への配慮

役割や職種、ポジションといった外から見える多様性とは別に、人が有する行動性格や個性・特性といった言わば「内的多様性」の存在については、第2章4節と5節において前述した。人的資本経営を進める上で経営者は外形的多様性だけではなく、内的多様性に対する配慮も忘れてはならない。

特に人材が有する「変革を阻む免疫機能」すなわち自己防衛のために不安を管理するシステムは、人によって発展段階に違いがあることに関して経営者は留意が必要である。前述したとおり発展段階には「環境順応型」「自己主導型」「自己変容型」といった知性レベルが人や組織には存在する。

環境順応型知性の持ち主は職場のリーダーなど周りの人たちの価値観や期待の支配下にあり、恐れるのは周囲の人たちの意向に反したり信用を失ったりすることである。よって人材戦略が実行過程となり例えばジョブ型人事制度の導入や人事評価制度の改定が行われると職場リーダー、自身を評価する上司の行動やモノの見方が変わることに対する脅威・恐怖心が芽生える。経営者が自らが主導して人材マネジメントのルールを変える場合、環境順応型知性の持ち主に対しては特に丁寧な対応が必要であろう。

自己主導型知性の持ち主であっても変化への不安を感じないわけではなく、恐れる状況の種類が異なる。それは新たな人材戦略によって自身が自律的に設定した基準・目標を達成できず、自律性そのものが奪われ自分で物事をコントロールできなくなることに対する脅威、自分という人間が否定されたと感じる恐怖心である。

こうした不安や私的感情が常に社内で生じていることを経営者は理解し、内的多様性に配慮したきめ細かな対応が求められる。

（4）経営者が有すべき超長期視点の人的資本経営

日本企業はこれまでも長期視点での人材マネジメントを行ってきたが、それは少しずつ難しい仕事を任せていきながら人を育てるといった、現状のビジネスや業務を前提にした人への働きかけ方であった。それは人がどのようにして現在の組織や役職上の階段を上っているか、その結果年齢や職員ランクの人員構造がどのように変化しているか、また今後どうなっていくかを確認し、あるいは予測しながら人材戦略をその都度アジャストさせる取り組みである。

そしてその人材戦略の中心に位置するコンセプトが新卒一括採用、年功序列、長期雇用等から構成される日本型人材マネジメントであった。人材が組織や役職の階段を少しずつ上っていくと同様に賃金も若年期間においては仕事や役割の対価としてはやや低めに設定されている一方で経年とともに徐々に上昇し、中高年期間においては対価としては逆に高めの設定となることで生涯年収としてはバランスするという長期決済型の仕組みである。

こうした人材マネジメントの中で試みられる様々な人事改革をルールを無視して行うことは社員感情的にもリスクテイクを忌避しがちな日本の経営者マインド的にも許容されず、「自らの意思としての長期視点」というよりも「変化の先送りとしての長期視点」での経営が行われていたと言うべきであろう。

一方で今求められている人的資本経営は常に将来のビジネスモデルとのすり合わせを繰り返し、人材に求められるスキルや能力もその都度再定義しながら、人材の成長・スキルアップを仕掛けるというものである。

ビジネスモデルは常に変化するものであり、現状とあるべき姿の間には恒常的にギャップが生ずる。人的資本も同様にあるべき人材ポートフォリオと現状のそれには常にギャップが生じるだけではなく、そのギャップを充足するための人材戦略の見直しも恒常的に取り組んでいく必要がある。

当然のことながら日本型人材マネジメントも見直しをしていくことが前提となってくる。新卒一括採用中心の雇用体系は一部の大手企業において中途採用中心のものとの割合が逆転してきているが、この傾向は今後徐々に広まってくるだろう。日本国内において長期雇用自体は完全になくなることは想定し難いものの、長期決済型の年功序列賃金はどんなに社内の中高年人材のリスキリングを進めたとしてもパフォーマンスや成果と報酬とがアンバランスである以上、到底維持することはできない。年功序列賃金は機動的な人材ポートフォリオの変化に対して硬直的な仕組みであり、障害でしかない。

少子高齢化社会においては若手・中堅層だけでなくシニアも含めたすべての人材に活躍の場を与えなければ日本企業は生き残れないことは明確であり、シニア層に対しても前向きなリスキリング、自律的なキャリア形成を促していく必要がある。そのためには緊張感を与えにくい年功型賃金ではインセンティブ性が効かず、見直さざるをえないのである。

経営者は人的資本に対して、できうる限りの投資を行って社内人材の付加価値を高めていく努力を怠ってはならない。人材投資回収の時間軸も単に投資した人材のパフォーマンス発揮という視点ではなく、人材を惹きつける魅力的な会社づくりという視点も必要である。「あの会社は人に投資して、成長させてくれる企業」という採用ブランドが確立されれば、若年層のみならず多くの求職者を振り向かせることのできる強力な人材戦略となることは間違いない。

2 経営者自らが「施策」という手段を目的にすり替えない

人材戦略の立案や人事制度改革はとにかく手間がかかる。コンセプトの立案や制度の設計に労力がかかる上に、過去のルールを変更することに対する利害関係の調整が必要となる。労働組合との交渉や新しい制度に移行する上で不利益が生じないように配慮するための経過措置といった対応である。

しかしながら作り上げた仕組みや人事制度は「人に付加価値をつけ成長させる」という達成したい目的に向けた手段でしかない。一方で多大な時間と労力、コストをかけたことで、次第にその仕組みや制度を導入することが「目的」であるかのように意識が変異していくことが多い。特にそういった検討を実務として主導する人事部門は当事者であるが故にそういったワナに陥りやすい。

人的資本経営への意識が高まる中、経営者と人事部門との距離感は確実に縮小し、コミュニケーションの頻度も高まってきている。これは非常に好ましいことではある一方で、経営者も人事部門の意識、すなわち仕組みや新しい人事制度の導入が目的化する意識が移植されてしまうことが危惧される。

心がけなければならないことは「常に目的に立ち返る」ということでしかないが、より重要な視点は「人事部門の提供価値は受け手が判断する」という視点である。受け手とは社員だけではなく経営者も含めた社内外のステークホルダー全般を指すが、そのメインはやはり社員や現場のマネージャーであろう。

新たに導入する仕組みや人事制度が社員にとって成長や動機付け、組織活性化につながっていくものなのか、現場のマネージャーにとって助かるものになっているのか、そして実際の運用を通じて社員の満足度ややりがいがどのように変化しているのかに真摯に耳を傾けなければならない。そうした意味においても人材の成長やエンゲージメント等に関するＫＰＩを設定して人的資本経営のモニタリングをすることは手段を目的にすり替えないための具体的かつ有益な方法である。

繰り返しとなるがこうしたモニタリングはＣＨＲＯや人事部門のパフォーマンス管理ではなく、経営者自らの「人的資本経営の通信簿」であるとの自覚が不可欠である。

3 経営者としての具体的なアクション

本著の最後に人材戦略のアジェンダの中で経営者自身がどんな具体的なアクションをとっていくべきかについて述べる。

（1）人的資本にお金と成長機会を投入する

資源高や円安による物価上昇のせいもあるが、構造的な人手不足が日本企業に待ったなしの賃上げ圧力をかけたおかげでようやく人材獲得に対して報酬面での対応が始まっている。

一方で過去10年間の労働力人口は生産年齢人口が減っているにもかかわらず、337万人も増加している。

この要因は高齢者、女性、外国人という新たな労働力が流入したからである。だがその伸びは既に鈍化しており、人材不足感はこれから一層激しくなる。人材獲得に当たってはもちろんのこと企業は引き続き競争力のある報酬単価を意識した処遇制度の構築に努めていく必要がある（図表8－2）。

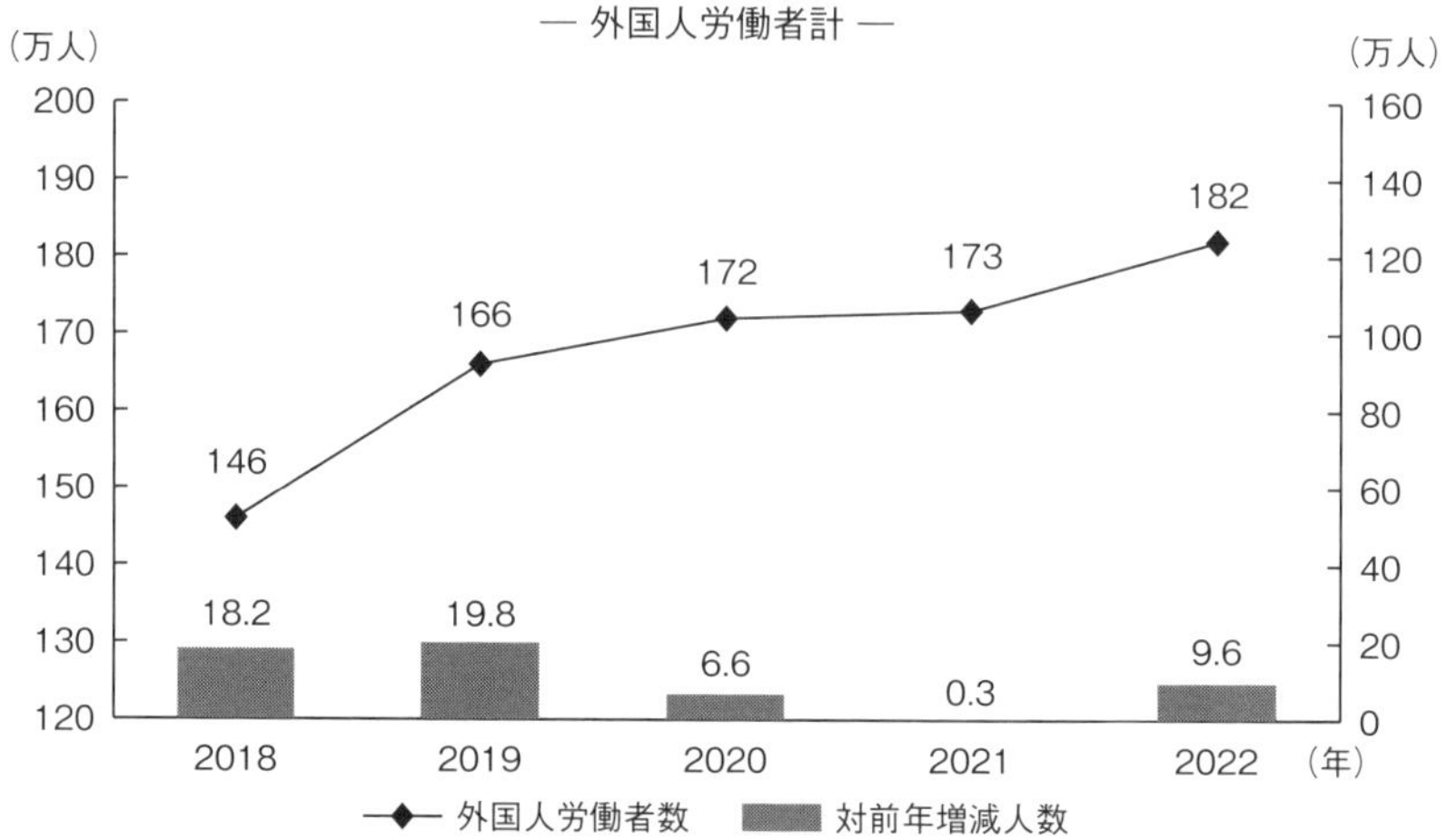
— 外国人労働者計 —
（万人）
（万人）
200
190
180
170
160
150
140
130
120
160
140
120
100
80
60
40
20
0
146
166
172
173
182
18.2
19.8
6.6
0.3
9.6
2018
2019
2020
2021
2022
（年）
外国人労働者数
対前年増減人数

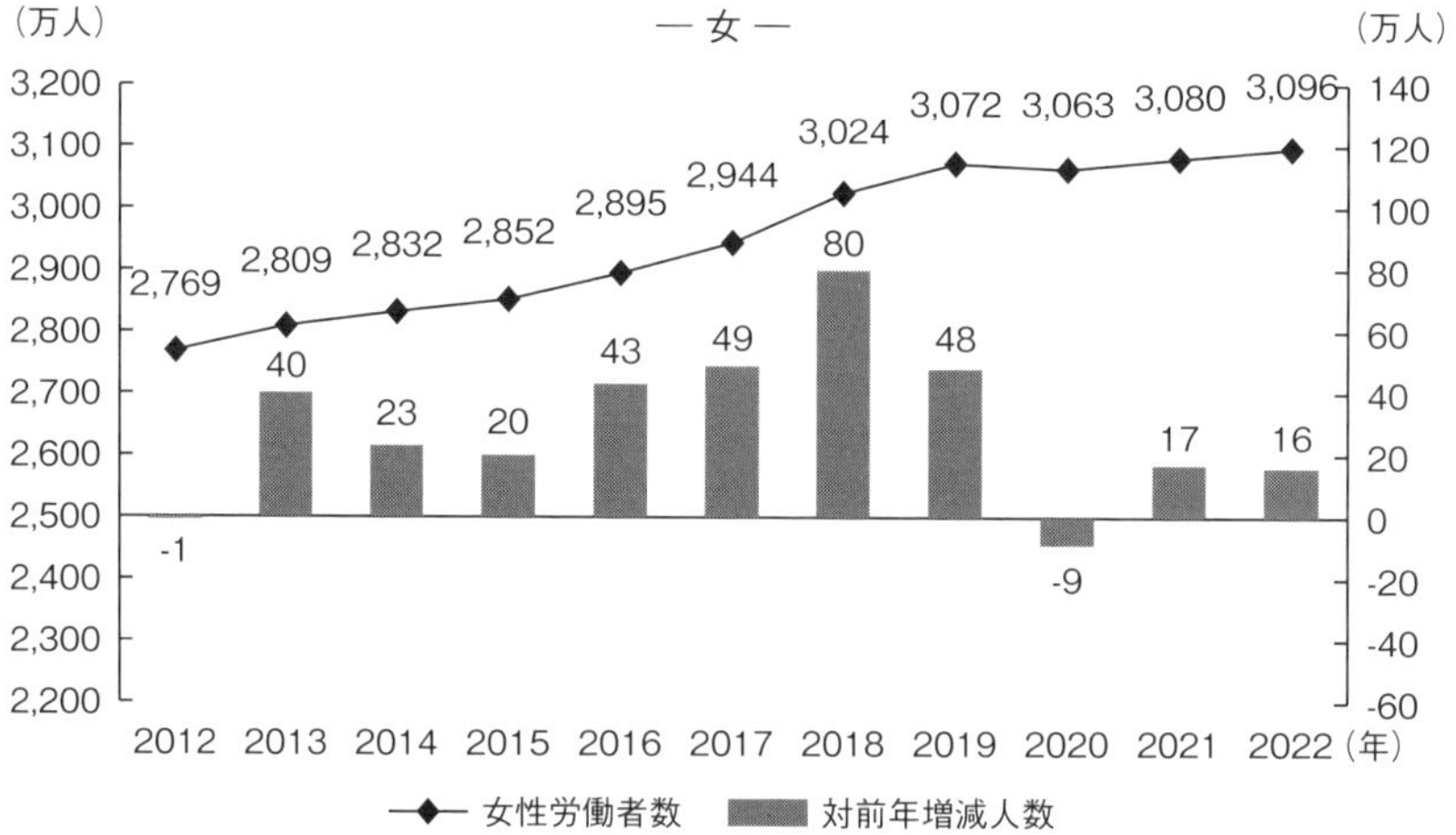
（万人）
— 女 —
（万人）
3,200
3,100
3,000
2,900
2,800
2,700
2,600
2,500
2,400
2,300
2,200
140
120
100
80
60
40
20
0
-20
-40
-60
2,769
2,809
2,832
2,852
2,895
2,944
3,024
3,072
3,063
3,080
3,096
-1
40
23
20
43
49
80
48
-9
17
16
2012
2013
2014
2015
2016
2017
2018
2019
2020
2021
2022
（年）
女性労働者数
対前年増減人数

図表8-2　過去10年間の就労人口のInとOut

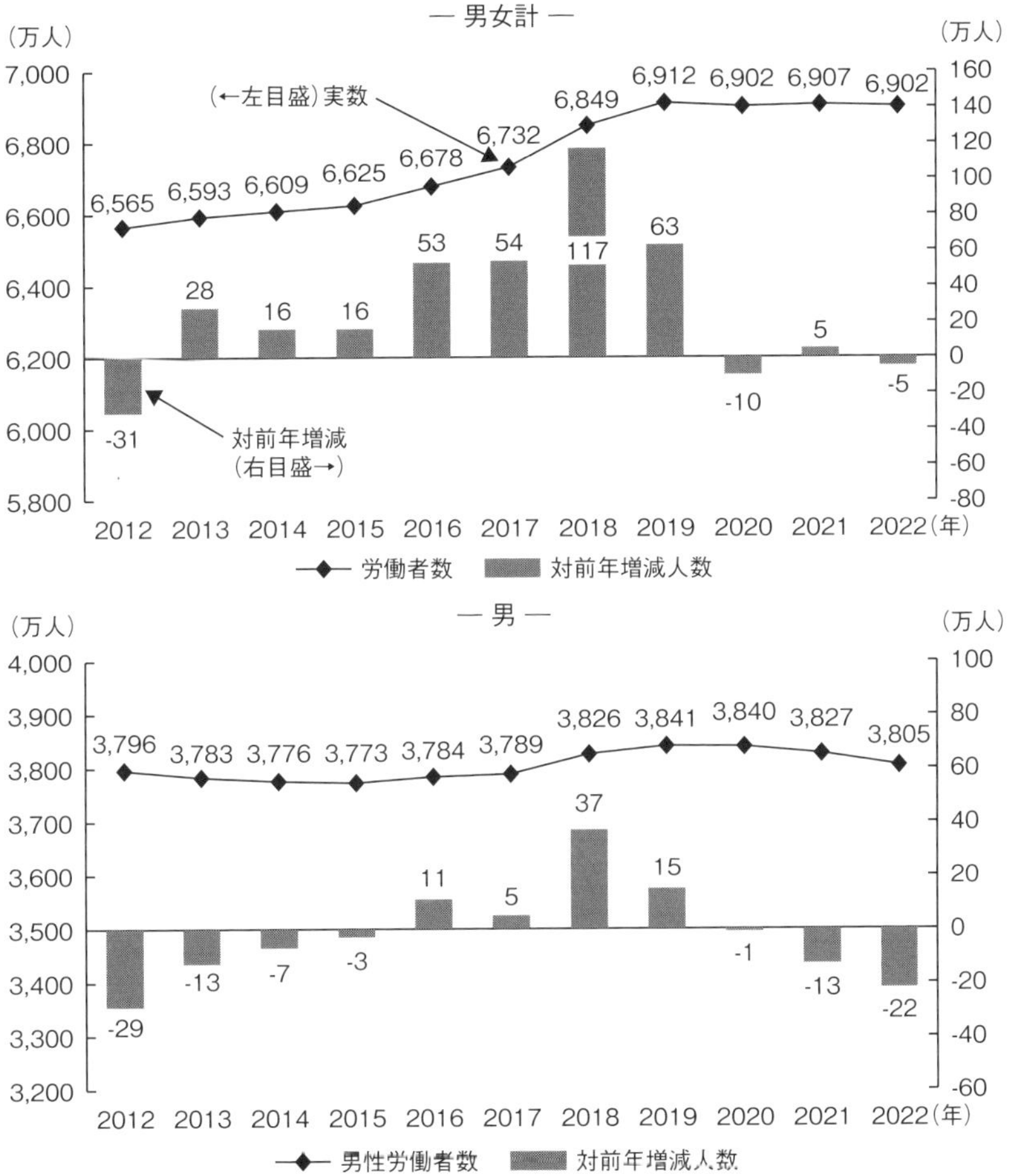

出所）労働力調査（基本集計）2022年（令和４年）平均結果の要約、概要、統計表等
https://www.stat.go.jp/data/roudou/sokuhou/nen/ft/pdf/index1.pdf　P7/33
「外国人雇用状況」の届出状況表一覧（令和４年10月末現在）
https://www.mhlw.go.jp/content/11655000/001044544.pdf　P11/17

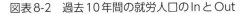

これまで日本企業の経営者は賃上げ、報酬水準の見直しに対して慎重な姿勢をとってきた。たとえ過去最高業績となったとしても固定費の増加や不透明な経営環境下における将来的の業績低下リスクを踏まえた判断である。

しかしながら優秀人材に限らず、社内の様々な役割や職種、ポジションにおいて恒常的な人材不足が将来も継続することが見通せる今、たとえ労働分配率を引き上げてでも人材に対する投資を躊躇している場合ではない。

また報酬はあくまで衛生要因に過ぎず、人材の動機付けに与える影響は一過性のものに過ぎない。会社が目指す生産性を明確に示し、それに報いる明確な仕組みを作ることが不可欠である。

報酬の見直しと同時に考えなければならないのは人への教育投資である。そして本当の意味での人への投資は、機会付与である。

担当業務周辺の小さな機会付与やチャレンジは職場の上司ができる範囲であるが、これまでの担当とは領域も異なる大きなチャレンジやリスクを伴う機会付与は経営者を含めた上位層が意図的に仕向けなければ成し得ない。なぜならば部下に大きなチャレンジをさせることは組織としてもリスクがつきものであり、優秀人材に対して異動を伴うような機会付与となると上司が「手放さない」という行動になりがちだからである。

そうした行動にならないようにするには経営者自らが、社内の人材に対して様々なチャレンジの機会を与えていく姿を見えやすい形で社内に示すことである。例えばチャレンジをした人材に対して、たとえ期待する結果が出なかったとしても勇敢なチャレンジに対する賞賛をトップ自らのメッセージとして社内に向けて発信したり、その後の処遇や再チャレンジの機会付与を行うといった形が想定される。

逆に「優秀な部下を囲い込む」上司には、管理職としての資質・行動に疑問を呈するといった強力なメッセージを発信して人材に対する機会付与を加速させることもあるだろう。

同時に経営者は人への投資に関する進捗や成長の変化を見える化して、社内外のステークホルダーとコミュニケーションすることも極めて重要である。ステークホルダーによって共有すべき情報は異なるが、最も大切なことは経営者が本当に見るべきこと、知るべきことが何かを明確にしておくことである。

大切な見える化の一つは「経営・事業戦略と人材戦略の定性的連動」である。

まずは自社のビジネスモデルやそれを構成するバリューチェーンにおいて必要な人的資本確保やそのためのリスキリング施策、あるいは適切な企業文化の形成といった取り組みの進捗である。

また「経営・事業戦略と人材戦略の財務的連動」も経営者自身が見て、社内外に共有すべき大切な情報である。特に人的資本の経済的付加価値や生産性といった財務的観点からその目指す姿（To-Be）と現状（As-Is）とのギャップを認識し、人材戦略の立案時やモニタリング時に確認することが必要である。

経営者は年度や半期、四半期決算において有価証券報告書に売上と費用を記載するように、人的資本関連の費用や投資を経済価値と紐づけて見える化し、付加価値といった財務面の変化と人材の成長がどのように関係しているかをモニタリングするのである。

こうした確認作業によって経営者は人材戦略が適切に機能し人が成長しているのかどうか、期待する結果になっていない場合には、何が原因でどのような手を打ち、あるいは人材戦略そのものをどのように軌道修正すべきかを判断するための大切な材料とすることができる。

(2) 自らの後継者育成を具体的な行動として実践する

経営者としての具体的なアクションの2つ目は自身（CEO）の後任計画も含めた人材パイプラインへの直接的な関わりである。第1章でも触れたように現在は改訂版コーポレートガバナンスコード（CGC）において「取締役会の責務として最高経営責任者（CEO）の後継者計画の策定・運用に主体的に関与すること」が求められているがその行動主体は経営者自身である。

CGCの制定によって上場企業のほぼすべてで何かしらの経営層育成計画、いわゆるタレントマネジメントが運用されているが、ほんの一部の企業を除いては経営や事業のリーダーとなりうる人材の計画的な育成というテーマが達成されていない状況にある。

そのためにはまず経営者自らが経営層の人材要件を明確にすることである。その際、単なる経営層という均一的な人材プール的発想ではなく、事業ポートフォリオごとのビジネスリーダー、ＣＥＯを含むＣＸＯ（機能責任者）ごとに必要とされるスキルセットはもちろんのことそうしたスキルを醸成できるような社内外での経験、どのような役割を期待するかも含めた人材要件を社外取締役を含めた指名（報酬）委員会などに諮って審議を重ねることが不可欠である。

次にそうした要件を中期や単年度といった経営サイクルを踏まえて個々の役員に対して示し、その要件を踏まえた行動をモニタリングすることである。人的資本経営において問われているのは経営・事業戦略と人材戦略の連動性である。経営者は事業ごとの業績状況とビジネスリーダーやＣＸＯが人材要件に沿った行動がとれているかどうか、すなわち結果と行動プロセスを同時にモニタリングすることで事業戦略と人材戦略の連動性を向上させることができる。

また主要なステークホルダーに対してモニタリングの状況を見える化してコミュニケーションの材料とすることも有益であろう。役員は会社員人生におけるゴールや上がりのポストではなく、常に高い成果へのコミットメントとそれを実現するために適切な緊張感と全力疾走が求められるポジションであることを踏まえ、経営者や自らも含めて透明性の高い人的資本開示が求められていることを改めて認識することが必要である。

(3) CHROを活躍させる

人的資本経営や開示の認知の広まりで狭まってきたとは言え、いまだに経営者の多くとＣＨ

ROとの間には心理的な距離感が存在するのではないだろうか。

CFO（最高財務責任者）がコーポレートファイナンスや事業構造改革で調達・捻出した資金を成長事業へと振り分けて経営者の采配を助けるように、CHROが発揮すべき価値とは人材、特にコアとなる人材の調達、育成、配置を行って組織全体のケイパビリティを高めて経営者を補佐することである。

従来多くの経営者はCHROや人事部門に対して、「管理業務に忙殺されて付加価値の高い仕事がおろそかになっている」「ビジネスを理解していない」「受け身で保守的」といった不満を持っているかもしれない。

しかしながら、CHROの役割を経営者のパートナーとして果たすべき重要なポジションとして明確にし、その実行のための障害を取り除くことができるのはCHROではなく経営者自身である。かつてCFOが単なる経理・会計にとどまらず資金調達や事業ポートフォリオ転換に向けて資金の配分を差配する役割を与えたのはCFO自身ではなく、経営者であったことと同様である。

経営戦略や事業戦略と連動した人材戦略の策定からさらに踏み込み、CHROを経営戦略や事業戦略といった全社的な意思決定の中心の一人と位置付け、その責務をこなせるように役割全体の見直しを図るべきである。

こうした役割を担えるCHROをもしも旧来的な人事部長から任用する際には、CHROとしてのスキル・知見・視座に関して十分な習得機会を与える必要がある。CEOとCOO、C

FOといった最高経営責任者とのトップミーティングといった場への参加をCHROにも促して経営や事業課題に接する機会を増やすとともに、経営者自らが1on 1やコーチングを行うといったことも有効であろう。

こうしたCHROの役割再定義はCHRO下にいる人事部門の幹部、さらには社内各部門のリーダーのキャリアパスにも変化を及ぼすことになる。もしも社内から将来のCHRO候補人材を育成するのなら、一貫して人事畑を歩むというキャリアパスではないだろう。

王道としての解決策は、人事畑のリーダーには事業現場（ビジネス）の経験を、そして事業畑のリーダーには人材の評価、採用、コーチングといった人材マネジメントに関するトレーニングを受けさせることである。

そしていずれかのキャリアの時点で事業責任者の仕事を経験し、人材と予算、そして戦略の3つのマネジメントを経験させるのである。

人事機能の変革やCHROの役割強化を行うための手始めには、経営者自らがCHROと人事機能への期待役割を刷新することを社内にステートメントとして示すことが不可欠である。新任のCHROが独断で発想したことではなく、経営の意思として実行するという意思の表れとすることができる。人的資本経営の実現は一朝一夕に実現するものではなく、一定程度の時間（少なくとも3年）は必要であり、そういった意味でも経営者は3年間程度はCHROへの期待を明示し、粘り強く支援することが不可欠である。

また、人事部門をコストセンターから価値創造部門へ改革し、CHROをそのリーダーに任用するには人事部門そのものの改革も不可欠である。

人事部門内の人的リソースに制約が大きいと、事業と連携した人材戦略も立案できないし、制度の運用、人材の見える化といったやるべきことができない機能不全に陥ってしまう。

もちろん人事部門が受け手である社員を始めとしたステークホルダーにとって何ら価値をもたらさない業務に時間を割いているようでは話にならない。しかしながら価値提供しなければならないにもかかわらず、業務が逼迫してリソースが割けない状況であるとすればそれはＣＨＲＯや人事部門ではなく、経営者の責任である。

つまり、人的資本経営を推し進めて社員の生産性を向上させ、企業の価値向上につなげるためには人事部門の人材リソース確保が必要である。もちろん人材リソースは正社員だけである必要はなく、有期雇用契約やコンサルティング会社への業務委託といった形態も取り混ぜて対応していくことが現実的であろう。

ただし超長期的な目線に立って人材戦略を立案して実行していくためには、外部の専門家の力は要所要所で借りるにしても基本は内製（社内リソース）で企画、構想、実行を進めなければならない。単なる頭数だけではなく社内に影響力のある人材や事業や経営企画部門を経験した人材、そして最近はＩＴ・デジタル領域に知見のある人材を人事部門内に確保することが望まれる。

そうした人材確保、環境整備、余力創出に対する予算的な支援も経営者は積極的に行う必要がある。

（4）経営者自らが「変化に対する自身の免疫反応」を自覚し、成長する

本章の最後に述べるのは人的資本経営に対する経営者自らの「変化に対する免疫反応」の自覚とそれを乗り越える行動である。

第2章で言及した組織や人が有する変化に対する免疫機能は、経営者自身にも存在する。特に日本の非オーナー経営者は欧米諸国の経営者（ＣＥＯ）と比較して、コーポレートガバナンス的にも「企業価値を向上させられないなら即退任」という状況には置かれておらず、様々な経営改革に取り組むスタンスは経営者自身のマインドセットや行動特性によって大きな格差が存在する。

人的資本経営に関しても、自らのリーダーシップによって実践し組織と人材が有するポテンシャルを開花させることで企業価値を最大化することを表のゴールとする一方で、機関投資家から「マイナス評価」だけは受けない、他社と比較して遜色のない程度に人的資本開示に取り組めばよいといった「裏のゴール」を無意識に設定する経営者も一定数存在する（図表８－３）。

どんなに開示を進めても、機関投資家が有する情報は所詮限定的な情報でしかなく「経営のことを一番真剣に考えているのは自分自身である」といった固定観念に縛られている経営者では会社組織全体の人事変革をリードし、人に付加価値をつけて成長させることは難しい。

図表8-3　リーダー自身が有する変化への免疫反応

人的資本経営に対する経営層の“免疫反応”

目標行動	阻害行動	裏の目標	固定観念
自らのリーダーシップによって人的資本経営を実践し、組織・人材を活性化させ企業価値を最大化する	とりあえず他社と比較してそん色ない程度に人的資本開示に取り組む	機関投資家から「マイナス評価」だけは貰いたくない	経営としての仕事を増やしたくない
	人的資本経営と言っても今までやってきた人材戦略を転換する訳ではない	人的資本経営を主導したと認知されればよい	情報開示で会社のウィークポイントまで晒す必要はない
	都合の悪い指標・数値はオープンにしない	必要以上に社内に波風を立てない	経営のことを一番真剣に考えているのは自分だ
		自分の任期中に結果を残す	所詮投資家は限定的な情報しか持っていない

出所）『なぜ人と組織は変われないのか』ロバート・キーガン／リサ・ラスコウ・レイヒー著　池村千秋訳　英治出版（2013年）を参考に野村総合研究所作成

本当の変化と成長を会社全体に促したいのであれば、まずは経営者自身の姿勢と組織文化が「発達志向」であることが必要である。発達志向とは「私たちは大人であれ、経営者であれ変化し、成長し続けられる」という信念、強い想いを自分自身にも組織に対しても持っていることである。

それは常に自問自答を繰り返すことに他ならないが、経営者はその立場上自身の変化や成長に対して内省し、振り返る機会を作ることは難しい。それは物理的な多忙さというよりも組織ヒエラルキーの権力者に対して「物申す」ことができる人が周囲に存在しえなくなるからである。

グーグルやジョンソン・エンド・

ジョンソンといった世界を代表するグローバル企業では、世界中のトップマネジメント層に対してエグゼクティブコーチングを活用している。

エグゼクティブコーチは彼らのビジョンを明確化して、その実現に向けたアクションを策定する支援を行うプロセスにおいて経営者自身の価値観や感情、強み、弱みに関する自己認識を深める内省を支援する。こうした取り組みは経営層であってもそのパフォーマンスを最大限に引き出すために、自ら変化し、リーダーシップスキルを強化し成長していくことが不可欠であるとの強い認識に基づく。

人が変わるには相当程度の労力と時間が必要であり、それは経営者自身にも同様のことが言える。経営者は人の変化、成長に対して目指している目標やゴールに見合った所要時間を覚悟しなければならないが、そのためには自身が自らの変化に対する免疫機能を自覚し、それを乗り越えるための努力を怠らない姿勢と行動が不可欠である。

謝辞

本書を執筆させていただくにあたり、筆者は多くの方と共に日本企業の人材マネジメントの歴史を振り返り、その功罪を改めて認識すると同時に今後の在り方について深く議論を交わす機会を得た。

その企業の多くは野村総合研究所のコンサルティング事業のクライアント先である。社名の具体的な列挙は控えさせていただくが、多くの知見と知恵をご提供くださったことについて感謝の意を表したい。

また、野村総合研究所内では小林敬幸、阿波村聡、亀井卓也、松林一裕の各氏には多面的な角度からアドバイスを、またＮＲＩ大連ナレッジサービス部のみなさまからは膨大なデータ処理や解説・調査資料の作成についてのご支援を受けたことも付け加えておきたい。

そして本書を担当いただいた日経ＢＰの赤木裕介氏と関係者のみなさまには、当初より筆者のストーリー、主張を尊重いただきつつ大局的な視点でさまざまなご示唆をいただけたことに、心より御礼を申し上げたい。

２０２４年１月　内藤琢磨

引用書籍・論文

・「日本企業における人事制度改革の30年史」（JILPT Discussion Paper 21-10、２０２１年３月、梅崎修／藤本真／西村修著）
・「人事部の機能」（経営行動科学第22巻３号、２００９年、ＪＡＳＳシンポジウム「日本企業の人事部――その役割の本質と課題」）
・「戦略は人に始まる　ＣＨＲＯは経営者たれ」（ＤＩＡＭＯＮＤハーバード・ビジネス・レビュー、２０１５年12月、ラム・チャラン／ドミニク・バートン／デニス・ケアリー著、有賀裕子訳）
・「デジタル時代のスキル変革等に関する調査」（２０２２年４月、ＩＰＡ独立行政法人情報処理推進機構）
・「人的資本報告が日本企業の人材マネジメントに与える影響」（知的資産創造、２０２２年４月号、松岡佐知著、野村総合研究所）
・「コングロマリットディスカウントに対抗する組織」（知的資産創造、２０２３年２月号、小枝冬人他著、野村総合研究所）
・リチャード・ウィッティントン著、須田敏子／原田順子訳『戦略とは何か――本質を捉える４つのアプローチ』（２００８年11月、慶應義塾大学出版会）
・デイブ・ウルリッチ／ウェイン・ブロックバンク著、伊藤武志訳『人事が生み出す会社の価値』（２００８年８月、日経ＢＰ）
・デイブ・ウルリッチ／ウェイン・ブロックバンク／ダニ・ジョンソン／カート・スタンドホルツ／ジョン・ヤンガー著、中島豊訳『人事コンピテンシー』（２０１３年８月、生産性出版）
・海老原嗣生著『お祈りメール来た、日本死ね――「日本型新卒一括採用」を考える』（２０１６年11月、文春新書）
・海老原嗣生／荻野進介著『人事の成り立ち――「誰もが階段を上れる社会」の希望と葛藤』（２０１８年10月、白桃書房）
・ロバート・キーガン／リサ・ラスコウ・レイヒー著、池村千秋訳『なぜ人と組織は変われないのか――ハーバード流 自己変革の理論と実践』（２０１３年10月、英治出版）
・内藤琢磨編著『デジタル時代の人材マネジメント』（２０２０年７月、東洋経済新報社）
・内藤琢磨編著『ジョブ型人事で人を育てる――人的資本経営の実践書』（２０２２年２月、中央経済社）
・西岡杏著『キーエンス解剖――最強企業のメカニズム』（２０２２年12月、日経ＢＰ）
・濱口桂一郎著『新しい労働社会――雇用システムの再構築へ』（２００９年７月、岩波新書）
・ジャック・フィッツエンツ著、田中公一訳『人的資本のＲＯＩ――人材の将来価値を評価する』（２０１０年12月、生産性出版）
・モーガン・マッコール著、金井壽宏監訳、リクルートワークス研究所訳『ハイ・フライヤー――次世代リーダーの育成法』（２００２年１月、プレジデント社）
・労務行政研究所編『進化する人事部――次代に向けた役割・機能変革の視点』（２０２１年７月、労務行政）

巻末資料1　経営戦略・事業戦略と人材戦略の連動

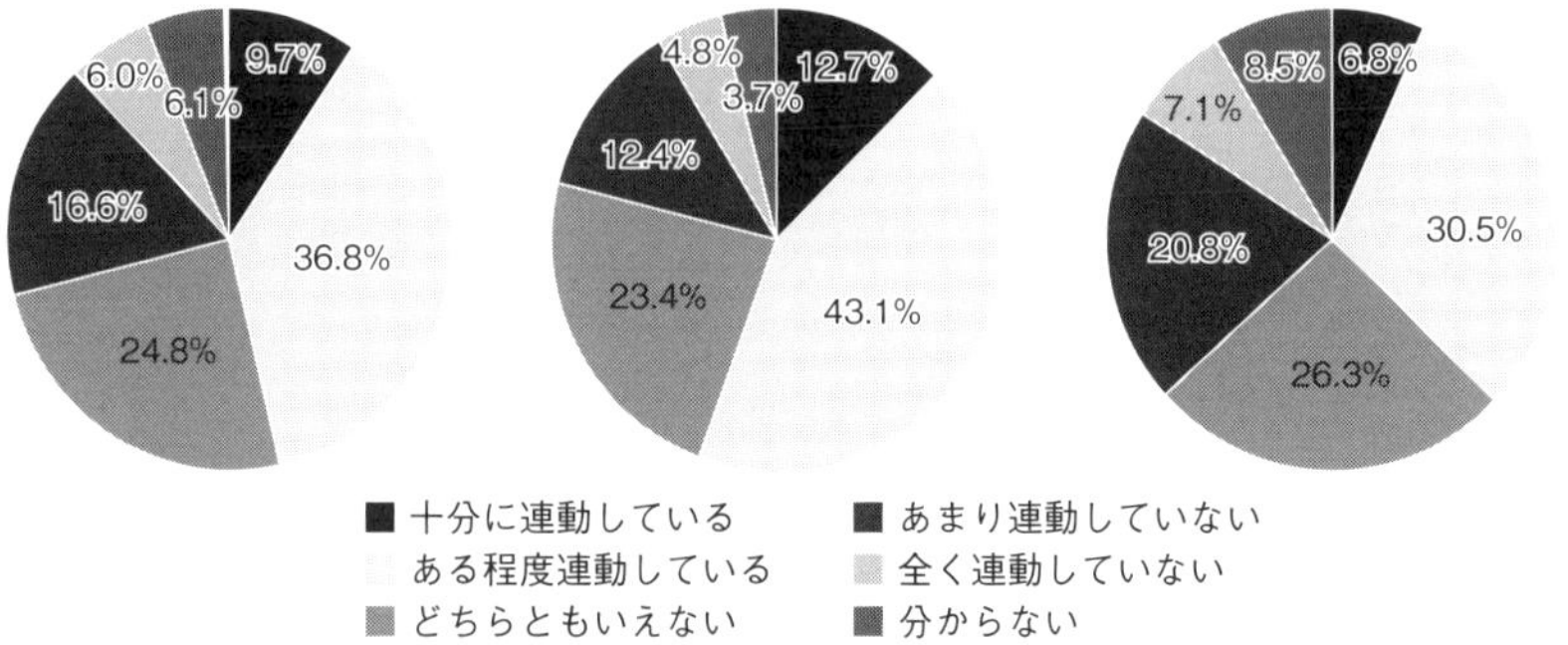

出所）2023年8月実施　野村総合研究所調査「あなたの会社に対するアンケート調査」
（株）マクロミルのモニタ会員を対象とし、営業／マーケティング部門、人事部門に勤務する各518名（合計1036名）から回答取得
従業員数300人以上の企業（上場、非上場企業）に勤務する役員～役職者を対象

巻末資料2　人材戦略の仮説検証サイクルの実態（人材戦略のモニタリングの状況）

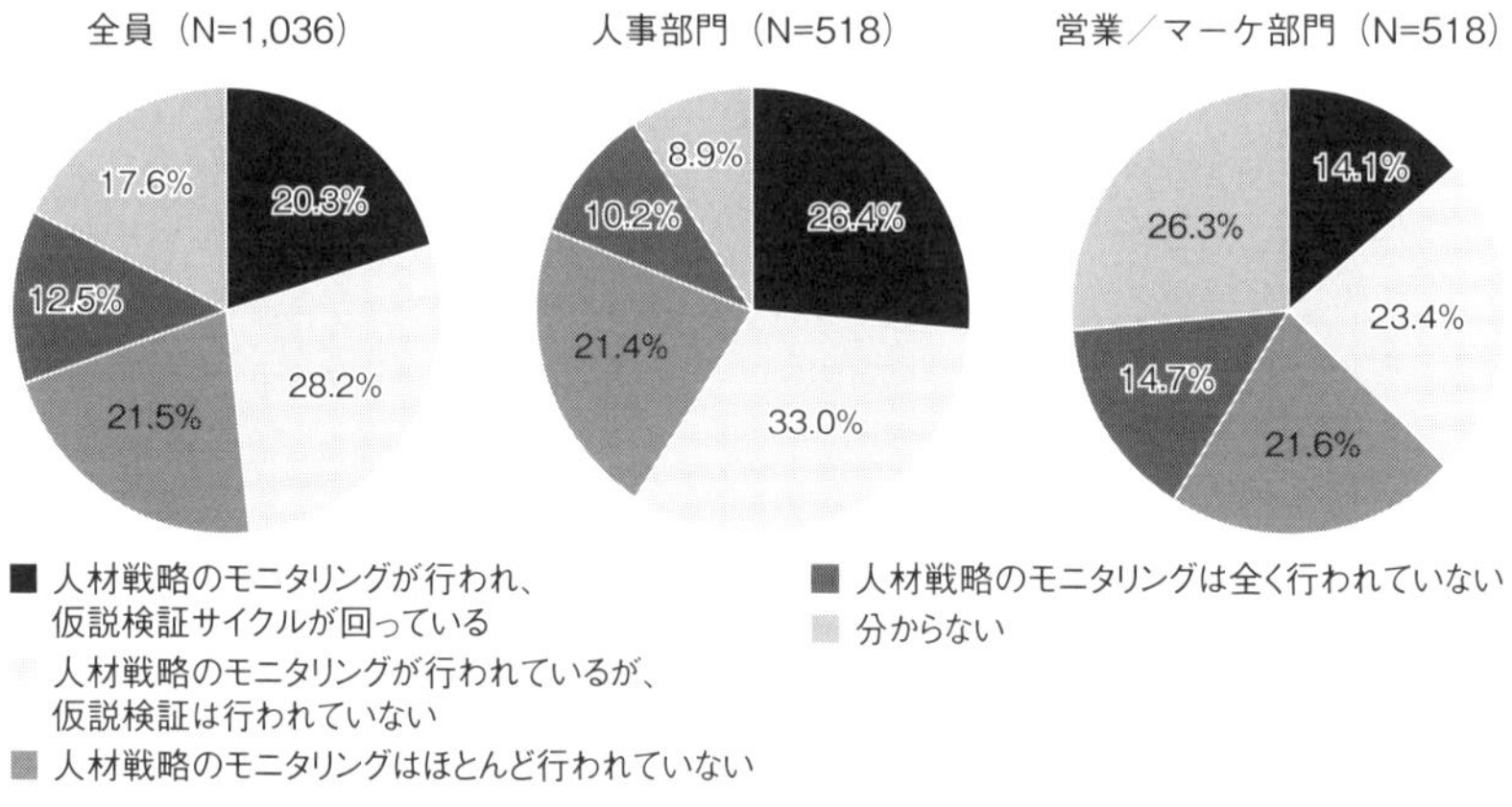

出所）2023年8月実施　野村総合研究所調査「あなたの会社に対するアンケート調査」

巻末資料３　人事制度の違いによる人材への投資傾向

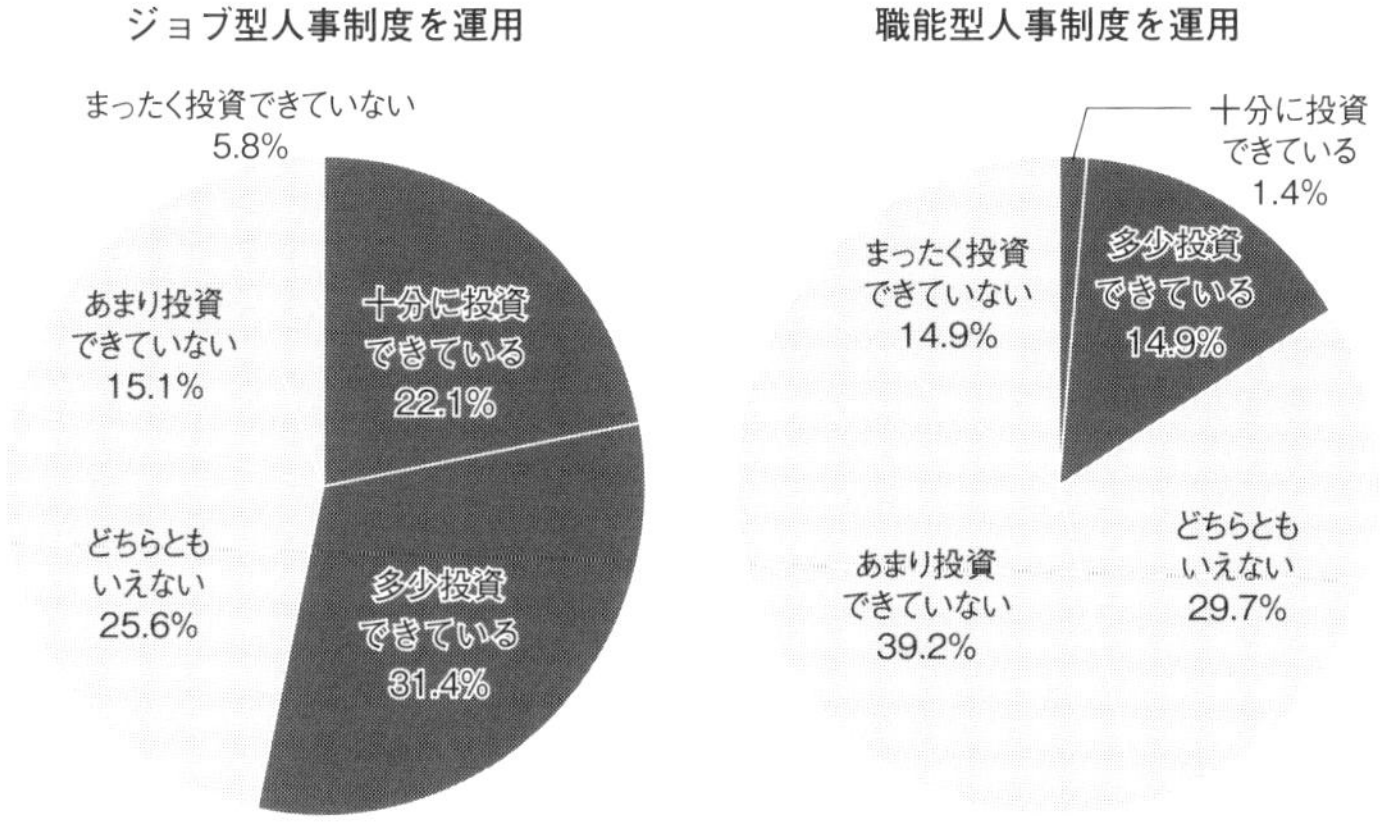

（出所）野村総合研究所「人事制度・人材育成の実態調査」2021年

巻末資料４　人材投資への問題意識

「今後必要となる新たなスキルを持った人材育成を進めるにあたっての課題認識」に対して、
「不確実性の高まりや技術革新等に伴い、必要なスキルが見極めづらい」と答えた企業の割合

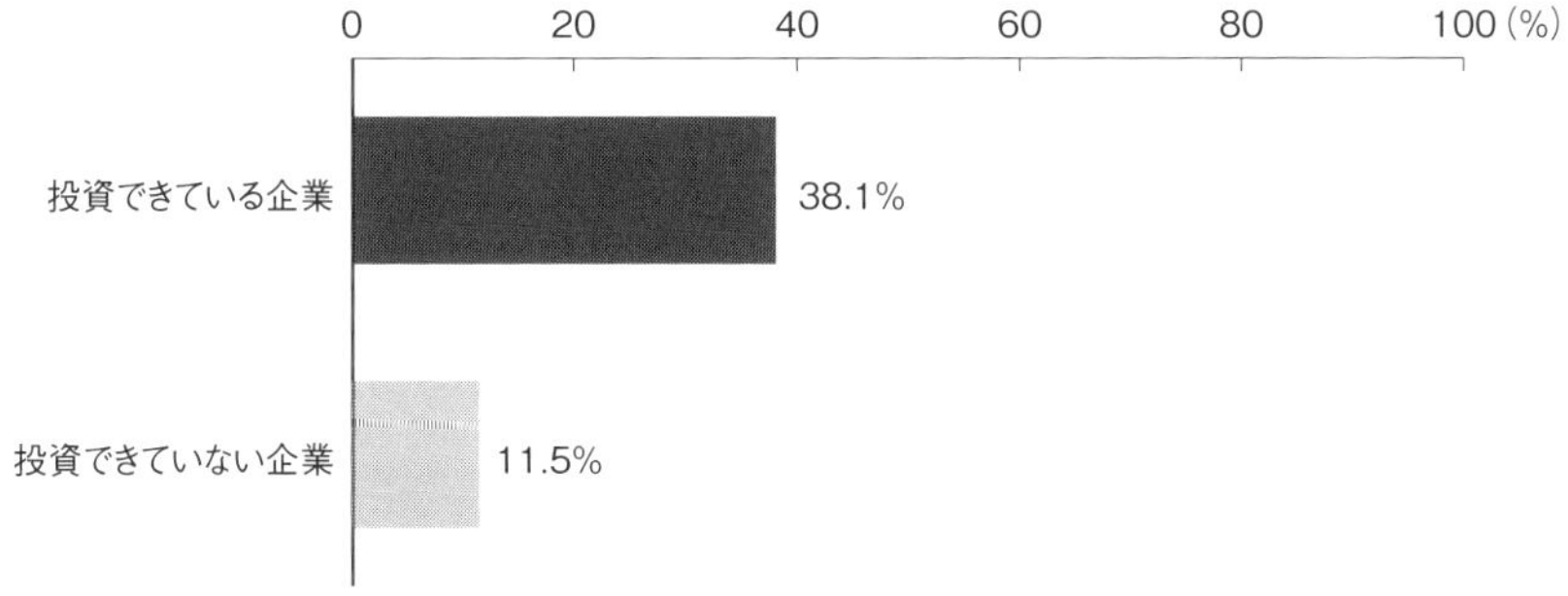

（出所）野村総合研究所「人事制度・人材育成の実態調査」2021年

巻末資料5　経営戦略・事業戦略への人事部門の関与状況

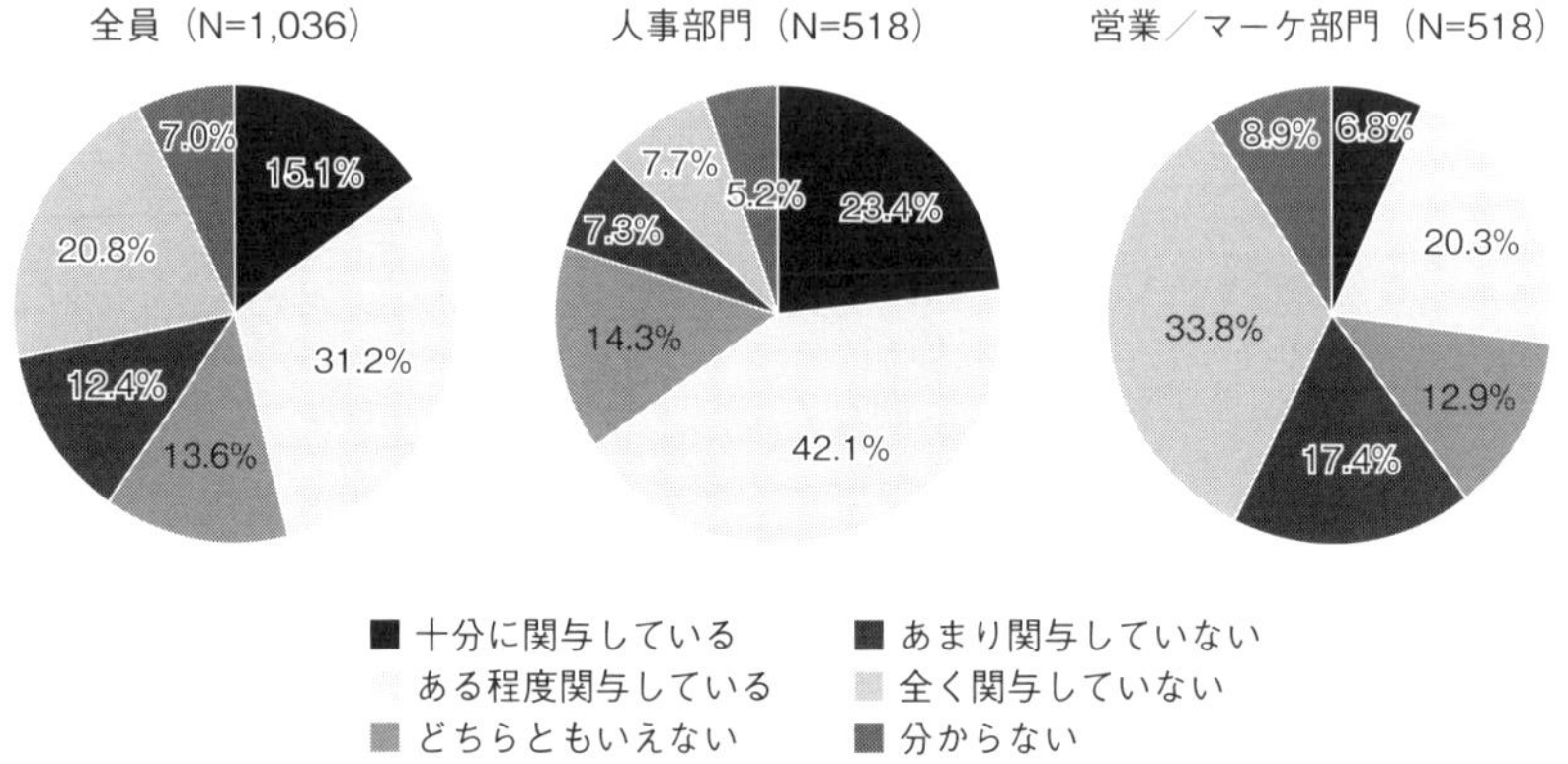

出所）2023年8月実施　野村総合研究所調査「あなたの会社に対するアンケート調査」

巻末資料6　ジョブ型人事制度の導入状況

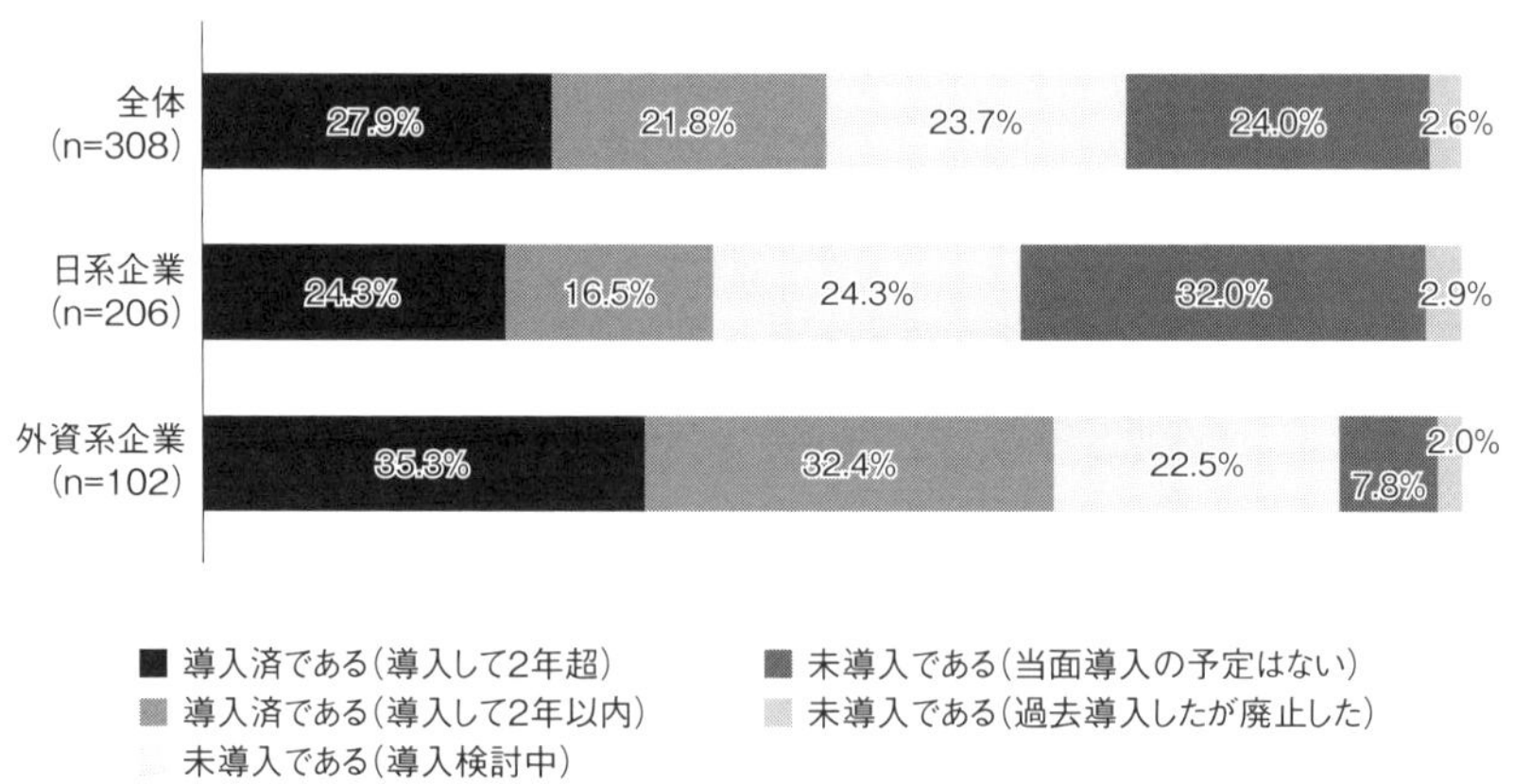

出所）野村総合研究所　「人事制度・人材育成制度の実態調査」 2021年

巻末資料7　ジョブ型人事制度導入後の運用状況

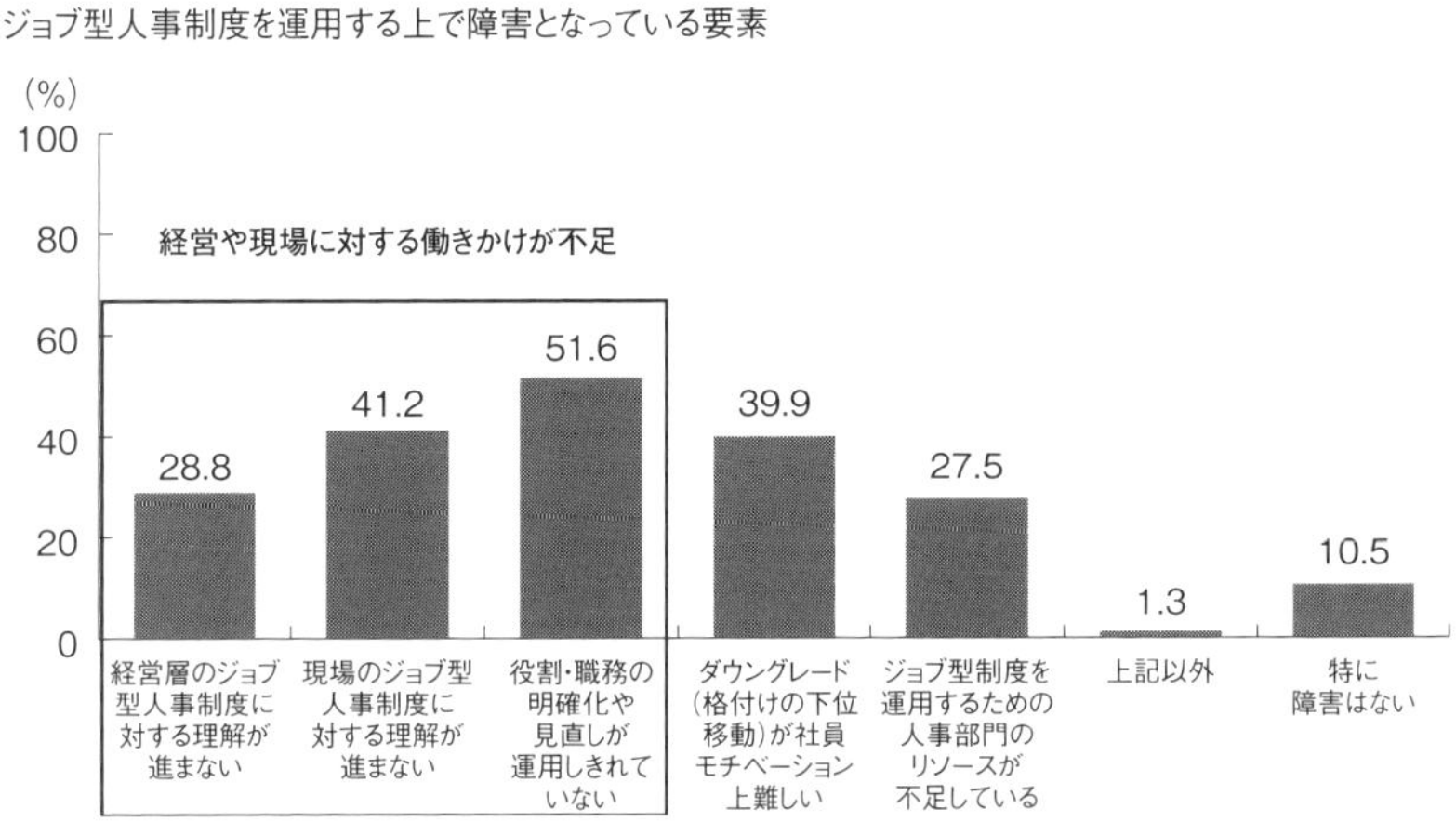

出所）野村総合研究所「人事制度・人材育成の実態調査」2021年

巻末資料8　DXに向けた課題

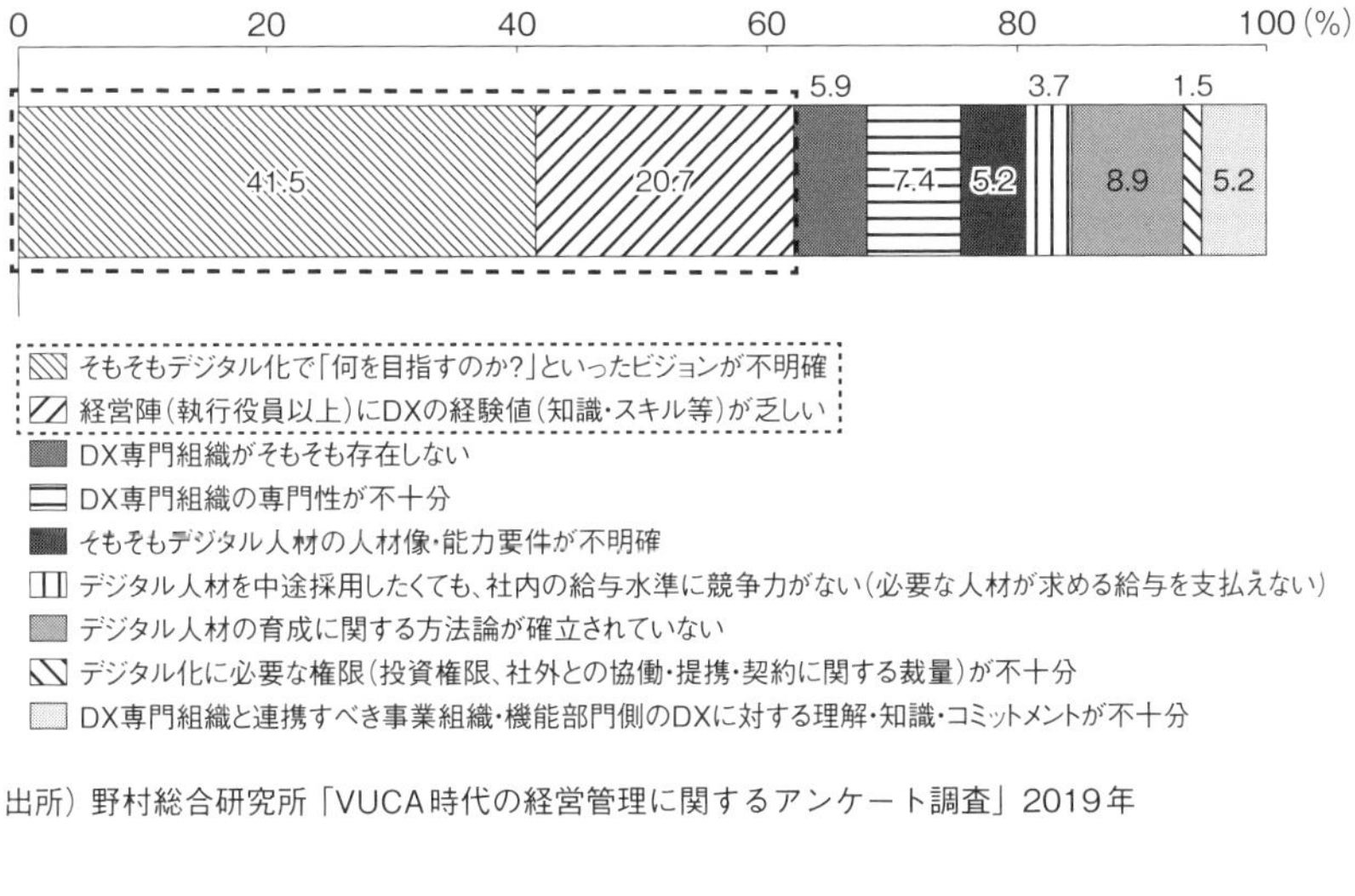

出所）野村総合研究所「VUCA時代の経営管理に関するアンケート調査」2019年

巻末資料9　部下への機会付与の障害（上司側の視点）

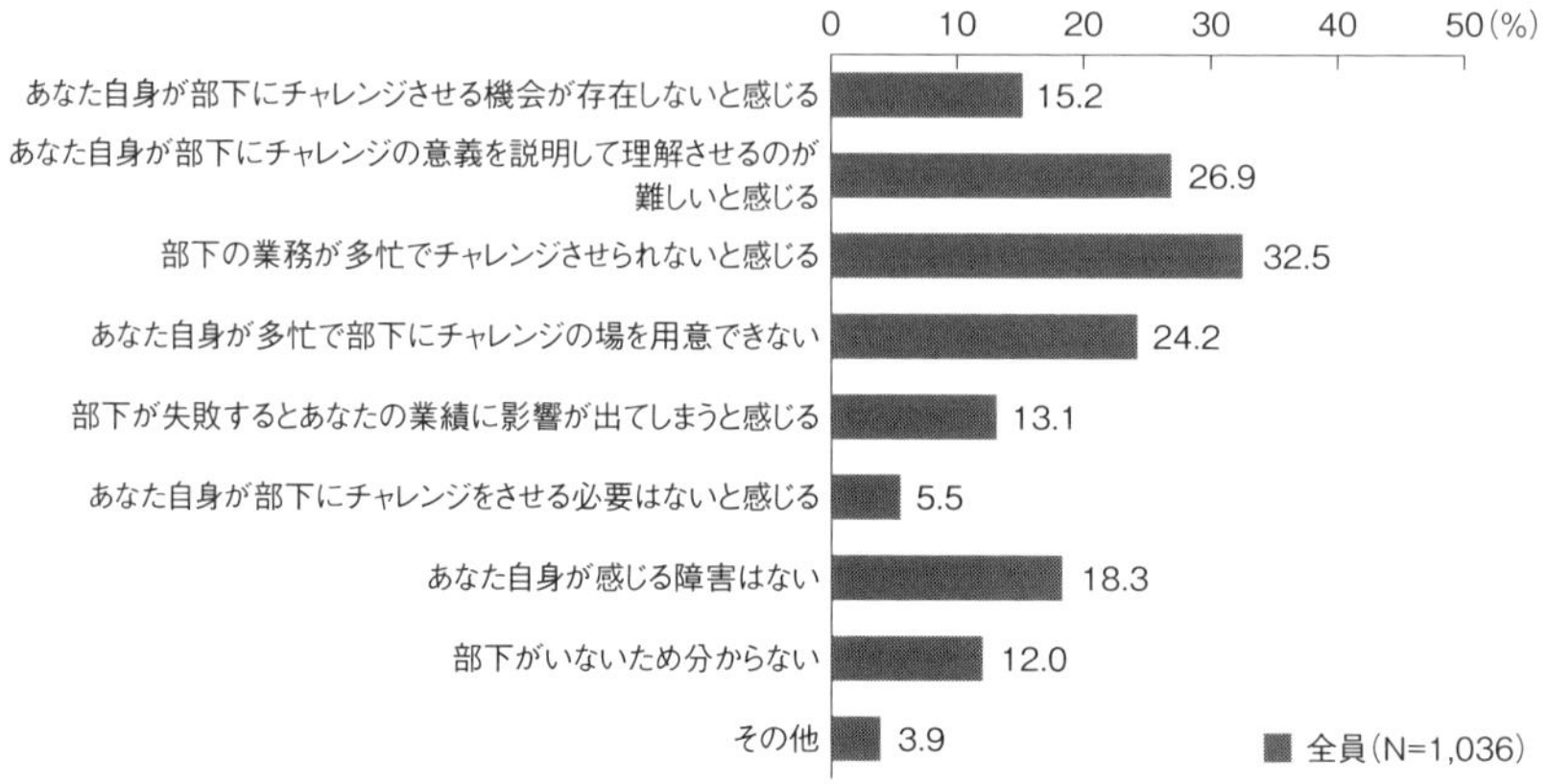

出所）2023年8月実施　野村総合研究所調査「あなたの会社に対するアンケート調査」

巻末資料10　人に対する機会付与の障害（部下側の視点）

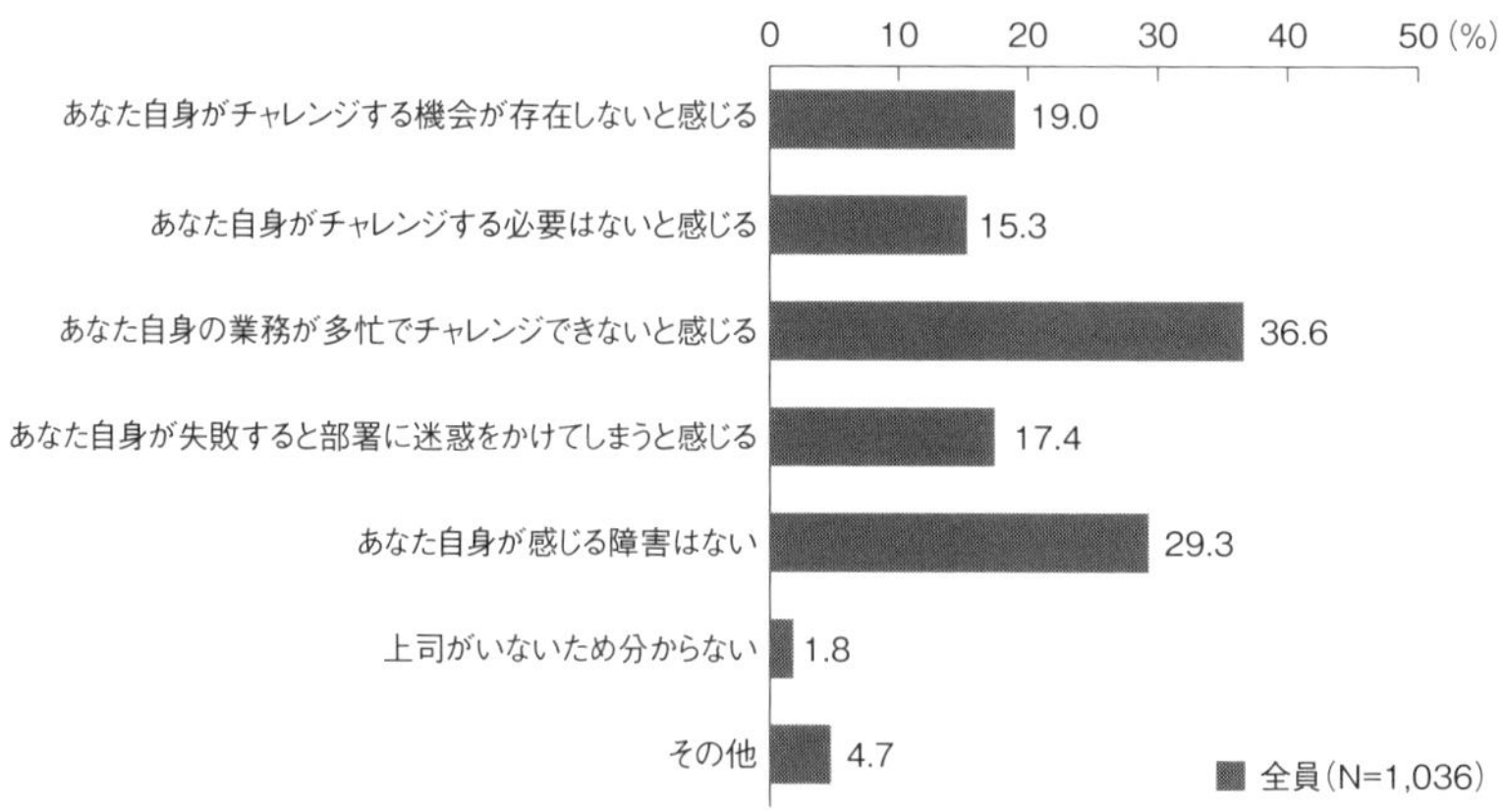

出所）2023年8月実施　野村総合研究所調査「あなたの会社に対するアンケート調査」

巻末資料11　機会付与後のモニタリング実施状況

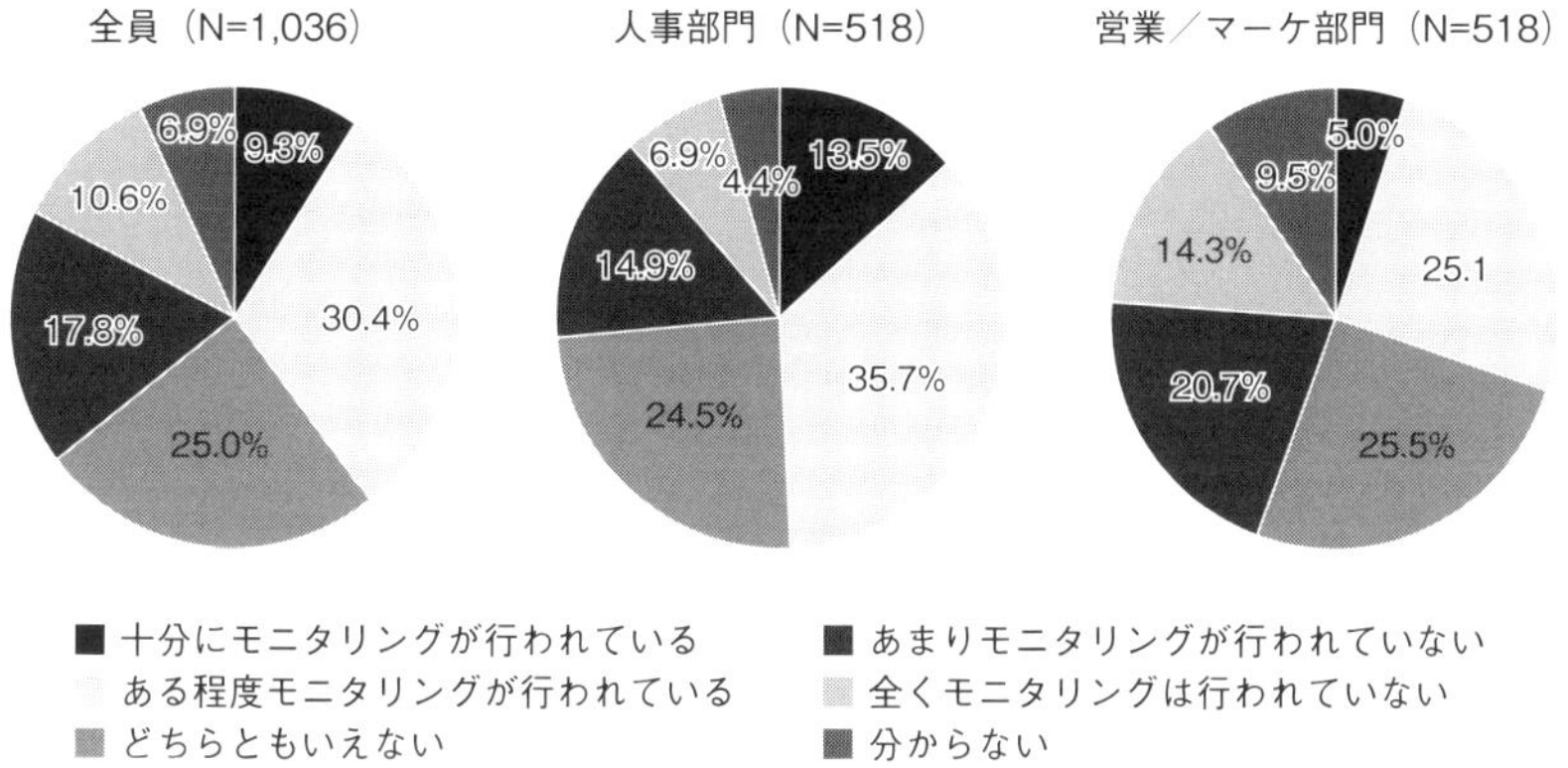

出所）2023年8月実施　野村総合研究所調査「あなたの会社に対するアンケート調査」

巻末資料 12　賃上げと連動して実施した施策の有無

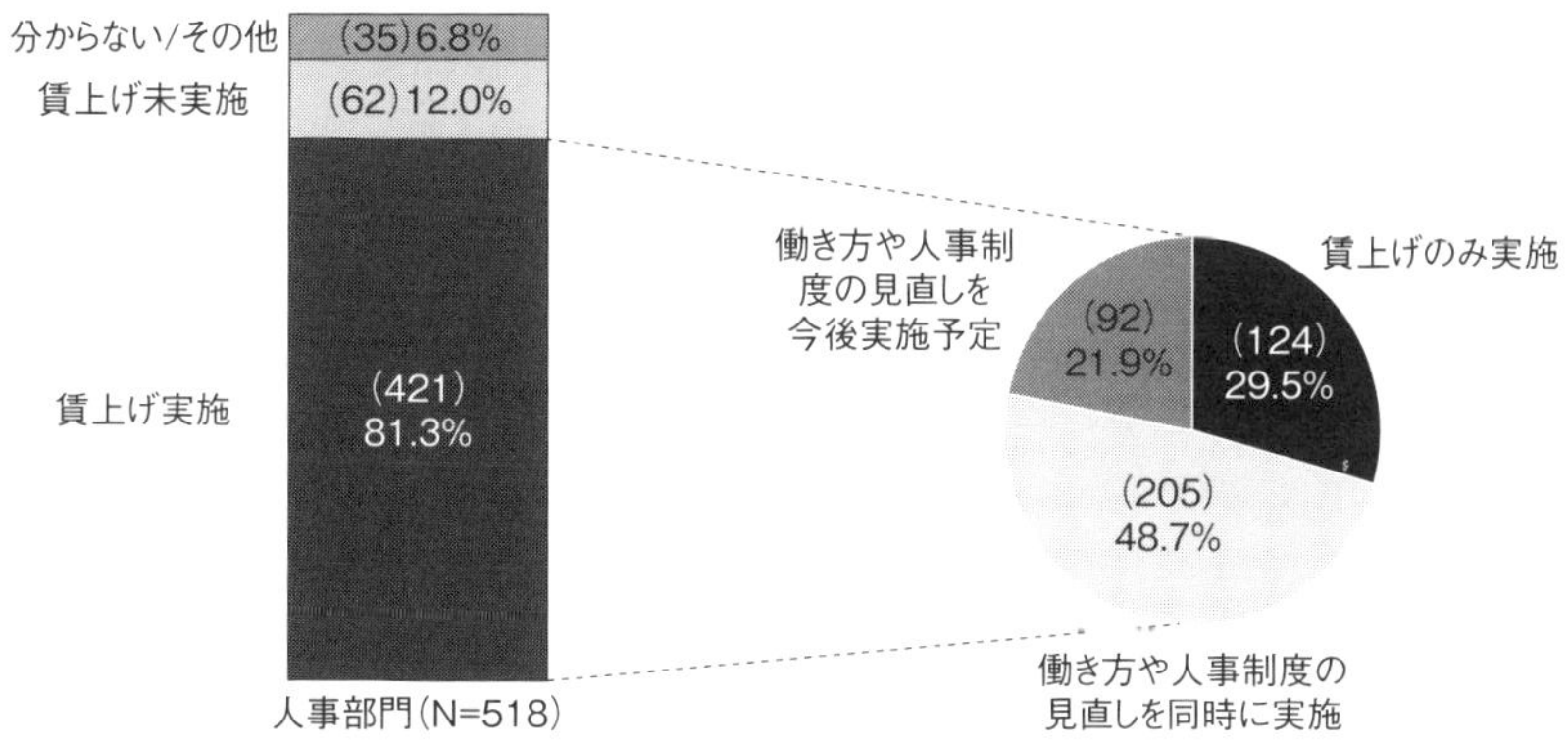

出所）2023年8月実施　野村総合研究所調査「あなたの会社に対するアンケート調査」

巻末資料13　経営や事業の現場から期待される人事部門の提供価値（役職属性全体）

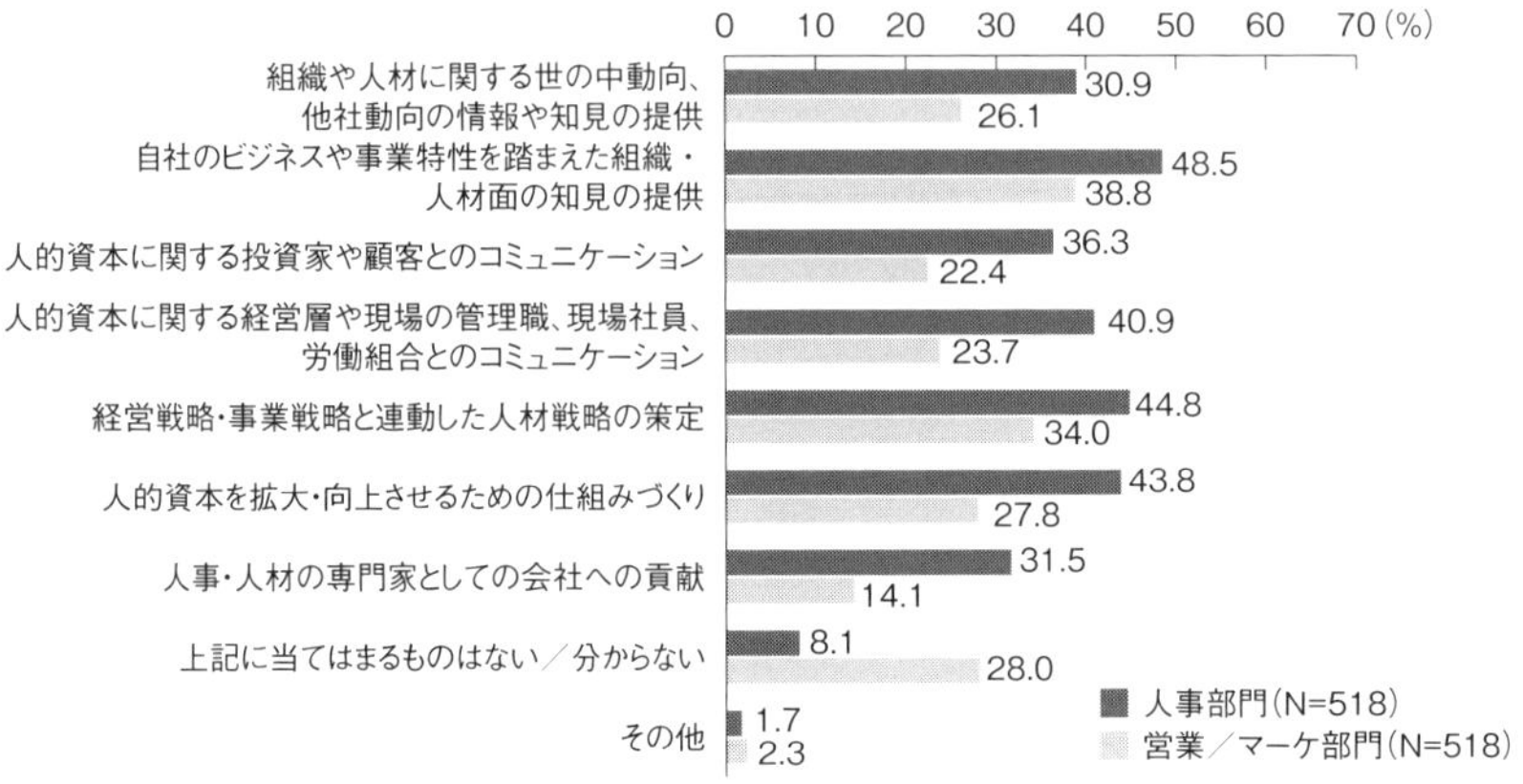

出所）2023年8月実施　野村総合研究所調査「あなたの会社に対するアンケート調査」

巻末資料14　経営や事業の現場から期待される人事部門の提供価値（役員クラス）

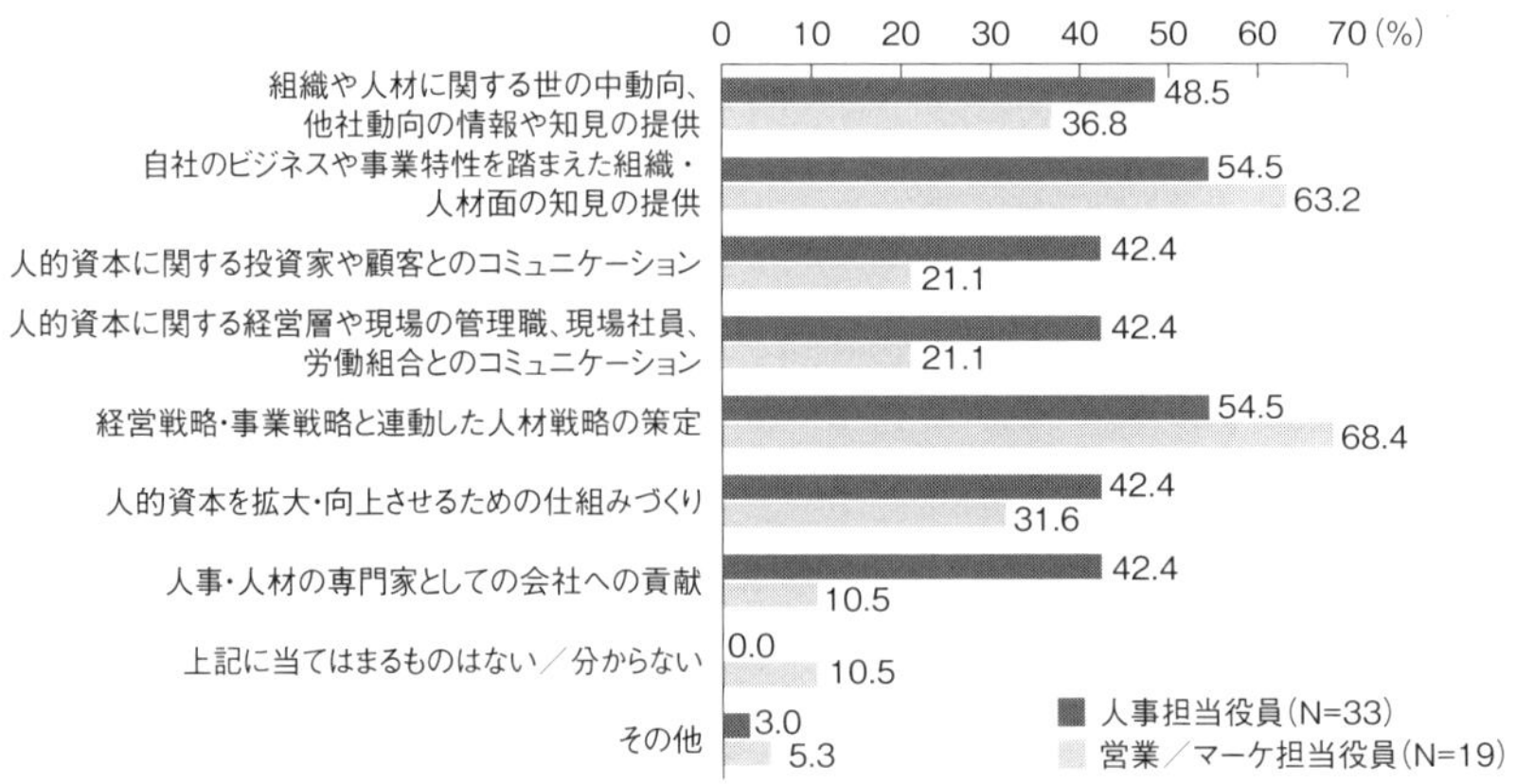

出所）2023年8月実施　野村総合研究所調査「あなたの会社に対するアンケート調査」

巻末資料15　人事情報システムの業務効率向上への寄与度

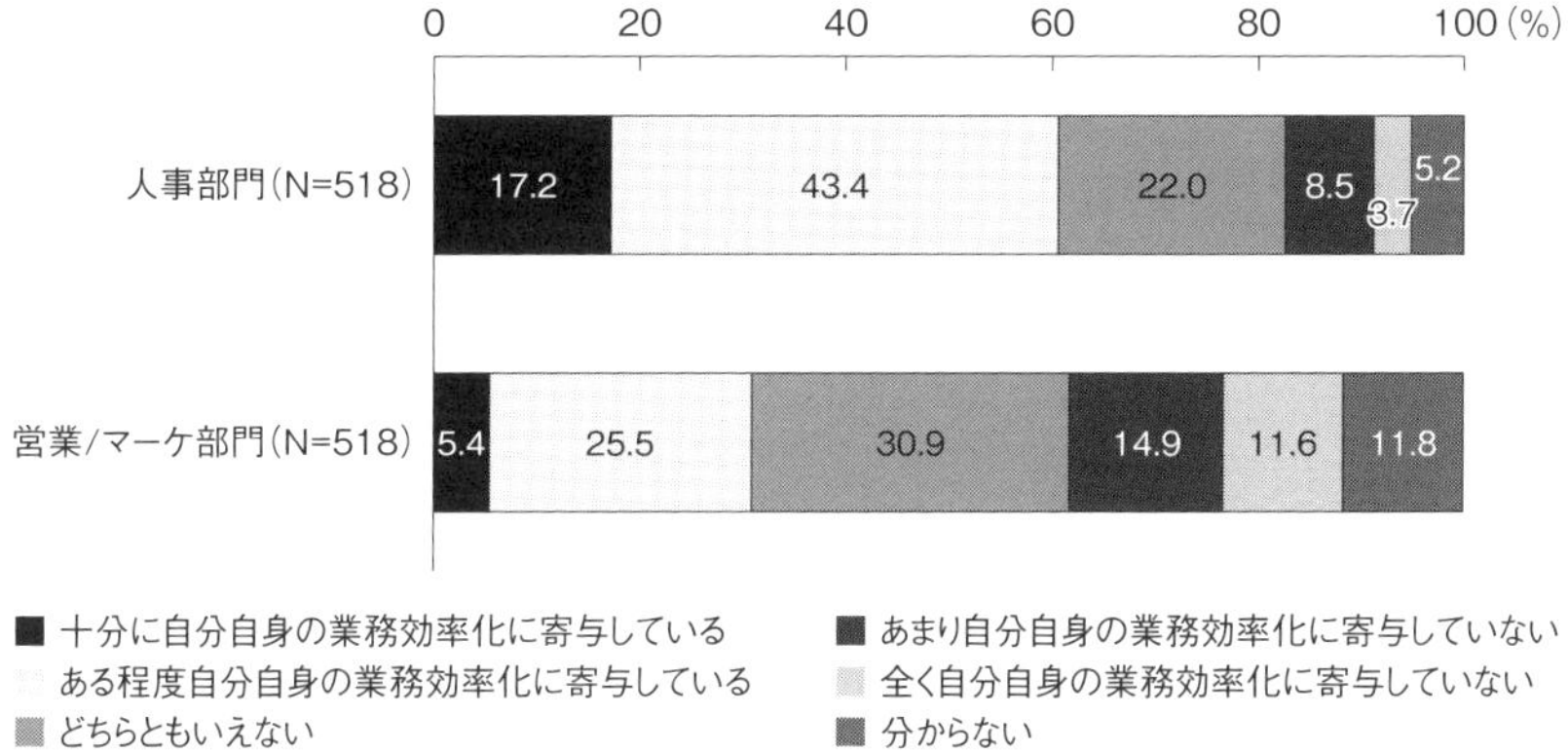

出所）2023年8月実施　野村総合研究所調査「あなたの会社に対するアンケート調査」

内藤琢磨（ないとう・たくま）

野村総合研究所
グローバル経営研究室 プリンシパル

慶應義塾大学商学部卒業後、生命保険会社、会計系コンサルティング会社を経て、2002年に野村総合研究所に入社。専門領域は人事・人材戦略、コーポレートガバナンス。主な著書に『NRI流 変革実現力』（共著、中央経済社、2014年）『デジタル時代の人材マネジメント』（編著、東洋経済新報社、2020年）『進化する人事部』（共著、労務行政、2021年）『ジョブ型人事で人を育てる』（編著、中央経済社、2022年）がある。

メールアドレス t-naito1964@tmtv.ne.jp

再生・日本の人事戦略
―― 失われた30年を取り戻す実践手法

2024年1月30日　1版1刷

著　者　内藤琢磨

発行者　國分正哉
発　行　株式会社日経ＢＰ
日本経済新聞出版
発　売　株式会社日経ＢＰマーケティング
〒105-8308 東京都港区虎ノ門4-3-12

装　幀　梅田敏典デザイン事務所
印刷・製本　三松堂株式会社

ISBN978-4-296-11867-0
Printed in Japan